Textpragmatische Studien zur Literatur- und Kulturgeschichte der Hebräischen Bibel

Herausgegeben von
Christof Hardmeier

Gütersloher Verlagshaus

Textpragmatische Studien zur Literatur- und Kulturgeschichte der Hebräischen Bibel

Band 1/1

Christof Hardmeier

Textwelten der Bibel entdecken

Grundlagen und Verfahren einer textpragmatischen Literaturwissenschaft der Bibel

Band 1/1

Gütersloher Verlagshaus

Bibliografische Information Der Deutschen Bibliothek

Die Deutsche Bibliothek verzeichnet diese Publikation in der Deutschen Nationalbibliografie; detaillierte bibliografische Daten sind im Internet über http://dnb.ddb.de abrufbar.

ISBN 3-579-05449-X

Umschlag: Init GmbH, Bielefeld
Satz: Druckerei Sommer, Feuchtwangen
Druck und Bindung: Bertelsmann Media on Demand, Pößneck
Printed in Germany

www.gtvh.de

Inhalt

Vorwort

Eine Reihe von Herausforderungen und Ermutigungen in den vergangenen Jahren haben zu diesem Werk in zwei Teilbänden »Textwelten der Bibel entdecken« geführt. Seit Ende der 90er Jahre ist vermehrt und von verschiedenen Seiten das Bedürfnis geäußert worden, die text- und erzähltheoretischen Teile meiner Dissertations- und Habilitationsschrift erneut einem interessierten Publikum zugänglich zu machen, nachdem insbesondere »Texttheorie und biblische Exegese« seit Jahren vergriffen war. Das wachsende Interesse dürfte wesentlich an der um sich greifenden Verunsicherung in den Bibelwissenschaften über ihre eigenen Grundlagen hängen, nachdem die historisch-kritische Methode ihre bis in die 80er Jahre unangefochtene Stellung verloren hat. An ihre Stelle ist ein Methodenpluralismus getreten, unter dem sich eine babylonische Sprachverwirrung bis hin zur Nicht-Kommunizierbarkeit von Forschungsergebnissen ausgebreitet hat – sei es mangels Vermittelbarkeit bereits innerhalb der bibelwissenschaftlichen Diskussion selbst, sei es auch im Blick auf die theologische Relevanz der biblischen Traditionsliteratur und ihre Bedeutung für die Gegenwart in Kirche und Gesellschaft.

Jedoch würde »Textwelten der Bibel entdecken« falsche Erwartungen wecken, wenn davon eine vordergründige Überwindung dieses Methodenpluralismus erwartet würde oder *das* Methodenangebot, das aus allen Dilemmata herausführt. Vielmehr geht es erneut darum, die text- und kommunikationstheoretischen Voraussetzungen und Grundlagen zu überdenken, auf denen einerseits die Vielfalt von methodischen Ansätzen und Fragestellungen beruht und die andererseits zugleich auch jede Art von Bibelauslegung bis in die Gegenwart bestimmen. Zum methodisch-theoretischen Interesse gesellt sich deshalb auch ein eminent bibelhermeneutisches und systematisch- bzw. praktisch-theologisches. Denn die unhintergehbare Textförmigkeit der biblischen Gottesbezeugungen in ihren soziohistorischen Kontexten ist ebenso reflexionsbedürftig wie die unabdingbare Sprachgebundenheit gegenwärtiger Verkündigung. Deshalb sind in Auseinandersetzung mit dem *pragmatic* und *cultural turn* in den Sozialwissenschaften ansatzweise auch beide Aspekte einer biblischen und zugleich praktischen Theologie in ihrer Textgebundenheit kommunikationstheoretisch und methodisch zu reflektieren.

Der vorliegende Doppelband versucht diesen Herausforderungen gerecht zu werden, wobei zunächst der *zweite Teilband* vorzustellen ist, der in Kürze erscheinen wird. Er umfasst die Teile II bis IV des Gesamtwerks und macht wunschgemäß meine bisherigen Arbeiten zu den text- und kommunikationstheoretischen Grundlagen einer biblischen Literaturwissenschaft gesammelt zugänglich. In Teil II werden die text- und gattungstheoretischen Teile aus dem vergriffenen Band »Texttheorie und biblische Exgese« (1978) neu herausgegeben, in Teil III das Einführungskapitel zu den erzähltextanalytischen Grundlagen aus »Prophetie im Streit vor dem Untergang Judas« (1990) und in Teil IV eine Reihe von kleineren Beiträgen aus den 90er Jahren zum Status sprachlicher Zeichen, zur computergestützten Textwahrnehmung und zur Erfassung textförmiger Makrostrukturen.

Jedoch zeigte sich gegenüber dem ursprünglichen Plan, lediglich diese bisherigen Schriften mit einer kurzen Einleitung herauszugeben, zunehmend die Notwendigkeit, erneut und umfassender in die Materie einzuführen, woraus der vorliegende *erste Teilband* hervorgegangen ist. Er dient dem Erfordernis, neben den methodengeschichtlichen und bibelhermeneutischen Implikationen (Kap. 2) vor allem auch die Verfahren theoretisch und systematisch zu durchdringen, auf denen eine textempirische Erschließung der biblischen Textwelten methodisch beruht (Kap. 5). Damit ist ein Handbuch entstanden, das – ausgehend von den text- und kommunikationstheoretischen Voraussetzungen (Kap. 3) – die wesentlichen Leitlinien auszieht, wie die interaktiven und handlungsspezifischen Dimensionen von Texten an ihrer Sprachgestalt erfasst und sprachphänomenologisch objektivierbar beschrieben werden können. Zentral geht es dabei um die Explikation des Begriffs der Textur und die Darlegung ihrer kommunikationspragmatischen Komponenten (Kap. 4), um daraus die verfahrensspezifischen Konsequenzen zu ziehen (Kap. 5).

Somit konzentriert sich dieser erste Halbband auf das wesentlich Neue und Weiterführende, was sich in den letzten Jahren aus meinen Langzeit-Bemühungen um die text- und kommunikationstheoretischen Grundlagen einer biblischen Literaturwissenschaft und ihre Methoden – dokumentiert im zweiten Teilband – weiter entwickelt hat. Jedoch haben diese Grundlegungen der früheren Jahre weder an Aktualität noch an Gültigkeit verloren, gerade weil sie sich bleibend bewährt haben. Deshalb kann ihre Kurzfassung im ersten Halbband (Teil I, Kap. 3) konsequent auf diese früheren Theoriebildungen zurückgreifen, indem für Begriffsklärungen im Einzelnen und für viele Details der Problementfaltung durchgängig darauf verwiesen wird, wobei diese Explikationen für ein vertieftes Verständnis des textpragmatischen Methodenansatzes unverzichtbar bleiben. Zudem sind diese in den 70er und 80er gelegten Grundlagen auch innerhalb der empirischen Literatur- und Sozialwissenschaften keineswegs überholt, zumal sie in den Bibelwissenschaften sowie in manch anderen Bereichen der traditionellen Philologien und Literaturwissenschaften auch erst seit den 90er Jahren allmählich

Eingang gefunden haben. Dieser sich abzeichnende Wandel in den Bibelwissenschaften war somit ein Hauptanlass, eine Neu-Edition meiner theoretischen Schriften in Angriff zu nehmen (Teil II und III) und mit einer Sammlung von Aufsätzen zu verbinden (Teil IV), die auch konkrete Einzelfragen exemplarisch behandeln und verfahrenspraktische Konsequenzen speziell im Blick auf eine computergestützte Textempirie ziehen (Computerphilologie).

Allerdings verbinden sich mit diesen Weiterentwicklungen auch einige Präzisierungen und Akzentverschiebungen in den theoretischen Grundlagen selbst, so dass zu dem einen oder anderen Teilkonzept in den älteren Theorie-Teilen eine größere Distanz entstanden ist und mir einiges aus heutiger Sicht überholt erscheint, ohne dass davon der text- und kommunkationspragmatische Ansatz im Kern berührt wird. Im Gegenteil, gegenüber den früheren Theoriebildungen radikalisiert der erste Teilband die Konsequenzen aus dem von Anfang an vertretenen Textverständnis, das die sprachförmige Oberflächengestalt von Texten als Partitur und Medium von zeichengeleiteten Kommunikationsvollzügen versteht. Demzufolge dokumentiert sich in dieser textförmigen Sprachgestalt allein auch die objektiverbare Spur von autorseitigen Kommunikationsangeboten, deren Sinn und Funktion jedoch nur im lesenden oder hörenden Nachvollzug reproduziert und konkret eingelöst werden kann (vgl. bes. Abschn. I 3.4).

Wenn deshalb Texte materialiter in ihrer Sprachförmigkeit weder einen Sinn noch eine Bedeutung haben, sondern als Partituren von autorseitig intendierten Sinnbildungen zu lesen sind, ist auch vom traditionsreichen statischen Zeichenbegriff der Sprachwissenschaft (*stat aliquid pro aliquo*) ebenso Abschied zu nehmen (vgl. Abschn. I 2.2.1), wie von vertrauten Konzepten der Textlinguistik und Textsemantik, soweit sich diese auf sprachliche Signale der Textgliederung und der Kohärenzbildung als solche konzentrieren und dem Modell der Transformationsgrammatik verpflichtet sind (vgl. Abschn. I 4.9). Demgegenüber wird hier die Sprachverwendung in Texten konsequent im Sinne einer Instruktionssemantik verstanden, und zwar als regelhaft linearisierter Einsatz von Sprachsignalen, um seitens eines Autors oder einer Sprecherin ein Kommunikationsangebot zu formulieren, das im Prozess des Lesens oder Hörens sequenziell und sprachsignalgeleitet reproduziert wird. Dieses instruktionssemantische Sprach- und Textverständnis bereitet einer Textempirie den Boden, die nicht isolierte Inhalte von Texten untersucht oder ihre Gliederung und Struktur als solche beschreibt, sondern systematisch die Prozesse der Rede- oder Erzählkommunikation zu beobachten vermag, die mit diesen Texten vollzogen wurden und werden sollen (vgl. Kap. I 4).

Diese neu entwickelten Möglichkeiten, Kommunikationsprozesse anhand ihrer sprachlichen Signalisierung in den Texten empirisch zu erfassen und zu beschreiben, dienen ihrerseits einem kontrolliert nachvollziehenden Verstehen von Textkommunikation, um ihrem Eigen-Sinn auf die Spur zu kommen. Darüber hinaus bilden sie die Basis einer Lese-Hermeneutik der Behutsamkeit (vgl. Abschn. I 2.3.2), die den latenten Beliebigkeiten der Rezeptionsästhetik (vgl. I 2.2.4) Grenzen setzt und den Texten eine Chance gibt, auch in ihrer Andersartigkeit, Fremdheit und Widerständigkeit wahrgenommen zu werden. Ferner eröffnet die textempirische Konzentration auf die kommunikationspragmatischen Aspekte der biblischen Traditionsliteratur zugleich neue Möglichkeiten, die Dynamis des Gotteswortes in der *coram-*

deo-Relation und die daraus resultierende spirituelle und orientierungsmächtige Kraft der biblischen Texte exegetisch fassbar zu machen, um sie auch heute auf uns wirken zu lassen und zur Sprache bringen zu können (vgl. I 2.2.3 und 5.5.2). Damit ist eine neue bibelexegetische Basis für Brückenschläge gewonnen, und zwar einerseits zur systematischen und praktischen Theologie sowie andererseits und darüberhinaus zu den Geschichts- und Kulturwissenschaften (vgl. I 2.2.2, 2.2.3.3 und 2.2.5).

Die Herausforderungen, die text- und kommunikationstheoretischen Grundlagen einer biblischen Literaturwissenschaft neu zu reflektieren, und die Ermutigung, die Theorie-Teile meiner Dissertations- und Habilitationsschrift gesammelt zugänglich zu machen, waren und sind vielfältig. Angebahnt hat sich das Vorhaben mit der Entscheidung Mitte der 90er Jahre, in Zusammenarbeit mit der Deutschen Bibelgesellschaft die QUEST-Computer-Konkordanz zu einem universellen und benutzerfreundlichen Werkzeug der Exgese zu entwickeln, das als Stuttgarter Elektronische Studienbibel (SESB) demnächst erscheinen wird. Denn seit meinen ersten Bemühungen um eine Computerkonkordanz in den frühen 70er Jahren waren und sind die textanalytische Theoriebildung und die computergestützte Werkzeugentwicklung ein heuristisches Zwillingspaar wechselseitiger Bedingtheit und forschungspraktischer Durchdringung. Demzufolge hatte auch die Initiierung eines Forschungsschwerpunkts »Computerphilologie« an der Universität Greifswald im Jahre 1996 diesen Bedarf nach textempirischer Grundlagenklärung verstärkt. Hinzu kamen weitere Herausforderungen durch die teils kontroversenreiche Zusammenarbeit im Arbeitskreis »Theorie der Exegese«, den Erhard Blum und Helmut Utzschneider im Jahre 1996 gegründet haben. Deshalb sind im Blick auf das geplante »Handbuch der Exgese« eine gründliche Neubesinnung und aktuelle Standortbestimmung unumgänglich geworden, insbesondere seit einerseits auch die Fachgruppe Altes Testament in der Wissenschaftlichen Gesellschaft für Theologie diesen Kreis als eine ihrer Arbeitsgruppen unterstützt und nachdem andererseits die RGG[4]-Redaktion dem textpragmatischen Methodenansatz einen eigenständigen Platz unter dem Lemma »Literaturwissenschaft, biblisch« eingeräumt hat.

Diese äußeren Veranlassungen, die auf einen tiefen Umbruch in den Bibelwissenschaften hinweisen und auf einen sich anbahnenden Paradigmawechsel in den exegetischen Methoden hindeuten könnten, waren die eine Seite. Denn Hand in Hand damit gingen andererseits die sehr viel unmittelbareren Herausforderungen in Forschung und Lehre, die in den letzten Jahren in steigendem Maße gewachsen sind. Sie haben mich in erster Linie ermutigt, das Projekt »Textwelten der Bibel entdecken« voranzutreiben und mit diesem Buch in die Öffentlichkeit zu bringen. Der Hauptimpuls ging von der Genehmigung des dreijährigen Projektes »Die Idealisierung König Joschijas im Prozess der deuteronomistischen Literaturbildung« der Deutschen Forschungsgemeinschaft aus, das in diesem Frühjahr zum Abschluss kam und mit zwei Stellen für Wissenschaftliche Mitarbeiterinnen und Mitarbeiter ausgestattet war. Zu den Projektzielen gehörten einerseits die einschlägigen literaturgeschichtlichen Einzelstudien und andererseits – mit gleichem Gewicht – die kontinuierliche Reflexion des textpragmatischen Methodenansatzes in seiner praktischen Anwendung, was sich als außerordentlich fruchtbar erwies. Die gemeinsamen Lernprozesse in regelmäßigen Forschungskolloquien, die aus dem Arbeitsaustausch hervorgegangen sind, haben als ausgereifte Frucht ihren Eingang in den vorliegenden Teilband gefunden. Deshalb ist nicht nur der Deutschen Forschungsgemeinschaft für die großzügige Projektfinanzierung zu danken, sondern vor allem auch den Mitarbeiterinnen und Mitarbeitern in diesem Projekt, Uwe Weise, Mareike Rake-Nill und Ulrike Sals, sowie ganz besonders meinem Assistenten Dr. Andreas Ruwe. Sie alle haben mich unerbittlich zur Klärung und Präzisierung herausgefordert und sich selbst mit Kreativität in diese freundschaftlichen Lernprozesse eingebracht – nicht zuletzt auch damit, dass sie diverse Vorstufen des Buchmanuskripts intensiv gelesen und mich mit hilfreichen Anregungen und konstruktiver Kritik begleitet haben.

Die projektspezifischen Forschungskolloquien seit Ende 1999 wurden in zweifacher Hinsicht für ein weiteres Publikum geöffnet, wovon zusätzliche Impulse ausgegangen sind. Zum einen waren es die jährlichen Greifswalder Methoden-Workshops, in welchen die Arbeitsstände einzelner Forschungsvorhaben von Postgraduats und Postdocs auch über die projektbezogenen Studien hinaus unter textpragmatischen Methoden-Gesichtspunkten vorgestellt und diskutiert wurden. Stellvertretend für weitere Teilnehmerinnen und Teilnehmer danke ich namentlich Dr. Regine Hunziker-Rodewald, die mit hilfreichen Anregungen auch das Vormanuskript gelesen hat, Dr. Karin Schöpflin und Dr. Melanie Köhlmoos für ihre engagierte Teilnahme. Sie haben die kritische Diskussion des Methodenansatzes vor allem aus der Außenperspektive befruchtet und damit auf indirekte Weise wesentlich zum vorliegenden Buch beigetragen.

Eine besondere Gelegenheit, die Forschungskolloquien zu öffnen, bot zum anderen der Forschungsaufenthalt von Dr. Louis Jonker aus Stellenbosch (RSA), der im Sommerhalbjahr 2000 als Stipendiat der Alexander-von-Humboldt-Stiftung an meinem Lehrstuhl zum Joschija-Bild in der Chronik gearbeitet hat[1] und speziell am textpragmatischen Methodenansatz interessiert war. Louis Jonkers insistierende Nachfrage nach dem Verhältnis

1. Seine Arbeit »Reflections of King Josiah in Chronicles. Late stages of the Josiah reception in II Chr. 34f.« ist als Band 2 der neuen Reihe »Textpragmatische Studien zur Literatur- und Kulturgeschichte der Hebräischen Bibel« (Gütersloh 2003) erschienen.

von textintern beobachtbaren Kommunikationsstrukturen und ihrem textexternen Bezug zur soziohistorischen Wirklichkeit war eine besondere Herausforderung. Sie hat ihre tiefen Spuren in der vorliegenden methodisch-theoretischen Neubesinnung hinterlassen, zumal sich mit meiner – wiederum von der Humboldt-Stiftung mitfinanzierten – Gastprofessur in Stellenbosch im Spätsommer 2002 eine weitere Gelegenheit bot, auch dort den textpragmatischen Methodenansatz in einem Oberseminar zum Zephanjabuch vorzustellen. Auf diese Weise konnte ich den Ansatz noch einmal vertieft sowohl mit Louis Jonker diskutieren als auch den kritischen Nachfragen von Postgraduates sowie der Kollegen H.L. Bosman und C.H.J. van der Merwe aussetzen, was die Buchkonzeption und die Abfassung des Manuskripts wesentlich bestimmt hat. Deshalb gilt ein besonderer Dank der A.v.Humboldt-Stiftung, die diesen ertragreichen Forschungskontakt finanziell ermöglicht und den Austausch mit Louis Jonker und der Universität Stellenbosch nachhaltig unterstützt hat, aber auch dem Land Mecklenburg-Vorpommern für die Gewährung eines Forschungsfreisemesters im vergangenen Winterhalbjahr, das zur Wiege für den vorliegenden Band geworden ist. Vor allem aber gilt mein tiefster Dank Louis Jonker selbst, der mich, wie niemand sonst, ebenso nachhaltig herausgefordert wie ermutigt hat, mich erneut der exegetischen Grundlagendiskussion zu stellen und den textpragmatischen Methodenansatz zu explizieren. Darin miteingeschlossen ist mein perönlicher Dank für die großartige Gastfreundschaft, die meine Frau und ich in Stellenbosch genießen durften, und für die große Umsicht und Offenherzigkeit, mit der uns vor allem Louis Jonker und seine Frau – unterstützt von der Theologischen Fakultät und zusammen mit Herrn und Frau Bosman – einen unvergesslichen Aufenthalt in Südafrika bereitet haben.

Ein weiterer und letzter Anstoß für dieses Buch ist aus dem Bemühen hervorgegangen, den textpragmatischen Methodenansatz auch in der Lehre zu vermitteln und umzusetzen. Es bedeutet für die meisten Studierenden, die in den exegetischen Proseminaren noch immer und zuerst mit dem historisch-kritischen Methodenschema vertraut gemacht werden, eine große Zumutung und Umstellung, sich auf ein empirisch-beobachtendes Verstehen der biblischen Texte einzulassen. Besonders schwer fällt es, die Aufmerksamkeit vorrangig und systematisch auf die pragmatischen Aspekte der Textkommunikation zu richten, weil sie als rein formale Gestaltungsmomente gelten und damit bedeutungslos oder nichts-sagend zu sein scheinen. Umso attraktiver bleibt es für viele, dem alten Schema zu vertrauen, weil es so gängig, unkompliziert und sicher erscheint. Das vorliegende Buch möge jedoch dazu beitragen, diese Wahrnehmungsblockaden reflektiert aufzubrechen und dem Entdecken der biblischen Textwelten den Weg zu bereiten. Denn dieser textpragmatische Zugang hat sich überraschend auch in der

Kooperation mit der Praktischen Theologie als fruchtbar erwiesen. In gemeinsamen Seminaren mit meinem Kollegen Michael Herbst hat sich der Ansatz sowohl als exegetische Wegstrecke der Predigtmeditation als auch in der Erschließung des seelsorgerlichen Potenzials von Psalmen bewährt, das in der Performanz und Pragmatik dieser biblischen Gebetsvollzüge liegt.

Nicht zuletzt auch diese Erfahrungen in der Lehre sowie eine Reihe von Greifswalder Studierenden, die sich trotz der oben genannten Schwierigkeiten auf eine Umstellung im exegetischen Zugang eingelassen haben, wurden mir zum zusätzlichen Ansporn, dieses Buch zu schreiben. Sie und andere neugierige Studierende mögen darin mehr darüber nachlesen können, wie heikel und fragil das Geschäft der Exgese ist und wie frau und man dem Eigensinn und der Wirkkraft der biblischen Texte auf die Spur kommen können. Einigen von ihnen, die als studentische Hilfskräfte mit Umsicht und großer Sorgfalt auch direkt an der Entstehung dieser Teilbände mitgewirkt oder im Lehrgespräch besondere Impulse gesetzt haben, sei besonders gedankt: allen voran Wenke Dönitz, Susanne Melms, Kathrin Weidenfelder und Gregor Heidbrink sowie Barbara Bösch und Katrin Stückrath. Ein besonderer Dank gilt auch meiner Sekretärin, Frau Sylke Lubs, und Dr. Andreas Ruwe, die über die Korrekturarbeiten der Hilfskräfte hinaus die z. T. komplexe (computer-)technische Aufbereitung und Vereinheitlichung der verschiedenen Manuskripte besorgt und u. a. mit großem Einsatz die Tücken der computergestützten Registererstellung gemeistert haben.

Zu guter Letzt ist ganz besonders Herrn Diedrich Steen vom Gütersloher Verlagshaus zu danken. Er hat mit Langmut und Geduld alle Terminverschiebungen mitgetragen, die sich aus der zunehmenden Komplexität und dem wachsenden Umfang des Einführungsmanuskripts ergeben haben, und war zu flexiblen und unkonventionellen Problemlösungen stets bereit. Dazu gehören die Teilung der »Textwelten« in zwei Halbbände und vor allem die Anregung von Anfang an, mit diesen »Grundlagen und Verfahren einer textpragmatischen Literaturwissenschaft« zugleich auch den Grundstein für eine neue Monographien-Reihe zu legen, die hiermit unter dem Titel »Textpragmatische Studien zur Literatur- und Kulturgeschichte der Hebräischen Bibel« eröffnet wird.

Greifswald, im Juli 2003 Christof Hardmeier

Teil I

Grundlagen und Verfahren einer textpragmatischen Literaturwissenschaft der Bibel

1. Einführung

Worum es geht? Um etwas ganz Einfaches, etwas Elementares! Das Problem ist nur: es ist etwas, das uns *zu* einfach, *zu* elementar erscheint, als dass wir uns in den Bibelwissenschaften darüber je hinreichend Gedanken gemacht hätten. Es geht um das Lesen von Texten, von fremden Texten vor allem, von Bibeltexten im Besonderen. Dabei geht es um die Bedingungen und Möglichkeiten, diesen Texten eine Chance zu geben, als Texte zu uns zu sprechen, bevor wir ihnen das Wort genommen und in sie hineingeredet haben. Es geht um die Chance, gegen jahrtausendealte und moderne Lesegewohnheiten ebenso wie gegen implizite und explizite hermeneutische Vorverständnisse den Eigen-Sinn dieser Textwelten erschließbar und ihre sinnbildende Potenz erfassbar zu machen, um selbst- und vorurteilskritisch aus ihrer lebensorientierenden Kraft neu schöpfen zu können, wie es die Reformation mit dem Postulat des *sola scriptura* und des *scriptura sui ipsius interpres* als Programm formuliert hatte. Es ist ein erneuter Versuch, *ad fontes* zu gehen und diesen Weg theoretisch, methodisch und hermeneutisch zu reflektieren, um die Selbsttäuschungen zu minimieren, die jedem Textverstehen innewohnen, und um den vielfältigen Versehen einen Riegel vorzuschieben, die jeden Leseprozess unwillkürlich begleiten. Denn das Missverstehen ist der Normalfall, von dem wir ausgehen müssen.[1] – Das Lesen haben wir in der Schule gelernt und dort unsere ersten Erfahrungen im Umgang mit Texten gemacht. Theologinnen und Theologen vertiefen diese Fertigkeiten

1. Vgl. G. Roth (2001), bes. 355ff. und 361-367 sowie die Quintessenz zum Sprach- und Textverstehen aus neurobiologischer Sicht: »Missverstehen ist das Normale, Verstehen die Ausnahme« (367).

während des Studiums in der Arbeit an biblischen Texten, wenn auch in einer ganz bestimmten, festgelegten Richtung. Nach dem Hebraicum und mit dem erfolgreichen Abschluss eines exegetischen Proseminars ist die Sache für den Rest des Theologendaseins dann zumeist klar: Von nun an zählt die Anwendung der eingeübten Methoden zusammen mit der Praxis und einer wachsenden Erfahrung, die sich mit einer mehr oder weniger großen Einfühlungsgabe in die Texte verbindet. Theologinnen und Theologen sind für den Umgang mit biblischen Texten also gut gerüstet. Sind sie gut gerüstet?

In jüngerer Zeit verstärkt sich der Trend zur Neubesinnung auf die methodischen Grundlagen unserer exegetischen Arbeit. Denn das klassische Methodenparadigma der historisch-kritischen Forschung, wie es seit Anfang der 70er Jahre vorherrschend geworden ist,[2] hat im vergangenen Jahrzehnt erheblich an Plausibilität eingebüßt. Ja es gibt vielfältige Tendenzen, sich von historisch-kritischen Fragestellungen überhaupt abzuwenden und kaum noch nach dem historischen Sinn der Texte, ihrem literaturgeschichtlichen Werdeprozess und ihrer soziohistorischen Einbettung zu fragen: Sei es, dass man sich primär oder nur der Endgestalt der Textüberlieferung als kanonische Schriften der jeweiligen Konfession und Religionsgemeinschaft verpflichtet weiß, sei es, dass man die Texte rein rezeptionsästhetisch als autonome Quasi-Subjekte betrachtet und sich auf die Frage konzentriert, wie diese Texte heute auf unterschiedliche Leserschaften wirken und was sie unter den verschiedensten hermeneutischen Vorzeichen in unserer Gegenwart bewegen können.[3] Verstärkt wird diese Tendenz zu einer historisch indifferenten Textrezeption durch methodische Grundentscheidungen in der soziohistorischen und kulturgeschichtlichen Erforschung der »Geschichte Israels« bzw. der vorderorientalischen Welt des ersten Jahrtausends v. Chr., die den historischen Quellenwert der biblischen Überlieferung im Gegensatz zur früheren Hochschätzung sehr gering veranschlagt oder gar gänzlich bestreitet.[4] Denn – so der Haupteinwand – diese Textzeugnisse wurden in ihrer

2. Vgl. die Methodenbücher mit theoretischem Anspruch wie etwa das Werk von W. Richter (Exegese 1971) oder das auf Proseminare zugeschnittene Methodenbuch von H. Barth/O.H. Steck ([5]1974), das in vielen Auflagen weiterentwickelt wurde (vgl. O.H. Steck, [14]1999).

3. Vgl. z. B. das Programm des »New Literary Criticism« D.J.A. Clines/J.C. Exum (1993) 11-25 sowie – bezogen auf das Neue Testament – den instruktiven Überblick von G. Schunack (1996). Allerdings ist nach Schunack genauer zu unterscheiden zwischen der generellen Konzentration des »New Literary Criticism« auf die intrinsische »Textualität und Struktur von Texten« (a.a.O. 31, vgl. 29f.) und seiner rezeptionsästhetischen Spielart, die sich im »Reader-Response Criticism« auf den Leseakt von Texten und die aktive Rolle der Leserin oder des Lesers in der Sinnerschließung von Texten konzentriert (vgl. a.a.O. 36 und 48ff. sowie dazu auch unten Anm. 37f. und 2.2.4, ferner H. Utzschneider, 2003).

4. Vgl. z. B. O. Keel/C. Uehlinger ([4]1998) 3f. sowie dazu C. Hardmeier (Erfahrung 1996)

jahrhundertelangen Überlieferungsgeschichte unentwirrbar überformt und unterlagen bereits am mutmaßlichen Quellgrund ihrer Entstehung und ihres primären Gebrauchs der ideologischen Perspektivität und der gedächtniskulturellen Modellierung, was die Wahrnehmung der soziokulturellen Verhältnisse betrifft.

Aufs Ganze gesehen ist das historisch-kritische Methoden- und Fragenparadigma somit nachhaltig erschüttert – eine Sachlage, die zur methodischen Neubesinnung herausfordert und sich auch zunehmend in neuen Publikationen bemerkbar macht[5] bis hin zur Darstellung des textempirischen Methodenansatzes in einschlägigen Lexika neben der klassischen Literarkritik.[6] Die hermeneutischen Voraussetzungen und texttheoretischen Grundlagen eben dieses Ansatzes sind Gegenstand des vorliegenden Buches und werden im Folgenden dargelegt und erläutert. Dabei greife ich zurück auf die theoretischen Teile meiner Dissertations- und Habilitationsschriften,[7] die auszugsweise hier neu herausgegeben werden, sowie auf einige Aufsätze zu Einzelaspekten, die hier ebenfalls wieder abgedruckt werden. In Gestalt eines monographischen Readers werden diese Teile somit in einen neuen Gesamtrahmen gestellt, um sowohl dem texttheoretischen Klärungsbedarf in der neu aufgebrochenen Methodendiskussion[8] Rechnung zu tragen als auch den Schwierigkeiten, den textempirischen Ansatz einer biblischen Literaturwissenschaft nach seinem hermeneutischen Stellenwert einzuordnen und in die exegetische Praxis umzusetzen.

Neben zeitökonomischen Gründen spricht für dieses Vorgehen auch, dass der Ansatz ja nicht neu ist, und viele sich in den letzten Jahren über die bisherigen Schriften damit vertraut gemacht haben. Der hier eingeschlagene Weg gewährleistet Kontinuität und erlaubt in der Unterscheidung von einst Publiziertem in Teilband 1/2 und aktueller Weiterführung in Teilband 1/1 auch die eigenen Erkenntnisfortschritte und Erfahrungen einzubringen, die ich und andere zwischenzeitlich gewonnen und mit dem Ansatz gemacht haben. Andererseits sind die vor Jahren gelegten text- und kommunikationstheoretischen Grundlagen im Wesentlichen nicht überholt,[9] zumal dieser

3-29 und die Beiträge zur Greifswalder Tagung »Historische Evidenz biblischer und außerbiblischer Quellen« (C. Hardmeier, Hg., Steine 2001d).

5. Vgl. z.B. L.C. Jonker (1997), J. Krispenz (2001), E. Talstra (2002), H. Utzschneider/S.A. Nitsche (2001) sowie Hardmeier, Hg. (Steine 2001d). Auch im Neuen Testament zeichnet sich ein wachsendes Methodenbewusstsein ab: vgl. A. Reichert (2001).
6. Vgl. M. Arneth (2002) und daneben C. Hardmeier (Literaturwissenschaft 2002).
7. Vgl. C. Hardmeier (Texttheorie 1978) und ders. (Prophetie 1990a).
8. Vgl. zur parallelen Situation und Sachlage in der neutestamentlichen Forschung A. Reichert (2001).
9. Vgl. R.A. de Beaugrande/W. Dressler (1981), ferner E. Gülich/H. Hausendorf (Vertextungsmuster 2000).

Ansatz nicht dezisionistisch den einen oder anderen literaturtheoretischen Zugang übernommen und ohne Reflexion der elementaren Konstitutionsbedingungen von Texten auf die Exegese übertragen hatte. Vielmehr ging und geht es nach wie vor um eine axiomatische Grundlegung der Wahrnehmung und Erschließung von Texten, die radikal von den Elementarbedingungen sprachlicher Kommunikation ausgeht und sich die Grundstrukturen und Basisfunktionen der Textkommunikation bewusst macht.[10] Insofern ist es nicht unerheblich, erneut in Teil II den wissenschaftstheoretischen Rahmen und die Voraussetzungen zugänglich zu machen, die die Anknüpfung an S.J. Schmidt und seinen texttheoretischen Ansatz einer empirischen Literaturwissenschaft begründet haben (vgl. II 1) und sowohl die Abgrenzung u.a. zum literaturwissenschaftlichen Entwurf von W. Richter (II 1.3.2) als auch die Anschließbarkeit an Exegese und Theologie erläutern (II 1.3.1).

Der Sinn solcher text- und kommunikationstheoretischer Reflexion liegt darin, die überlieferten biblischen Texte unter den Elementargesichtspunkten der Textkommunikation zu beobachten und zu beschreiben, um an ihrer Sprachgestalt – intersubjektiv überprüfbar – auch ganz unvertraute kommunikative Funktionen aufdecken und ggf. ganz fremdartige Prozesse der Sinnbildung erfassen zu können, die einst mit diesen Texten ausgeübt und durch sie vollzogen wurden. Denn einerseits muss davon ausgegangen werden, dass die vorhellenistische Literaturbildung der hebräischen Bibel sich ganz anderen Bedürfnissen des Schriftgebrauchs verdankt hat und in der Herausbildung einer Traditions- und Selbstauslegungsliteratur ganz anderen Konventionen der literarischen Kommunikation gefolgt war, als wir sie aus der griechisch-römischen Antike und den Literaturbildungen seit dem Mittelalter kennen. Darauf deutet allein schon die Beobachtung hin, dass diese Literatur auf breitester Front Mündlichkeit in Form von direkten Reden aufbewahrt hat und demzufolge Mündlichkeit weder abgelöst noch durch deskriptiv-objektivierende Darstellungsweisen ersetzt, sondern durchweg Redevollzüge als solche literarisch fixiert hat, um sie mimetisch nachvollziehbar und in ihrer Wirkweise der Erinnerung und Aktualisierung zugänglich zu machen.[11]

Andererseits ist ein textempirischer Zugang zu den analogielosen Eigentümlichkeiten der biblischen Literaturbildung auf Grund der elementaren

10. Das zeichnet den texttheoretischen Ansatz von S.J. Schmidt als Grundlage einer empirischen Literaturwissenschaft (vgl. S.J. Schmidt, Literaturwissenschaft 1980) gegenüber einer Vielzahl von Literaturtheorien aus, die Einzelaspekte der literarischen Kommunikation (z.B. die rezeptionsästhetische Leserorientierung) oder epochen- und kulturspezifische Paradigmen und Gattungen der Literaturbildung (z.B. die antike Rhetorik oder die Unterscheidung von Prosa und Poesie, Drama und Epos) zur Grundlage machen.

11. Vgl. zum »verschrifteten Sprechakt« als jüdische Nachgeschichte dieser Literaturbildung in der rabbinischen Literatur A. Goldberg (^{3}1998) 123-140 sowie unten 2.2.3.

Annahme möglich, dass auch das Althebräische oder das Septuaginta-Griechische als einzelsprachliche Mittel in vergleichbarer Weise wie moderne Sprachen funktioniert haben müssen, um im Kommunikationsvollzug Texte zu erzeugen, mit denen Sinn gebildet und Orientierungleistungen vollzogen werden. So wie beispielsweise jede moderne Sprache über ein Inventar von Personalpronomina verfügt, so wurde schon vor Jahrtausenden mit den Pronomina der ersten und zweiten Person die Interaktion zwischen Sprecher und Adressat in Texten organisiert und gesteuert. Ähnliches gilt für die Tempora und die deiktischen Sprachmittel, um auf Aspekte des Raumes, der Zeit und der Sachwelt Bezug nehmen und zeigen zu können. An der Art und Weise, wie diese sprachlichen Mittel in den überlieferten Texten eingesetzt worden sind, lassen sich dann beispielsweise die Interaktionen zwischen Autor und Leserschaft im Textvollzug beobachten. Ebenso lassen sich auf diese Weise die Situations- sowie Personen- und Sachbezüge systematisch erfassen, und die Zeit- und Ortsorganisation kann im Aufbau einer Textwelt ebenso konsequent beobachtet werden wie die argumentative Logik und Perspektivenbildung in der Textkommunikation.

In einem weiteren Rahmen geht es um die texttheoretisch elementaren Bedingungen, wie Textkommunikation einerseits die Sinneswahrnehmung im textexternen Kontinuum von Raum und Zeit lenkt, die Aufmerksamkeit in personalen Beziehungsgeflechten steuert und andererseits wie in argumentativen Bezugnahmen auf Sach- und Erinnerungswelten intersubjektiv Sinn gebildet wird. Denn eben diese basale Funktionalität von Sprachverwendung in Texten und die elementare Wirkweise von Textkommunikation in textexternen Kontexten dürfen in historisch-hermeneutischer Hinsicht als Invariablen gelten, die die literale, d. h. schriftgestützte Textkommunikation in den biblischen Schriften mit den Elementarbedingungen heutiger Textkommunikation gemeinsam haben und miteinander verbinden. Neben anderen vielfältigen Formen der symbolischen Interaktion be-greifen Menschen heute wie schon vor zwei- oder dreitausend Jahren ihre Welt im Wesentlichen über die sprachliche Kommunikation und deuten oder entwerfen und behandeln sie vorwiegend im Medium »Text«. Dabei vollzog sich diese Weltaneignung schon vor Jahrtausenden nach eben den kommunikativen Basisprinzipien, die dem »Sprechwesen« Mensch und seinen Sprachen auch heute noch eigen sind. Deshalb gibt uns die text- und kommunikationstheoretische Reflexion dieser elementaren Funktionsbedingungen von Sprache in Texten und Texten in ihren textexternen Kontexten ein Mittel an die Hand, den Eigen-Sinn der biblischen Texte und die in ihnen selbst angelegten Spuren der literaturgeschichtlichen Überformung und Tradierung sprachphänomenologisch aufzuspüren und textempirisch zu erschließen.

Diese Reflexion ist – auch nach meinen bisherigen Erfahrungen – ein zukunftsträchtiger Schlüssel, die biblischen Textwelten in ihrer Eigentümlichkeit als Traditionsliteratur zu entdecken, was natürlich nicht ausschließlich anhand der Texte allein gelingen kann. Dazu ist auch die ganze Breite von Quellen heranzuziehen, die uns Einblicke in die materielle Welt und die symbolischen Repräsentationsformen von Religion und Kultur aus den archäologisch erhobenen Hinterlassenschaften jener Zeit gewähren. Denn sie bilden den kulturgeschichtlichen Resonanzboden der biblischen Literaturbildung jener Jahrhunderte, der in den Texten selbst meist nur indirekt und in Anspielungen durchscheint. Ein text- und kommunikationstheoretisch reflektierter Methodenansatz kann deshalb die Texte zunächst nur soweit als Quellen für die soziohistorische Erschließung der biblischen Kulturwelt veranschlagen, soweit es gelingt, ihre Sprachgestalt als je zeitspezifische Produkte einer identifizierbaren gesellschaftlichen Kommunikation plausibel zu machen. Damit aber werden die so erschlossenen Texte nicht nur und nicht einmal in erster Linie zu Quellen für die in ihnen angesprochenen Personen oder soziohistorischen Verhältnissen. Vielmehr werden sie damit – rekonstruiert als Artefakte gesellschaftlicher Kommunikation[12] – vor allem auch zu Primärquellen für eine spätvorexilische Öffentlichkeit zumindest in Juda, wie sie in den Anfängen der Schriftprophetie und den Frühformen ihrer Rezeption greifbar wird. Indem uns diese Literatur Einblicke gewährt in die Diskurse, die in dieser – vorwiegend Jerusalemischen – Öffentlichkeit geführt wurden, sowie in das Trägermilieu, das den judäischen Funktions- und Führungseliten nahe gestanden haben muss,[13] werden sie auch zu Quellen für die Geschichte Israels und insbesondere für die Herrschaftskonflikte und soziopolitischen Auseinandersetzungen, die in der Zeit der assyrisch-babylonischen Oberherrschaft ausgetragen wurden.

Um diesen knapp skizzierten Rahmen des Methodenansatzes und die Notwendigkeit seiner sprach- und texttheoretischen Reflexion verständlicher zu machen, werden im folgenden Kapitel 2 in einem forschungs- und problemgeschichtlichen Rückblick die Programmatik und die Grundfragen der Literarkritik dargestellt, die zum heute noch weithin vorherrschenden Paradigma der historisch-kritischen Methode geführt haben. Auf diesem Hintergrund lassen sich sowohl die hermeneutischen Implikationen der historischen Bibelkritik als auch das Neue und weiterführend Andere des hier vorgestellten Ansatzes deutlich machen, das in den weiteren Kapiteln zur Darstellung kommt.

12. Vgl. dazu C. Hardmeier (Quellenevidenz 2001e).
13. Vgl. z. B. Jer 36 sowie C. Hardmeier (Prophetie 1990a) bes. 409ff. und ders. (Wahrhaftigkeit 2001c).

2. Problemgeschichte der historisch-kritischen Forschung und der gegenwärtige Methodenpluralismus – Aporien und hermeneutische Implikationen

Literarkritik war und ist eine Teilaufgabe historisch-kritischer Literaturwissenschaften. In den Bibelwissenschaften setzt die Literarkritik als Fragestellung seit der Aufklärung und als Methode ab Mitte des 19. Jh.s bei den vielfältigen Widersprüchlichkeiten der biblischen Textüberlieferung an. Üblicherweise wird von formalen wie inhaltlichen »Brüchen« und »Spannungen« gesprochen. Doppelüberlieferungen wie z. B. Gen 1f. und 2f., die Verflechtung unterschiedlicher Sprachstile und Erzählperspektiven wie etwa in der Flutgeschichte von Gen 6-9 oder die weitgehende Anonymität und fiktive Zuschreibung von Autorschaften – z. B. Mose als Verfasser des Pentateuch – haben die klassischen Fragen der Literarkritik nach Entstehungszeit, Verfasserschaft und dem geschichtlichen Ort der biblischen Texte und Werkzusammenhänge herausgefordert, um die widerspruchsvoll erscheinende Vielschichtigkeit literaturgeschichtlich erklären und Sinn und Funktion der Texte soziohistorisch verstehen zu können.

2.1 Die biblische Traditionsliteratur – Grundschwierigkeiten der historischen Kritik

Schon von ihrem eigenen Anspruch her wollen die biblischen Texte als Texte aus je bestimmter Zeit gelesen und verstanden werden, was z. B. aus der häufigen Situierung und Datierung von Wortereignissen im Jeremia- und Ezechielbuch hervorgeht.[14] D. h. die biblischen Texte weisen sich selbst als Traditionsliteratur aus und tragen unverkennbar ihre eigene Entstehungs- und Auslegungsgeschichte in sich.[15] Deshalb ist die literarkritische Fragestellung sowohl in bibelhermeneutischer Hinsicht unverzichtbar als auch systematisch-theologisch konstitutiv, um den *sensus historicus* dieser Texte umfassend erschließen und das *sui ipsius interpres* der Schrift sachgemäß erfassen zu können. Dabei ist nicht ihre diachrone Dimension strittig,[16] sondern allein die methodische Frage, wie man dem innerbiblischen *actus*

14. Vgl. z. B. die Kapitelanfänge in Jer 21; 25; 26; 27; 29; 32 u. ö. oder in Ez 8; 20; 24; 29.
15. Vgl. C. Hardmeier (Erfahrung 1996).
16. Vgl. z. B. O.H. Steck, Hg. (1978).

tradendi und seinem Niederschlag im *traditum*,[17] d.h. der Literaturgeschichte der biblischen Schriften verlässlich auf die Spur kommen kann.

Mit dieser literaturgeschichtlichen Fragestellung waren von Anbeginn der Literarkritik zwei Grundschwierigkeiten verbunden: Zum einen sind die biblischen Schriften im Wesentlichen die alleinigen Quellen für die Rekonstruktion ihrer Entstehung und ihrer transformativen Weitergabe in vorhellenistischer Zeit, denn die Zahl direkter Textzeugnisse außerhalb der Handschriftenüberlieferungen ab dem 3. Jh. v. Chr. ist nach wie vor äußerst gering.[18] Zum anderen sind viele Signale und Anhaltspunkte für Diachronie in den Texten zumeist nur indirekter Natur. Ferner sind aufgrund der typologischen Denkweise in den biblischen Schriften Situationsangaben oder Hinweise auf Autorschaft wie z.B. in den Psalmenüberschriften oft fiktiv und deshalb stets quellenkritisch zu überprüfen. Das Grundproblem der Literarkritik liegt somit in der hochgradigen Zirkularität von Quellenbasis und literaturgeschichtlicher Rekonstruktion,[19] ohne dass es für das vorkanonische Stadium der Literaturbildung zweifelsfreie außerbiblische Fixpunkte gibt. Diesen Problemen stellte sich die historisch-kritische Forschung seit der Aufklärung mit unterschiedlichen Ansätzen.

2.1.1 Die ältere Literarkritik

Wie hat sich die Literarkritik[20] diesen Grundschwierigkeiten methodisch gestellt? Die erste Hochblüte zwischen 1850 und 1920 war vom Optimismus getragen, im Pentateuch anhand von einfachen sprachlichen Indizien (Got-

17. Zum systematisch-theologischen Verhältnis von *traditum* und *actus tradendi* und seiner Bedeutung für die reformatorischen Kirchen vgl. immer noch grundlegend: G. Ebeling (Tradition 1964), bes. 91ff. sowie ders. (Theologie ^{2}1963) 10-18, auch wenn er die »Bedeutungszwiefalt von traditio« nicht auf den innerbiblischen Prozess der Traditionsbildung bezieht (13). Vielmehr sieht er das *traditum* pauschal als Gegenstand und Forschungsaufgabe der historischen Theologie, während »das Spezifische der dogmatischen Aufgabe« gegenwartsbezogen ist und nach Ebeling »im Vollzug des actus tradendi selbst« besteht (ebd.), was m. E. jedoch sehr viel mehr der primäre Reflexionsgegenstand einer praktischen Theologie sein müsste, wenn sie sich nicht auf Fragen der Applikation beschränkt. Demgegenüber geht es hier darum, bereits innerbiblisch dem *actus tradendi* in der bibelimmanenten Rezeptionsgeschichte auf die Spur zu kommen, um neben dem historischen Interesse an der biblischen Literatur- und Kulturgeschichte die performative Spezifik der biblischen Erinnerungskultur auch im Blick auf die heutige Verkündigung und den gegenwartsrelevanten *actus tradendi* herauszuarbeiten (vgl. unten Abschn. 2.2.3 und 5.5.2).
18. Die Silberamulette von Ketef Hinnom, die Num 6,24f. belegen, bilden beispielsweise eine seltene Ausnahme; vgl. J. Renz (Inschriften 1995) 447-456.
19. Vgl. z. B. E. Otto (1999), bes. 12-14. 32f. und 38.
20. Vgl. L. Schmidt (1991).

tesbezeichnungen, priesterliche Begriffssprache) direkt auf Quellen und Urkunden (Jahwist, Elohist, Priesterschrift) schließen zu können. Die zu Grunde liegende Annahme, dass diese Urkunden rein mechanisch ineinander geschnitten und zusammengestellt worden sind, wurde als Verfahren der Textüberlieferung soziohistorisch noch nicht reflektiert oder wie heute auf seinen literaturgeschichtlichen Sinn hin befragt. Die Forschung konzentrierte sich allein auf die sprachliche Isolierung und zuverlässige Identifikation dieser Urkunden, um sie als Einzelwerke literaturgeschichtlich einordnen und würdigen zu können.[21] In vergleichbarer Weise hat B. Duhm in der Prophetenforschung die Dichtersprache der großen Propheten als Scheidungskriterium zwischen echten Worten und späteren Ergänzungen gegen das schriftstellerische Ungeschick der »Ergänzer« abgesetzt, unter deren Händen sich z. B. das Jeremiabuch zum »unbeaufsichtigte(n) Wald« ausgewachsen habe.[22] Gehört der ästhetische Maßstab großer prophetischer Dichtung der Vergangenheit an, so haben sich als Erklärungsmodelle für die biblische Literaturbildung bis heute mechanische Vorstellungen der Textkollage und die Metapher eines anonymen Textwachstums durchgehalten.[23]

2.1.2 Form- und Gattungsgeschichte

Für die literarkritische Psalmenforschung erwiesen sich weder die Quellenhypothese noch das Konzept einer persönlichkeitsspezifischen Dichtung als taugliche Erklärungsmodelle. Aus dem religionsgeschichtlichen Vergleich mit assyrisch-babylonischen und ägyptischen Gebetstexten verhalf der Psalmenkommentar von H. Gunkel einer gattungskritischen Betrachtungsweise – auch in der historischen Exegese insgesamt – zum Durchbruch.[24] Die Blickrichtung verlagerte sich von den Werkautoren und Ergänzern hinter den Texten auf ihre Wurzeln in vorliterarischen Gebrauchszusammenhängen (»Sitz im Leben«). In wiederkehrenden Anlässen des kultischen wie des profanen Volkslebens entwickelten sich – so der Ansatz – eine Vielzahl von Textgattungen mit ihrer Spezifik von »Gedanken und Stimmungen« sowie einer geprägten »Formensprache«,[25] die sich als phraseologische Stereotypen auch in den »kleinen Einheiten« der literarischen Überlieferung noch formkritisch beobachten und aus ihren mündlichen Ursprüngen erklären lassen. Mit der Frage nach dem »Sitz im Leben« öffnete Gunkel aber auch

21. Vgl. exemplarisch O. Eißfeldt (1973 = 1922).
22. Vgl. B. Duhm (1901) XIXf. und dazu C. Hardmeier (Konfusion 1990b).
23. Vgl. z. B. die Diktion und Argumentation bei E. Otto (1999) 4-6 und 38ff.
24. Vgl. H. Gunkel (Literaturgeschichte 1929a) und Gunkel, H./Begrich, J. (^{3}1975 = 1933).
25. H. Gunkel/J. Begrich a.a.O. 22f.

über die Gattungsforschung hinaus als erster den Blick für die soziokulturelle Bedingtheit der biblischen Texte und weckte damit die Sensibilität für literatursoziologische Fragestellungen nach dem soziohistorischen Ort und den Trägermilieus, in denen die überlieferten Texte entstanden und gebraucht worden sind.

Dem Forschungsparadigma der Formgeschichte – mit ihrer Konzentration auf die »kleinsten Einheiten« und deren Einbettung in die vor- und außerliterarische Lebenswelt – entsprach in der Prophetenforschung bis in die 70er Jahre hinein die Suche nach den *verba ipsissima* und ihrer soziohistorischen Verankerung.[26] In der Pentateuch-Forschung galt die Wellhausen'sche Quellenhypothese weithin als gesichertes Resultat der Literarkritik, so dass man sich – abgesehen vom formgeschichtlichen Erklärungsversuch G. v. Rads – auf Detailfragen sowie auf die theologische Interpretation der einzelnen Quellen und Kerygmata konzentrieren konnte. Damit ging eine ausgesprochene Frühdatierung v. a. des Jahwisten einher, der in die Nachbarschaft zur Aufstiegs- und Thronfolge-Geschichte Davids gerückt und dem Zeitalter der »salomonischen Aufklärung« zugeordnet wurde.[27]

2.1.3 Überlieferungs-, Traditions- und Redaktionsgeschichte

Weitgehend ausgeblendet blieben in dieser Forschungsphase Fragen sowohl der Bildung als auch der Weiterentwicklung der biblischen Literatur von den ursprünglichen Einzelworten und ältesten Quellenwerken bis zu den Buchgestalten an der Schwelle zum Kanon. Eine Reihe von skandinavischen Forschern – z. B. J. Pedersen, H. Birkeland, I. Engnell – verwarf die literarkritische Fragestellung und rechnete mit einem langen mündlichen Entstehungsprozess der biblischen Literatur, der mit der sog. traditionshistorischen Methode erschlossen werden sollte. Rückblickend ist festzustellen, dass sowohl der formgeschichtlichen als auch der traditionshistorischen Methode jedes kritische Bewusstsein einer tiefen Zäsur zwischen Mündlichkeit und Schriftlichkeit fehlte, die den Rückgriff oder die Rekonstruierbarkeit mündlicher Vorstufen im Wortlaut ausschließt, wenn man von wenigen Ausnahmen wie z. B. Liedtexten oder der Spruchweisheit absieht.[28]

Eine neue Hinwendung zum traditionsliterarischen Stadium führte ab den 70er Jahren des vorigen Jahrhunderts zur Fragestellung der Redaktionskritik und -geschichte. Sie wurde wesentlich angestoßen durch M. Noth

26. Vgl. die Forschungen z. B. von H.W. Wolff oder H. Wildberger.
27. Vgl. G. v. Rad (^{5}1966) 62ff.
28. Vgl. dazu z. B. A. u. J. Assmann (^{3}1998), bes. 271-274 sowie C. Hardmeier (Verkündigung 1983).

und W. Zimmerli und ist bis heute modellbildend geblieben.[29] Gegenüber der ursprungsfixierten älteren Literarkritik verlagerte sich damit das Forschungsinteresse v. a. im Prophetenkanon auf spätere Stufen der Fortschreibung. Zugleich haben in der Pentateuch-Forschung redaktionsgeschichtliche Modelle die Quellentheorie abgelöst, wurden von E. Blum zur kompositionsgeschichtlichen Betrachtungsweise weiterentwickelt und haben zu kombinierten Ansätzen geführt.[30]

2.1.4 Die einsetzende Methodenreflexion seit den 70er Jahren und ihre Aporien

Wie bereits erwähnt, setzte seit Anfang der 70er Jahre auch eine explizite Methodenreflexion ein.[31] Sie brachte die forschungsgeschichtlich entstandenen Fragestellungen in eine Abfolge von analytischen Methodenschritten der Text-, Literar-, Gattungs- sowie der Traditionskritik, die in der Synthese zu überlieferungs-, traditions-, form- und redaktionsgeschichtlichen Erkenntnissen auf einer textkritisch bereinigten Textbasis führen.[32] Damit wurde die Literarkritik zu einem Teilschritt, der – bezogen auf das vorkanonische Stadium der biblischen Schriften – die analytische Basis für redaktions- und kompositionsgeschichtliche Erklärungen ihrer Geschichte und ihrer soziohistorischen Verortung zu liefern hat. Der Literarkritik kommt dabei die Hauptaufgabe zu, eine textkritisch geklärte Sprachgestalt der Texte ihrerseits kritisch zu analysieren. Dabei werden die Texte auf Unebenheiten und Inkohärenzen hin überprüft, um anhand von sprachlichen Indizien die innere Einheitlichkeit einer Texteinheit oder -schicht und die Abgrenzung zu ihrem literarischen Kontext zu bestimmen. Als Indizien gelten sowohl formale Brüche in Satzbau, Stil und Phraseologie als auch inhaltliche Spannungen in der Inhaltslogik oder Dubletten.[33] Zudem werden unter dem Einfluss der Textlinguistik und dem Ansatz der *discourse analysis* textsyntaktische Gesichtspunkte der pronominalen und temporalen Kohäsion sowie Marker der Textgliederung zur Beobachtung herangezogen.[34] Der spezifische Ansatz einer empirischen Literarkritik geht von den – etwa

29. Vgl. M. Noth (1963 = 1943) und W. Zimmerli (1980). Zur Fragestellung insgesamt vgl. R.G. Kratz (1997).
30. Vgl. z.B. das »Münsteraner Pentateuchmodell« und die Hinweise dazu bei E. Zenger u.a. (^{4}2001) 119f.
31. Vgl. die oben Anm. 2 genannten Autoren sowie H.D. Preuß (1982).
32. Vgl. das Schema bei H. Utzschneider/S.A. Nitsche (2001) 275 und bereits H Barth/O.H. Steck (^{5}1974) XI sowie W. Richter (Exegese 1971) 19-21 und 30-35.
33. Vgl. jüngst H. Utzschneider/S.A. Nitsche a.a.O. 229-231 und J. Krispenz (2001) 7-29.
34. Zur *discourse analysis* vgl. v. a. R.E. Longacre (^{2}1996) und zu textsyntaktischen Fragen

im Jeremiabuch erheblichen – Abweichungen in den Handschriftenüberlieferungen (LXX, Qumran und M) aus, um literaturgeschichtlich vorausliegende Verwandtschaften und Verzweigungspunkte der Versionen aufzuspüren.[35]

Jedoch hat die verstärkt einsetzende Methodenreflexion die wissenschaftliche Konsensbildung kaum befördert, wie die Unterschiedlichkeit und kaum überschaubare Vielfalt von Forschungsergebnissen in den letzten zwanzig Jahren gezeigt hat. Sowohl in der Identifikation und Zuordnung von »Schichten« bzw. redaktions- und kompositionsgeschichtlichen Großformationen als auch in Fragen der Früh- oder Spätdatierung ist die Forschung – abgesehen von gewissen Schulbildungen (z.B. Göttinger Schule oder Münsteraner Modell) – weiter denn je von einem literaturgeschichtlichen Konsens entfernt.[36] Dies hat, wie bereits erwähnt, zu einer massiven Erschütterung des historisch-kritischen Methoden- und Fragenparadigmas geführt und die Skepsis gegenüber der Literarkritik als Methode und ihren literaturgeschichtlichen Ergebnissen vertieft.[37] Zudem hat die damit verbundene Abkehr von diachronen Fragestellungen die Primärorientierung an der (kanonischen) Endgestalt ebenso befördert, wie – insbesondere in der anglo-amerikanischen Forschung – rein synchrone bzw. radikal rezeptionsästhetische Ansätze.[38]

exemplarisch die Arbeiten von W. Groß (Verbform 1976; Erscheinungen 1980; Satzgrenzen 1986; Pendenskonstruktion 1987; Satzfolge 1991 und Verbalsatz 1996).

35. Vgl. H.-J. Stipp (Sondergut 1994) und D.M. Carr (1996).
36. Vgl. J. Krispenz (2001) 10-12 und exemplarisch die Problemstellung und den forschungsgeschichtlichen Überblick zu Dtn 13 bei E. Otto (1999) 32-38 sowie dazu C. Hardmeier (Rez. Otto 2001b). Nahezu die gleiche Sachlage herrscht im Nachbarfach des Neuen Testaments, wie aus den kritischen Fragen von A. Reichert (2001) zu einigen neuen Methodenbüchern der Exegese hervorgeht.
37. Vgl. z.B. D.M. Gunn/D.N. Fewell (1993) und D.J.A. Clines/J.C. Exum (1993).
38. Zum »New Literary Criticism« vgl. die vorige Anm. sowie oben Anm. 3. Überzeugend arbeitet G. Steins (1999) 228ff. die Komplementarität einer historisch diachronen und kanonisch synchronen Herangehensweise heraus. Ferner macht der instruktive Forschungsüberblick von G. Schunack (1996) deutlich, dass unter dem *New Literary Criticism* eine generelle Abkehr von historisch-kritischen Fragestellungen zu verstehen ist, die primär »extrinsisch« einerseits an der literarhistorischen Entstehungsgeschichte und andererseits an der realen Autor- und Adressatenschaft hinter den Texten interessiert sind und diese auf ihre jeweiligen soziohistorischen Hintergründe befragen (vgl. 29f. und 35f.). Dabei wurde der intrinsischen »Analyse der Textualität und Struktur von Texten« als solchen (a.a.O. 31) allenfalls im Rahmen der herkömmlichen Literarkritik Beachtung geschenkt, während der *New Literary Criticism* diese »›intrinsische‹ Interpretation« (a.a.O. 30) und Konzentration auf die Funktionalität und Sprachförmigkeit der Texte zum methodischen Ausgangspunkt und analytischen Hauptziel der Textinterpretation erhoben hat; vgl. dazu Weiteres unten 2.2.4.

2.2 Methodologische und hermeneutische Implikationen der Aporie

Die Vielstimmigkeit der gegenwärtigen Methodendiskussion und die Disparatheit der methodischen Ansätze ist in hohem Maße Ausdruck einerseits einer Vielzahl von ungeklärten Voraussetzungen im Sprach- und Textverständnis, von denen diese Ansätze ausgehen. Andererseits liegen dieser Vielstimmigkeit Unklarheiten hinsichtlich der Bibelhermeneutik zugrunde. Einige dieser Probleme sind hier exemplarisch anzuschneiden, um unter verschiedenen Aspekten deutlich zu machen, an welche Problemfelder die Grundlagen einer textpragmatischen Literaturwissenschaft der Bibel sich anschließen lassen und in welcher Weise eine kommunikationstheoretisch begründete Textempirie darin weiterführen und zu Problemlösungen beitragen kann.

Dabei ist auch auf den kultur- und sozialwissenschaftlichen Rahmen und Hintergrund hinzuweisen, auf dem dieser textpragmatische Methodenansatz seinerseits beruht. Er liegt in der Konsequenz der »pragmatischen Wende« (vgl. dazu J. Habermas, 1988, 63-149), die durch die Wittgenstein'sche Sprachphilosophie, die Sprachtheorie von K. Bühler ([3]1999) und die Theorie der Sprechakte (J.L. Austin, 1962 und J.R. Searle, dt. 1971) eingeleitet wurde. Der wissenschaftsgeschichtliche Umbruch ging und geht einher mit dem Sozialkonstruktivismus (P.L. Berger/T. Luckmann, [19]2003) und hat »in den Sozialwissenschaften« seine volle Ausprägung im »*cultural turn*« erfahren (A. Reckwitz, 2000, 15, vgl. 15-38).

2.2.1 Probleme des Sprach- und Textverständnisses in der Exegese

In der Tradition von W. Richter (1971) – aber auch unabhängig davon – zeichnet sich in der jüngsten Methodendiskussion eine erfreuliche Hinwendung zur Sprachgestalt der biblischen Texte ab und ein neues Bemühen um »auf den Text konzentrierte() Auslegungsverfahren()«.[39]Allerdings bauen diese Bemühungen ihrerseits auf einem revisionsbedüftigen Sprach- und Textverständnis auf, das insbesondere der kommunikationspragmatischen Dimension der Texte nicht gerecht wird und ihre sachgemäße Erschließung geradezu verbaut.

2.2.1.1 Texte als Auswahl und Kombination von sprachlichen Zeichen

Häufig dominiert die Grundannahme, dass man sich Texte als Gebilde von Worten vorzustellen hat, die einerseits nach syntaktischen Regeln aus lexika-

39. Vgl. A. Reichert (2001) Sp. 1005.

lischen Einheiten kombiniert und hergestellt worden sind. Andererseits tragen dann die so erzeugten Texte als Wortgebilde eine Gesamtbedeutung und haben eine kommunikative Funktion, die man aus der Beobachtung der Syntax und der Wortsemantik direkt erschließen zu können meint.

So nennt z.B. A. Reichert (2001) Sp. 997 im Anschluss an W. Egger ([5]1999) die drei folgenden konstitutiven »Beobachtungsperspektiven« für eine synchrone Textanalyse: »Unter sprachlich-syntaktischem Aspekt geht es um die Kombination der Teilzeichen, um ihre Verknüpfung, ihre Abfolge, unter semantischem Aspekt um die Bedeutung der miteinander kombinierten Teilzeichen, unter pragmatischem Aspekt um die kommunikative Funktion der miteinander kombinierten, bedeutungstragenden Teilzeichen.« Auch J. Krispenz (2001) 53f. geht davon aus, »dass derjenige, der einen Text formuliert, dabei nicht nur auf die allgemeinen Regeln der Sprache zurückgreift, sondern, durch eine Reihe von Parametern geleitet, aus den Ausdrucksmöglichkeiten der Sprache die ihm jeweils ›richtig‹ erscheinende wählt.« Dabei geht auch sie von der *communis opinio* unter textlinguistisch arbeitenden Exegetinnen und Exegeten aus, dass sich neben der Syntax und Semantik von Texten auch ihre Pragmatik als spezifische Auswahl von sprachlichen Mitteln an der Textoberfläche irgendwie beobachten lasse, allerdings mit einer überraschenden Konsequenz, die mit ihrem statistischen Ansatz und ihrem Bemühen um objektive Stilkriterien zusammenhängt. Auf der »Suche nach effektiven Merkmalen«, an denen sich Stileigentümlichkeiten festmachen lassen, kommt J. Krispenz zur Überzeugung, »die Pragmatik ... als Feld für die(se) Suche« ausschließen zu müssen (a.a.O. 54). Denn diese »Textmerkmale der Pragmatik« seien »schwer eindeutig und verbindlich feststellbar« und kämen auch »in einem Einzeltext nicht häufig genug vor ..., um statistisch auswertbar zu sein« (54f.). »Aus diesen Gründen«, so die Verfasserin, »wird die Pragmatik bei« ihrer »Untersuchung ausgeklammert« (55).

Mit dem Sprach- und Textverständnis, das diesen Ansätzen zugrunde liegt, ist ein ganzes Bündel von text- und kommunikationstheoretischen Problemen verbunden, die der Klärung bedürfen. Problematisch ist zunächst die Vorstellung, dass Texte durch Auswahl und Kombination von sprachlichen Zeichen zustande kommen und eine Bedeutung haben, die man dann an bestimmten sprachlichen Ausdrücken der Textoberfläche ablesen kann: 1. den Inhalt (Semantik) vornehmlich an den Verben, Eigennamen und Substantiven, 2. die Art ihrer Kombination an der Syntax, während 3. die Pragmatik an der Textoberfläche nicht so recht fassbar erscheint. Demgegenüber wird unten 3.1 darzulegen sein, dass und inwiefern Texte Produkte sprachlicher Handlungen sind, deren Sinn und Bedeutung sich nur im lesenden oder hörenden Nachvollzug erschließt. D. h. die Pragmatik der Textkommunikation ist nicht mehr das »Schmuddelkind« der Textexegese, sondern ihre Grundlage und ihr konstitutiver Ausgangspunkt, von dem aus nicht nur das Verhältnis von Sprache und Text neu zu bestimmen sein wird (vgl. 3.4), sondern auch das sprachliche Zeichenverständnis selbst (vgl. bes. 3.4.4 und 3.4.5 sowie IV 2).

2.2.1.2 *Das ungeklärte Verhältnis von »Form« und »Inhalt« – die Problematik eines repräsentationssemantischen Zeichenbegriffs*

Ein zweites Problemfeld liegt – in Verbindung mit der weit verbreiteten Unterscheidung von Syntax, Semantik und Pragmatik – in der ungeklärten Verhältnisbestimmung von »Form« und »Inhalt« sowohl im sprachlichen Zeichen selbst als auch und insbesondere auf Textebene.

Bekanntlich zeichnen sich viele exegetische Arbeiten der sog. Richter-Schule sowie andere, um die Sprachförmigkeit der Texte bemühte Ansätze durch eine große Sorgfalt und Ausführlichkeit der grammatischen Textbeschreibung aus. Doch erschöpfen sich diese Arbeiten oft in der minutiösen Inventarisierung syntaktischer und lexikalischer Gegebenheiten in den untersuchten Texten – sei es nach Kriterien der Richter'schen Grammatik, sei es nach anderen Grammatikmodellen –, ohne dass daraus die spezifische Funktion und Sinnbildung der untersuchten Texte nachvollziehbar erschlossen und plausibel gemacht werden kann. Die formale Einseitigkeit dieser Praxis, die sich mit der Inhaltsseite der Texte schwer tut und ihre Funktionalität und Pragmatik kaum adäquat zu erfassen vermag, liegt einerseits wesentlich an der mangelnden theoretischen Durchdringung der Form-Inhalts-Beziehung im sprachlichen Zeichen.[40] Zum anderen ist das Verhältnis von Sprache und Text problematisch bzw. das Verständnis von Lexikon und Grammatik in ihrem Verhältnis zu den Texten, die Produkte sprachlicher Handlungen sind. Ein Hauptproblem auch dieser Ansätze liegt im sprachlichen Zeichenverständnis, das ganz der traditionellen Repräsentationssemantik (*stat aliquid pro aliquo*) verhaftet ist, wonach eine sprachliche Zeichenform (*signifiant*) als Trägerin für bestimmte, lexikalisch fassbare Inhalte (*signifié*) steht, während die formale Verknüpfung dieser Zeichen in den Texten der Syntax vorbehalten bleibt.

Von einem pragmatischen Verständnis der Textkommunikation her, wie es hier entfaltet wird, sind Texte jedoch als Spuren von Kommunikationsvollzügen zu verstehen (vgl. 3.4.1 und 3.4.2) mit einer in semantischer Hinsicht tief greifenden Konsequenz: die darin verwendeten sprachlichen Zeichen werden nur im Hören oder Lesen dieser Textspur als Anweisungen und Signale wirksam und haben die Funktion, den Nachvollzug des autorseitigen Kommunikationsangebotes seitens der Adressatinnen und Adressaten zu steuern. In diesem zeichengesteuerten Prozess vollzieht sich die Sinnbildung, die in der Textspur angelegt ist und womit das textförmig verschlüsselte Kommunikationsangebot einer Autorin zugleich eingelöst wird. Deshalb hat an die Stelle einer Repräsentationssemantik eine Instruktionssemantik zu treten (vgl. 3.4.4, II 2.3.2.3 und IV 1), die die Wort-, Satz- und Textsemantik auf ihre pragmatischen Füße stellt und damit zugleich die Unterscheidung von Syntax, Semantik und Pragmatik als irreführende Kategorisierung von Sprach- und Texterscheinungen erübrigt.

40. Zur Auseinandersetzung mit W. Richter (Exegese 1971) vgl. II 1.3.2. Das Kernproblem des Ansatzes liegt – bereits aus damaliger Sicht – in der ungeklärten Korrelation von »Form« und »Inhalt« sowohl im sprachlichen Zeichen als auch auf Textebene (vgl. bes. II 1.3.2, Anm. 51 und II 2.1.2 Punkt 4). Auch die frühe Kritik von H.-D. Preuß (1982) zielt in diese Richtung.

2.2.1.3 *Die problematische Unterscheidung von Syntax, Semantik und Pragmatik*

Beispielsweise geht die »Metaphorische Grammatik« von H. Schweizer (1981) von der Annahme aus, dass Syntax, Semantik und Pragmatik Teilgrößen von Texten sind (vgl. S. 19-21), die sich sprachlich mehr oder weniger direkt an der Textoberfläche identifizieren und dementsprechend in den Texten schrittweise beobachten sowie gegeneinander abgrenzen lassen. Aber auch für die oben 2.2.1.1 genannten Exegetinnen A. Reichert (2001) und J. Krispenz (2001) ist diese Trias Grundlage ihrer Ansätze.

In Fortführung der Kritik an dieser Modellvorstellung (vgl. III 3.2.1.1) ist auf das wissenschaftsgeschichtliche Problem hinzuweisen, das mit der griffigen Trias von Syntax, Semantik und Pragmatik verbunden ist. Die von J. Lyons (Semantik I dt. 1980, vgl. 127-132 sowie ders., Semantik II dt. 1983, 12f. und 206f.) u. a. übernommene Trias (vgl. H. Schweizer, 1981, 20) ist eine Sichtweise, die Sprach- und Textphänomene primär von den klassischen Aufgaben der linguistischen Fachdisziplin her in den Blick nimmt. Herkömmlicherweise fällt der Linguistik die Aufgabe zu, einerseits die Bedeutung sprachlicher Zeichen (Wortsemantik) zu beschreiben (Lexikologie) und andererseits die grammatischen Mittel (Morphologie) zu untersuchen, die die regelhafte Verknüpfung der Teilzeichen zu Sätzen (Syntax) bzw. ihre Organisation als satzförmige Prädikationseinheiten gewährleisten (vgl. auch II 2.3.1.2). Seit den späten 60er und in den 70er Jahren ist jedoch in der Linguistik einerseits als Fragehinsicht die Pragmatik hinzugekommen, die – angestoßen durch die Sprechakttheorie von J.L. Austin (1962) und inspiriert von der neu edierten Sprachtheorie K. Bühlers (³1999) – auf die kommunikative und pragmatische Funktion sprachlicher Zeichen aufmerksam gemacht hat. Andererseits wurden – unter Aufbrechen der Satzgrenze als ausschließlichem Gegenstandsbereich der klassischen Linguistik – Phänomene der Satzverknüpfung und der Textorganisation in den Blick genommen (vgl. z. B. die Erweiterung von K. Heger, Monem 1971 zu Monem ²1976). Damit sind neue Fragestellungen der Textsyntax und der sprachlich konstituierten Kohäsion von Texten aufgekommen, die das Fach zur Textlinguistik und Textgrammatik erweitert haben (vgl. z. B. das Handbuch von R.A. de Beaugrande/W. Dressler, 1981 sowie unten Abschn. 4.9, Anm. 174 u. 178). Dementsprechend wurde auch der Gegenstandsbereich der Linguistik von der klassischen Wort- und Satzebene auf die Textebene ausgeweitet. Daraus resultiert die textlinguistische Sichtweise, dass Texte genauso wie Morpheme, Lexeme, Phrasen und Satzeinheiten einfach als noch weit komplexere Sprachzeichen bzw. als Makrozeichen zu betrachten sind, die sich unter den Gesichtspunkten ihrer Syntax, ihrer Semantik und ihrer Pragmatik beschreiben und analysieren lassen.

Zwar ist die Unterscheidung von Syntax und Semantik höchst sinnvoll und brauchbar, solange sie sich zum einen im Rahmen der klassischen Linguistik auf die Wort- und Satzebene beschränkt. Zum anderen ist es unverzichtbar, die syntaktischen oder semantischen Eigenschaften von Sprachzeichen auf der sprachsystematischen Ebene der *langue* zu untersuchen, um im Rahmen von Lexikologie und Grammatik ihre virtuellen Bedeutungs- und Gebrauchsfunktionen zu bestimmen. Jedoch ist die Ausweitung dieser Betrachtungsweise auf die Textebene höchst problematisch, weil es sich bei Texten um einen qualitativ ganz anderen Status von sprachlichen Zeichen handelt: Texte sind Geflechte von *verwendeten* Sprachzeichen (*parole*) und bilden –

empirisch betrachtet – unhintergehbar die Primärvorkommen von Sprache. Demgegenüber handelt es sich bei jeder linguistischen Beschreibung sprachlicher Zeichen und damit auch bei ihrer grammatischen und lexikologischen Betrachtung unter den Gesichtspunkten von Syntax, Semantik und Pragmatik um abgeleitete Erfassungsformen von Sprache, die gegenüber ihrem Primärvorkommen in Texten als Abstraktionen zu gelten haben (vgl. unten 3.4.5).

Somit ist ein Textgeflecht in sprachformaler Hinsicht primär die lineare Spur von Sprachzeichen, die von einem Autor oder einer Sprecherin als Mittel in Gebrauch genommen worden sind, um kommunikationspragmatische Absichten der Sinnbildung im Gegenüber zu einer imaginierten Adressatenschaft zum Ausdruck zu bringen. Deshalb kann die Semantik und Pragmatik von Texten nur von den kommunikationspragmatischen Erfordernissen her in den Blick genommen werden, d. h. von der Art und Weise der textförmigen Sinnbildung her, die je und dann im Kommunikationsvollzug ihre sprachförmige Spur einer textspezifischen Sprachverwendung hinterlässt. Demgegenüber verstellt die Trias von Syntax, Semantik und Pragmatik als Beobachtungshinsicht auf die Sprachgestalt von Texten den analytischen Blick auf diese primär textpragmatische Bedingtheit der Texte. Aus diesen Gründen muss sich die biblische Literaturwissenschaft auch von all jenen »auf den Text konzentrierten Auslegungsverfahren()« (A. Reichert, 2001, Sp. 1005) lösen, die auf dieser Trias und ihren repräsentationssemantischen Prämissen beruhen, und ist umso dringlicher auf neue text- und kommunikationstheoretische Grundlagen zu stellen. Dabei müssen die literaturwissenschaftlichen Basisgrößen Sprache und Text in theoretischer Hinsicht primär von der Pragmatik sprachlichen Handelns her durchdacht und von den Rahmenbedingungen textförmiger Kommunikation her bestimmt werden, woraus dann – wie unten in den Kapiteln 4 und 5 zu zeigen sein wird – auch die Verfahren der Textanalyse abzuleiten sind. Auch wenn sich beide Ansätze im Bestreben einig sind, die Sprachgestalt der Texte ernst zu nehmen und sorgfältig zu beschreiben, lassen sie sich auf der Methoden- und Verfahrensebene dennoch weder direkt vergleichen, noch unmittelbar miteinander ins Gespräch bringen oder verknüpfen. Denn die Differenz ist eine sprach- und texttheoretisch fundamentale und müsste auf dieser theoretischen Ebene diskutiert werden.

2.2.2 Der Quellenstatus biblischer Texte im Verhältnis zu ihrem soziohistorischen Hintergrund

Seit Ende der 80er Jahre ist die Diskussion um den historischen Quellenwert biblischer Texte im Verhältnis zu archäologischen sowie epi- und ikonographischen Befunden lange Zeit sehr pauschal geführt worden. Dabei hat der Streit zwischen Maximalisten, die die biblischen Quellen *per se* für historisch zuverlässig halten, und den Minimalisten, die den biblischen Textwelten jede Historizität absprechen, z. T. heftige Kontroversen ausgelöst, die es oft an Sachlichkeit haben mangeln lassen. Denn auch die Skeptiker haben mit Pauschalurteilen nicht gespart, wonach die biblische Überlieferung nur ein ideologisch völlig verzerrtes, literaturgeschichtlich unentwirrbar überformtes und deshalb für Historiker gänzlich unbrauchbares Bild der Geschichte Israels und der südlichen Levante liefern würden.[41] Zwischenzeitlich beginnt sich jedoch eine größere Umsicht und Differenzierungsbereitschaft durchzusetzen, die sich in der Sorgfalt niederschlägt, mit der sich z. B. sowohl C. Uehlinger (2001) als auch J. Renz (Epigraphik 2001) um eine abgestufte und weitgehend übereinstimmende Unterscheidung von Primär- und Sekundärquellen bemühen.

Unter text- und kommunikationspragmatischen Gesichtspunkten einer biblischen Literaturwissenschaft kann und muss jedoch komplementär dazu auch der historische Quellencharakter biblischer Texte selbst neu bestimmt werden – und zwar trotz oder gerade aufgrund ihrer mehrstufigen literaturgeschichtlichen Überformung. Dabei ist die historisch-kritische Nachfrage nach vermeintlich historischen Tatsachen, die in den biblischen Texten angesprochen und ausgesagt werden, zu verlagern auf die Tatsächlichkeit der Textkommunikation selbst, die sich im Werdeprozess des Kanons in diesen Texten als Literaturgeschichte schriftförmig niedergeschlagen hat (vgl. dazu unten 3.3.2 und III 1.5). Denn in empirisch-archäologischer Hinsicht ist die Textspur das einzige materiale Objekt, an dem wir den Sinn dieser Texte, ihre Funktionen und die soziohistorischen Zusammenhänge ihres Gebrauchs noch heute beobachten und erfassen können. In dieser Hinsicht stehen sie als Artefakte einstiger (gesellschaftlicher) Kommunikation gleichran-

41. Vgl. dazu E.A. Knauf (2000), bes. S. 59 und C. Hardmeier (Quellenevidenz 2001e). – Die bösen Folgen solcher Leichtfertigkeit kann man im halbverdauten Verschnitt von Skeptiker-Positionen in DER SPIEGEL, Nr. 52, 2002, mit dem Aufmacher »Die Erfindung Gottes« unter dem Titel »Archäologen und Alttestamentler erforschen den Ursprung der Bibel« nachlesen. Als Kassenschlager zur Auferbauung der säkularen Weihnachts-Gemeinde bedient der Artikel altbewährte antiklerikale Ressentiments gegen Kirche und Christentum diesmal unter Berufung auf unbestechliche Wahrheiten der archäologischen Wissenschaft.

gig neben archäologisch erhobenen Hinterlassenschaften der damaligen materiellen Kultur, die unsere soziohistorischen Hintergrundkenntnisse der biblischen Erfahrungswelt ihrerseits enorm ausgeweitet und erheblich vertieft haben.[42]

2.2.3 Die Historisierung der biblischen Textwelten – Sinnvergegenwärtigung und historische Distanz

Ein weiteres Problemfeld, auf dem eine text- und kommunikationspragmatische Literaturwissenschaft neue Wege bahnen kann, liegt zum einen in der Historisierung der biblischen Textwelten durch die historisch-kritische Forschung seit der Aufklärung. Denn diese historische Distanzierung droht zum anderen das spirituelle Sinnverstehen der biblischen Texte erheblich zu erschweren oder ihre lebensorientierende Wirkmächtigkeit in der Vergegenwärtigung ganz zum Verstummen zu bringen. Das hermeneutische Spannungsfeld zwischen der historischen Distanz der biblischen Texte und der sinnbildenden Funktion ihrer Vergegenwärtigung sowie die Frage, wie ein kommunikationspragmatischer Exegeseansatz zur Überbrückung dieser Abständigkeit beitragen kann, soll an drei Beispielen der hermeneutischen Diskussion veranschaulicht werden.

2.2.3.1 Wort Gottes und Wortgeschehen (G. Ebeling)

Um mit dem zweiten Aspekt zu beginnen, greife ich exemplarisch Bemühungen von G. Ebeling auf, das »Wort Gottes« als vergegenwärtigendes »Wort- bzw. Sprachgeschehen« ins Verhältnis zu setzen zu den biblischen Texten als Grundlage der Verkündigung.

Ebeling (Hermeneutik ^{2}1962b) sieht die »Grundstruktur des Wortes« darin, dass es »nicht Aussage ... sondern Mitteilung ... in dem gefüllten Sinn von Partizipation und Kommunikation« ist (342). Dabei kommt als Grundlage von Predigt und Verkündigung der biblische Text insofern in den Blick, als dabei in der »Wendung von der Schrift zum mündlichen Wort« (345) »aus geschehener Verkündigung ... geschehende Verkündigung« werden soll, um »den Text wieder Gottes Wort werden zu lassen« (ebd.). Dabei ist mit dem »Wort Gottes« selbstverständlich nicht ein einzelnes Wort gemeint, sondern das, was beispielsweise »die Prophe-

42. Zum Verständnis von Texten als Artefakte der (gesellschaftlichen) Kommunikation vgl. C. Hardmeier (Quellenevidenz 2001e) und zu ihrem Verhältnis zu anderen, archäologisch erhobenen Hinterlassenschaften der (materiellen) Kultur den Tagungsband zur historischen Evidenz außerbiblischer und biblischer Quellen (C. Hardmeier, Hg., Steine 2001d). Besonders hinzuweisen ist auf den Beitrag von H.M. Niemann (2001) und auf seine klärenden Ausführungen zur »Archäologie als Basis-Partnerin der Bibelwissenschaft« (101-105, vgl. 96ff.).

ten auszurichten bekommen« haben, so dass sich »in jeder Einzeloffenbarung … immer das ganze Wort Gottes aus(spricht)« (a.a.O. 344f., Anm. 35). Dementsprechend ist nach Ebeling »die Predigt … nicht *Auslegung*« sondern »*Ausführung des Textes*« (2-mal Hervorhebung im Orig., 347), wobei »mit Auslegung die Konzentration auf die historische Verstehensaufgabe gemeint ist« (ebd.). Dahinter verbirgt sich ein historisierendes Verständnis der historisch-kritischen Exegese, die sich in der Aufgabe erschöpft, den Text »in seiner historischen Gegebenheit als geschehene Verkündigung (zu) verstehen« (ebd.). Deshalb liegt für Ebeling der »eigentliche Knoten des hermeneutischen Problems … in dem Zusammenhang zwischen« historisierender »Auslegung des Textes als geschehener Verkündigung und Ausführung des Textes in geschehender Verkündigung« (ebd.), der durch die »existentiale Interpretation« als »*Interpretation des Textes in Hinsicht auf das Wortgeschehen*« zu lösen sei (348, Hervorhebung im Orig.).

Eine text- und kommunikationspragmatische Exegese bedarf jedoch dieses philosophischen Umweges nicht. Denn sie vermag die von Ebeling herausgestellte kommunikative und partizipatorische Dimension des »Wortes Gottes« auch und primär an der »geschehenen Verkündigung« in den biblischen Texten selbst methodisch zu beobachten und im soziohistorischen Umfeld ihrer Zeit zu erfassen. Stellt man somit die historisch-kritische Methode als solche auf eine neue, text- und kommunikationspragmatische Grundlage, wird einerseits die soziohistorische Distanz der biblischen Textwelten und ihre kulturgeschichtliche Differenz zur Gegenwart erst eigentlich in ihrer vollen Tiefe erfassbar, indem die Textkommunikation selbst in ihren schriftförmigen Hinterlassenschaften zum soziohistorischen Primärgegenstand erhoben wird.[43] Andererseits aber kann an den biblischen Ausführungsformen der Lebensbewältigung *coram deo* zugleich und gerade aufgrund dieser Radikalisierung der historischen Nachfrage ihre vergegenwärtigende »Ausführung« in der Predigt erst eigentlich gelernt werden und ist daran auch je neu

43. Auf diese Weise könnte das von K. Barth wiederholt geäußerte Postulat eingelöst werden, dass – in den zusammenfassenden Worten von H.-J. Kraus (^{3}1982) 419 – »die Historisch-Kritischen … kritischer sein (müßten)«, indem sie nicht »im Vorfeld des Literarischen und Historischen verharren, dieses Vorfeld nicht mit eigener Weltanschauung abstecken und bestimmen, sondern zur eigentlichen Sache durchstoßen, die in der vollen Weltlichkeit und im doppelt-indirekt geschriebenen Wort der Bibel bezeugt wird.« Barth selbst hat sich dazu (erstmals?) 1922 im Vorwort zur zweiten Auflage des Römerbrief-Kommentars wie folgt geäußert: »*Kritischer* müßten mir die Historisch-Kritischen sein! Denn wie ›das was da steht‹ zu *ver*stehen ist, das ist nicht durch eine gelegentlich eingestreute, von irgend einem zufälligen Standpunkt des Exegeten bestimmte *Wertung* der Wörter und Wortgruppen des Textes auszumachen, sondern allein durch ein *tunlichst* lockeres und williges Eingehen auf die innere Spannung der vom Text mit mehr oder weniger Deutlichkeit dargebotenen Begriffe. … Tunlichst wenig darf übrig bleiben von jenen Blöcken bloß historischer, bloß gegebener, bloß zufälliger Begrifflichkeiten, tunlichst weitgehend muß die Beziehung der Wörter auf das Wort in den Wörtern aufgedeckt werden« (1976, XIf., Hervorhebungen im Orig.). Eben diesem selbstkritischen »Aufdecken« der textimmanenten Sinnbildung in den biblischen Texten dient die induktive Empirie des textpragmatischen Methodenansatzes.

einzuüben. Auf diese bibelhermeneutischen Grundfragen wird unten Abschn. 2.3.2 und 5.5.2 zurückzukommen sein.

2.2.3.2 »Reden von Gott«? – die unhintergehbare Sprachlichkeit theologischer Rede im Rückbezug auf biblische Texte (H. Raguse)

Unter einer transdisziplinären Perspektive beleuchtet H. Raguse (1994) 28f. das Problem einer theologischen Hermeneutik der Rede von Gott.

»Theo-Logie, das ist der Logos von Gott, also das verständige Reden von Gott. Daß sich die Theologie dabei der Sprache als Werkzeug bedient, das wiederum ist selbstverständlich. Aber der Begriff selber scheint doch eher nahezulegen, daß der Gegenstand dieser theo-logischen Sprache nicht wiederum Sprache, sondern Gott selber ist, wer oder was auch immer das sei. Aber wo ist dieser Gott zu finden, ... wenn nicht darin, daß Menschen aus irgendeinem Grund von dem Gott, an den sie glauben, reden?« Und zwar, »indem sie sich ihrer Sprache bedienen, in der ihnen Möglichkeiten vorgegeben sind, von diesen Erfahrungen zu reden. ... Das Paradoxe an der christlichen Theologie ... ist, daß sie selbst dann, wenn sie unmittelbare, also nicht primär sprachliche Erfahrungen beschreiben will, sich doch auf vorgegebene Sprache richten muß und damit immer an schriftliche oder wenigstens mündliche Texte gebunden ist und erst von ihnen her neue Texte hervorbringt.«[44]

Allerdings haftet auch der nahezu universell gebrauchten Formel des »Redens von Gott« noch immer die Problematik einer objektivierenden Rede an, die Gott als »Gegenstand ... theo-logische(r) Sprache« versteht und ihn damit unter der Hand zum Gegenstand menschlicher Rede und Vorstellungen macht. Jedoch geht solches theologisches Reden an den radikal beziehungssprachlichen Formen der biblischen Texte vorbei, die entweder Gott im Gebet direkt *an*reden oder ihn als Beziehungs-Gegenüber in der Vielfalt lebensweltlicher und soziohistorischer Erfahrungszusammenhänge erinnern oder seine künftige Mitwirksamkeit einschätzen. Denn in der Bibel wird Gott nirgends beschrieben, und es gibt keine Definition Gottes – außer *mutatis mutandis* in der Namensoffenbarung von Ex 3,14. Auch wird nirgends direkt »von« oder gar »über« Gott geredet, außer im Spezialfall der Theodizee-Diskurse im Hiobbuch, die jedoch damit gerade die Unangemessenheit solchen Redens als Vollzug vor Augen führen (vgl. Hi 32,3 und 42,7).[45] Vielmehr wird in der Bibel statt »von Gott geredet« entweder erzählt und damit erinnert, wie sich Gott aus der Retrospektive der Erzähler als Mitwirkungsinstanz in der Geschichte oder im Leben von einzelnen erwiesen hat. Oder es wird in prophetischen Texten eingeschätzt, wie er sich als *»factor«* des Unverfügbaren (vgl. Jes 44,24) in der Zukunft auswirken wird. Ferner wird v. a. in den Psalmen, aber auch z. B. in den Konfessionen Jeremias über-

44. Zu dieser unhintergehbar *menschlichen* Sprachgebundenheit theologischer Rede vgl. schon K. Barth KD I, 2 ([3]1945) 512ff. sowie unten II 1.3.1, S. 12-14.
45. Vgl. dazu C. Hardmeier (New Relationship, unveröffentlicht) sowie M. Oeming (2000).

liefert, wie Menschen sich im Gebet in Beziehung zu Gott gesetzt und sich performativ mit ihm auseinandergesetzt haben.[46] D. h. das zentrale Thema der biblischen Schriften ist nicht das »Reden von Gott«, sondern einerseits die textförmig performativ artikulierte *Coram-deo*-Relation von Menschen in ihrem Beziehungsgegenüber zu Gott und seiner Unverfügbarkeit. Dabei wird andererseits diese *Coram-deo*-Relation zugleich in ihrer vollen und unverkürzten Lebens-, Welt- und Geschichtsbezogenheit kommuniziert, ohne irgendeine substanzielle Ontologie oder Metaphysik vorauszusetzen.

Generell kann von einer konstitutiven Eigentümlichkeit des biblischen Schrifttums gesprochen werden, das in hohem Maße auf ein mimetisches Lernen im performativen Erinnern und auf den vergegenwärtigenden Nachvollzug verschrifteter Mündlichkeit angelegt ist. Das geht maßgeblich auch aus Dtn 31,9-13 im Anschluss an die Tora-Rede des Mose hervor, die ihrerseits ganze dreißig Kapitel des Deuteronomiums (1,6 bis 30,20) umfasst.[47] Aber auch in den geschichtlichen Büchern stehen an den entscheidenden Knotenpunkten des Erzählzusammenhangs erzählte Dialoge oder Ansprachen gewichtiger Figuren der Geschichte im Vordergrund.[48]

46. Vgl. dazu jetzt B. Janowski (2003), bes. 243ff. und 271ff. sowie C. Hardmeier (Tod 1988) und ders. (Theo-logie 1995b), ferner für das prophetische Geschichtsdenken im Gegenüber zu JHWH und für die divinatorische Expertentätigkeit der vorexilischen Schriftprophetie in der *Coram-deo*-Relation C. Hardmeier (Zeitverständnis 1998) und ders. (Wahrhaftigkeit 2001c). Dieses Geschichtsdenken im Gegenüber zu JHWH beruht auf der »*anthropologische(n) Universalität*« einer »Zeiterfahrung, die man ›Kontingenz‹ nennt« (vgl. J. Rüsen, Zugänge 1998, 50 und dazu 50ff.) Dabei versteht Rüsen unter Kontingenz die anthropologische Basiserfahrung, »daß das menschliche Leben in einem Zeitverlauf erfolgt, der es permanent irritiert. Es handelt sich um die Irritation des Bruchs, unerwarteter Vorkommnisse in der eigenen Welt wie Geburt und Tod, Katastrophen, Zufälle, enttäuschte Erwartungen ...« (ebd.). Die biblischen Texte bewahren auf vielfältigste Weise die Erinnerung auf, wie (die damaligen) Menschen sich diesem irritierenden Zeitverlauf in den verschiedenartigsten Lebenszusammenhängen ausgesetzt sahen und in der sprachlich artikulierten Respektbezeugung gegenüber Gott stets aufs neue »Vertrauen in den Zeitverlauf ihres Daseins« (Rüsen a.a.O. 51) gefunden und Orientierung für ihre Zukunft gewonnen haben.
47. Vgl. dazu C. Hardmeier (Weisheit 2003b) und ders. (Schᵉma' 2000b), ferner zu einer Systematik der Redeformen und Sprechhandlungen als Grundlage einer Theo-logie des Alten Testaments ders. (Theo-logie 1995b).
48. Vgl. z.B. die (Abschieds-)Reden Jos 23f.; I Sam 8; 12 oder II Sam 7. Aus dem historischen Abstand sind J.W. Goethes Ausführungen ([15]1994) 208-209 über die umfangreiche Sinaiperikope in Ex-Num mit ihren extensiven Gottesreden insbesondere in ihrer wirkungsgeschichtlichen Problematik aufschlussreich: »Wenn uns das Ungemütliche dieses Inhalts, der, wenigstens für den ersten Anblick, verworrene, durch das Ganze laufende Grundfaden unlustig und verdrießlich macht, so werden diese Bücher durch eine höchst traurige, unbegreifliche Redaktion ganz ungenießbar. Den Gang der Geschichte sehen wir überall gehemmt durch eingeschaltete zahllose Gesetze, von deren größtem Teil man die eigentliche Ursache und Absicht nicht einsehen kann, wenigstens nicht, warum sie in dem Augenblick gegeben worden, oder, wenn sie spätern Ursprungs sind, warum sie hier angeführt und eingeschaltet werden. Man sieht nicht ein, warum bei einem so ungeheuern Feldzuge, dem ohnehin so viel im Wege stand, man sich recht absichtlich und kleinlich bemüht, das religiöse Zeremoniengepäck zu verviel-

Mangels Analogien müssen diese und andere Eigentümlichkeiten biblischer Literaturbildung und ihrer Funktionalität somit aus der Überlieferung und ihren schriftförmigen Textspuren selbst erhoben und erklärt werden. Ein textempirischer und kommunikationspragmatischer Ansatz ist dazu besonders geeignet.[49]

2.2.3.3 Historische Bibelkritik und religiöse Sinnbildung aus kulturanthropologischer Sicht (J. Rüsen)

Ausgehend vom ersten Aspekt der historischen Distanzierung greift J. Rüsen (Kulturprozeß 2002) aus kulturanthropologischer Sicht die Aporien religiöser Sinnbildung auf, die durch die herkömmliche Bibelkritik seit der Aufklärung entstanden sind.

»Mit der methodisch-kritischen Historisierung verlieren die heiligen Texte ihren religiösen Sinn. Sie gewinnen historische Kontingenz und empirische Faktizität, aber um den Preis eines religiösen Bedeutungsverlustes der methodisch ermittelten Tatsächlichkeit des im Text Ausgesagten. Die fachliche Instanz des quellenkritischen Umgangs mit der Bibel ... treibt den ›kritisierten‹ Texten die Heiligkeit aus, ... ohne daß diese Tatsächlichkeit noch mit der religiösen Bedeutung aufgeladen wäre, die sie historisch interessant macht« (25). Im Effekt hat dieser »Historisierungsprozeß ... die in den Texten überlieferten religiösen Geschehnisse und

fältigen, wodurch jedes Vorwärtskommen unendlich erschwert werden muß. Man begreift nicht, warum Gesetze für die Zukunft, die noch völlig im Ungewissen schwebt, zu einer Zeit ausgesprochen werden, wo es jeden Tag, jede Stunde an Rat und Tat gebricht, und der Heerführer, der auf seinen Füßen stehen sollte, sich wiederholt aufs Angesicht wirft, um Gnaden und Strafen von oben zu erflehen, die beide nur verzettelt gereicht werden, so daß man mit dem verirrten Volke den Hauptzweck völlig aus den Augen verliert.« – Man kann diese längst überholte nationalgeschichtliche Sichtweise – allerdings mit gewissen antijudaistischen Untertönen – aus dem Geiste des Idealismus mit Leichtigkeit abtun. Jedoch wirkt die Blindheit für das ursprungsgeschichtliche Modelldenken der Bibel und die literarischen Eigentümlichkeiten ihrer verschrifteten Mündlichkeit bis heute nach. Erst zögerlich beginnt sich seit einigen Jahren der Blick für diese geschichtsbezogene Traditionsliteratur zu schärfen, die ihre eigenen paradigmatischen Formen des anfangsgeschichtlichen Erinnerns ausgebildet hat und die die maßgebenden Weisungen für ein gedeihliches Zusammenleben in der rechten Beziehung zu Gott am Anfang der Geschichte Israels verlautbaren lässt, um sie je neu zu hören und zu vergegenwärtigen (vgl. dazu C. Hardmeier, Geschichten 2003a). Insbesondere die Historisierung der biblischen Überlieferung seit der Aufklärung und die konsequente Anwendung der historischen Methode in den Bibelwissenschaften seit dem 19. Jh. hat jene ganz anderen Funktionen der biblischen Erinnerungsliteratur verdeckt, die das geschichtliche Erinnern primär auf die je aktuelle Sinnbildung in der Kontingenz aller Lebensvollzügen angelegt hat und auf seine zukunftsorientierende Relevanz ausgerichtet war. Zur Dialektik von historischer Methode und religiösem Sinn vgl. das Folgende.

49. Vgl. zur Entwicklung und Erprobung des Ansatzes an II Reg 18f. und Jer 37-40 C. Hardmeier (Prophetie 1990a) sowie weitere exemplarische Arbeiten zu Jer 2-6 (Redekomposition 1991 und Erfahrung 1996) oder zu Ps 30 (Tod 1988).

Sachverhalte ... mit den methodischen Mitteln der Quellenkritik in die zeitliche Abständigkeit der Vergangenheit gerückt, ja geradezu ent-gegenwärtigt« (ebd.). Demgegenüber beschließt Rüsen sein erstes Kapitel »Historische Methode und religiöser Sinn – dialektische Bewegungen in der Neuzeit« (9ff.) mit der Hoffnung, »durch eine neue Anerkennung der alten, im Verwissenschaftlichungsprozeß des historischen Denkens vergessenen Einsicht in die sinnbildende Kraft der Rede der Historiographie ein neues Sinnpotential zu erschließen« (40), indem u. a. »das ... Augenmerk auf die narrative Operation des Geschichtsbewußtseins« gerichtet wird (39).

Eben diese narrativen Operationen des biblischen Geschichtsdenkens, die die erinnerte Mündlichkeit mit einschließen, lassen sich als traditionsliterarische Hinterlassenschaft an den Textspuren des biblischen Kanons beobachten und können auf der empirisch-literaturwissenschaftlichen Basis einer textpragmatischen Methodologie, wie sie hier vorgestellt werden soll, erschlossen werden. Verlagert man somit die historische und quellenkritische Nachfrage von der »methodisch (zu) ermittel(nd)en Tatsächlichkeit des im Text Ausgesagten« auf die kommunikationspragmatischen Formen und die soziohistorischen Bedingtheiten jener Textkommunikation, die im biblischen Kanon ihre schriftförmigen Spuren hinterlassen hat (vgl. dazu bes. III 1.5), lässt sich auch ihre »religiöse Bedeutung« zurückgewinnen. Damit lässt eine textpragmatische Literaturwissenschaft der Bibel, die historisch radikal kritisch bleibt, nicht nur die religiöse Sinnbildung in den biblischen Texten auf neue Weise »historisch interessant« werden. Sie vermag auch die historisierende »Ent-gegenwärtigung« der Texte zu durchbrechen, ohne dabei die historische Distanz der biblischen Textwelten zu überspringen oder unsachgemäß die kulturelle Differenz und historische Kontingenz ihrer partikularen Entstehungs- und Funktionszusammenhänge auszublenden.[50]

Alles in allem hat eine biblisch-theologisch fundierte Hermeneutik als »Sprachlehre des Glaubens«[51] von der unhintergehbaren Textförmigkeit jeder Art von »Sprach-« oder »Wortgeschehen« und seiner kommunikationspragmatischen Bedingtheit auszugehen – sei es in den historischen Hinterlassenschaften der biblischen Texte selbst, sei es im heutigen Vollzug von Predigt und Verkündigung. Deshalb müsste eine biblisch-theologische Hermeneutik eine Lehre der pragmatischen Textkommunikation sein. Dabei handelt es sich um eine sehr spezifische Kommunikation der *Coram-deo*-Relation, d. h. der Kommunikation vor und im respektvollen Gegenüber zu Gott in allen Lebensvollzügen, wie sie sich soziohistorisch zuerst in der Vielfalt des biblischen Kanons maßgeblich herausgebildet hat, wie sie sich ferner bereits innerbiblisch in der Neuaneignung von Generation zu Generation sinnkonstitutiv bewährt und sich dann nachbiblisch orientierungsmächtig

50. Vgl. dazu auch oben Anm. 12 und C. Hardmeier (Geschichten 2003a).
51. Vgl. E. Fuchs (^{3}1963) III und 101f. sowie oben 2.2.3.1 und unten 5.5.2.

ausgewirkt hat, um sie schließlich auch heute als kommunizierbares Leben vor und mit Gott zu lernen und als Sinnbildung und Orientierungsgröße *sui generis* zeitgemäß einbringen und weitergeben zu können.

2.2.4 Die Leserinnen- und Leserrolle – Rezeptionsästhetik, Eisegese und Exegese

Angestoßen vor allem durch die Werke von W. Iser (^{2}1979) und U. Eco (^{2}1994) sowie unter dem Einfluss des anglo-amerikanischen *Reader-Response Criticism*[52] und der postmodernen Dekonstruktion sind in der alt- und neutestamentlichen Exegese in den zurückliegenden 90er Jahren Interpretationsansätze aufgekommen, die den Akt des Lesens und die konstitutive Rolle von Leserin und Leser im Verstehensprozess von Texten zum rezeptionsästhetischen Mittel- und Ausgangspunkt der Textinterpretation machen.[53] Dabei ist die Unterscheidung wichtig zwischen der impliziten Leserin, die im Text – direkt oder indirekt – angesprochen oder als Adressatin vorausgesetzt wird, und dem realen Leser, der sich im Akt des Lesens den Sinn eines Textes aneignet. Ein kommunikationspragmatischer Methodenansatz trägt dieser rezeptiven Komponente der Textkommunikation insofern radikal Rechnung, als es sich bei der Textrezeption um einen völlig eigenständigen Kommunikationsakt handelt, der vom autorseitigen Akt der Produktion eines Textes grundsätzlich zu unterscheiden ist (vgl. unten 3.3.1). Andererseits kommt der implizite Leser dadurch in den Blick, dass in analytischer Hinsicht systematisch vor allem nach den metakommunikativen und interaktiven Textkomponenten gefragt wird (vgl. Abschn. 4.2 und 4.3), die in der Textspur nach Maßgabe der jeweils vom Autor vorgestellten und intendierten Adressatenschaft angelegt sind (vgl. auch unten 5.5.1 und III 2.5).

Allerdings konzentriert sich die hier vorzulegende Methodologie auf die biblischen Texte als Substrate und Hinterlassenschaften einstiger Kommunikation und beschränkt sich auf die Erschließung des autorseitigen Kommunikationsangebots, soweit es sich in seiner Spezifik an der überlieferten Textspur erkennen und textempirisch erschließen lässt. Damit bewegt sich der Ansatz im Wesentlichen im Rahmen des *Rhetorical Criticism* (vgl. G. Schunack, 1996, 36ff. und unten Abschn. 3.5.1) und des *Narrative Criticism* (vgl. a.a.O. 42ff. und unten Abschn. 3.5.2). Insofern schließt er auch die Er-

52. Vgl. dazu G. Schunack (1996) 48ff.
53. Vgl. auch Utzschneider, H./Nitsche, S.A. (2001) 155ff. und 178ff. sowie H. Utzschneider (2003).

hebung der textinternen Autorperspektive ebenso mit ein wie die Erfassung des textimmanenten Lesers. Jedoch liegt das Spezifikum des hier vorgestellten Ansatzes in der empirisch-analytischen Konzentration auf die sprachzeichenförmige Ausgestaltung autorseitiger Kommunikationsangebote, d.h. auf die Frage, wie und woran sich – intersubjektiv überprüfbar – das kommunikationspragmatische Sinnangebot in einer autorseitig erzeugten Textspur erkennen lässt.

Mit dieser doppelten Konzentration auf das textimmanente Kommunikationsangebot und seine empirisch-analytische Erkennbarkeit an der überlieferten Textspur könnte das Missverständnis entstehen, dass damit rezeptionsästhetische Ansätze ausgeschlossen oder gar negiert würden. Jedoch lassen sich aus text- und kommunikationstheoretischen Gründen die Rolle des Lesers und der Stellenwert des Lese- bzw. Rezeptionsaktes in ihrer konstitutiven Bedeutung für jedes Textverstehen nicht hoch genug veranschlagen. Was gegen den *Reader-Response Criticism* einzuwenden ist, liegt deshalb nicht in der Tatsache, dass die Leserinnen-Position und die rezeptiven Leser-Aktivitäten ein fundamentaler Faktor im hermeneutischen Prozess sind.[54] Vielmehr ist es – im Blick auf den normativen Anspruch der biblischen Texte besonders im Spektrum der reformatorischen Konfessionen – das alte Problem von Eis- und Exegese, das sich konsequent für den *Reader-Response Criticism* und seine Radikalisierung im Dekonstruktivismus[55] verschärft stellt. Zwar unterstreicht die Rezeptionsästhetik und ihre Hermeneutik die Eigenständigkeit eines jeden Rezeptionsaktes zu Recht (vgl. dazu unten 3.3.1). Doch lauern darin auch besondere Gefahren, die leicht das theologisch notwendige Bemühen um ein Fremdverstehen der biblischen Texte überspielen und die Erhebung ihres Eigen-Sinns vernachlässigen. Die überlieferten Texte werden dabei schnell zu wehrlosen Objekten und allenfalls prominenten Aufhängern für Sinnkonstruktionen, die diese Texte nicht mehr auslegen, ausführen und auf diese Weise neu zum Sprechen bringen (vgl. oben Abschn. 2.2.3), sondern in sie hineingetragen werden.

Auch wenn H. Raguse (1994) sehr wohl unterscheidet zwischen einem literaturwissenschaftlich genauen Lesen (»close reading«, vgl. 24 und G. Schunack, 1996, 30) und den Vorentscheidungen, von denen es zweifellos mit abhängt, »wovon der Text für mich redet« (H. Raguse, ebd.), so verschwimmen dennoch die Konturen zwischen Exegese und Eisegese, wenn er zeigen will, »woher eine … theologische Lesung kommt« (ebd.). »Sie stammt« nach Raguse »aus der Leserin und aus dem Leser, die dem Text genau dasjenige Leben verleihen, das ihnen aus dem Text wieder entgegenkommt«, wobei »alles, was uns aus dem Text entgegenkommt, mit

54. Vgl. G. Schunack (1996) 49: »Der hermeneutische Zirkel wird durch die Frage erweitert und bestimmt, wie der Leser am Verstehen beteiligt ist. Insofern stellt ›Reader-Response Criticism‹ auch eine gewisse Rückwendung zu vorkritischer Bibelinterpretation dar.«

55. Vgl. dazu G. Schunack a.a.O. 52ff. und M. Pöttner (1999).

dem Leben und das heißt: mit Gedanken, Phantasien und Gefühlen verbunden ist, mit denen wir den Text zum Leben erweckt haben« (ebd.). Wie schnell dabei die biblischen Texte nur zu jenem Echo-Wald werden, aus dem es so herausschallt, wie man in ihn – sei es schon immer, sei es ab und zu auch neu – hineingerufen hat, weiß die Auslegungsgeschichte zur Genüge. »Die Gedanken, Phantasien und Gefühle ..., mit denen wir den Text zum Leben erwecken«, sind für ein aneignendes Textverstehen konstitutiv. Doch sollte diese Erweckungstätigkeit auktorial von den Exegetinnen und Exegeten selbst verantwortet und unterschieden werden von der Sinnerschließung biblischer Texte, die als Bemühungen des Fremdverstehens ihrem Eigen-Sinn – inklusive aller kommunikationspragmatischen Aspekte – auf die Spur zu kommen suchen.

Nun kommt an der Tatsache, dass der Sinn und die Bedeutung eines Textes nur im Leseprozess oder Hörvorgang konstituiert werden, keine text- und kommunikationsorientierte Hermeneutik vorbei. Das heißt jedoch noch lange nicht, dass es allein die Leserinnen oder die Hörer sind, die – mehr oder weniger angestoßen durch eine Textspur – den Sinn eines Textes und seine Bedeutung überhaupt erzeugen oder konstruieren, ohne dass die überlieferte Textspur auch nur eine Chance hat, den in ihr angelegten Eigen-Sinn als autorseitiges Kommunikationsangebot vernehmbar werden zu lassen. Vielmehr ist Textverstehen der Ernst- und Testfall von Fremdverstehen schlechthin, weil Texte immer Texte von anderen sind – meine früheren Texte, die ich heute lese, miteingeschlossen (weil ich heute ein anderer bin, als zur Zeit ihrer Niederschrift). Auch wenn der Sinn und die Bedeutung von Texten nur im Rezeptionsprozess eingelöst werden können, so bleibt es dennoch die Sinnbildung und Wirkabsicht von Fremden und Anderen, die da über die materiale Textspur an unser Ohr dringen oder vor unsere Augen kommen. Und damit ist die Erwartung des Autors oder der Sprecherin verbunden, dass wir uns von dem bewegen und uns das mitteilen lassen, was sie unter Erzeugung einer Textspur in dieser fragilen, sprachzeichenförmigen Signalkette verschlüsselt und damit aus ihrer Sicht kommunizierbar gemacht haben.

Deshalb sollte klar unterschieden werden zwischen der Exegese als Auslegung und Ausführung eines Textes, die sich seinem Eigen-Sinn und dem textintern angelegten Kommunikationsangebot seines Autors stellt, und der Interpretation oder dem Kommentar zu einem Text, den eine Rezipientin als ihren eigenen Text zu verantworten hat, ohne sich in die kulturgeschichtliche Autorität besonders von klassischen bzw. biblischen Texten einzuschleichen. Somit ist der Sinn, den die überlieferten Texte unter den verschiedensten Gesichtspunkten für uns heute machen, strikt zu unterscheiden vom Eigen-Sinn, den diese Texte als Partituren textförmiger Sinnbildung durch ihre Zeichenspur zu erkennen geben.[56]

56. In analoger Weise ist das notengetreue Nachspiel einer Bach'schen Toccata zwar das performative Werk einer Organistin, aber zweifelsohne eine Auslegung und spezifische

2.2.5 Synchronie und Diachronie

Wie erwähnt, ist der Akt der Produktion eines Textes vom Akt seiner Rezeption kategorisch zu unterscheiden. Dabei ist der erzeugte Text die einzige materiale Spur des autorseitigen Kommunikationsangebotes, die – insbesondere im Falle der schriftgestützten Kommunikation – das Auge oder Ohr einer Rezipientin erreicht. Dieser Sachverhalt hat Konsequenzen für das Verhältnis von Synchronie und Diachronie im Prozess des Textverstehens und nötigt dazu, das meist ungenau und metaphorisch gebrauchte Begriffspaar zu präzisieren.

Beispielsweise unterscheiden H. Utzschneider/S.A. Nitsche (2001) 20 einen weiten von einem engeren Sinn, in welchem in der Exegese von Synchronie gesprochen wird. Im weiteren Sinne könne »jede Exegese« als »›synchron‹« bezeichnet werden, »die irgendeinen Text ohne Rücksicht auf seine literargeschichtliche Genese in einem bestimmten – synchronen – Kommunikationskontext untersucht«. Im engeren Sinne wird unter »›synchroner Exegese‹« eine »›endtext-orientierte()‹« Betrachtungsweise verstanden, die »mehr am ›synchronen‹ Zusammenspiel seiner sprachlichen und literarischen Elemente interessiert« sei (ebd.). Demgegenüber hat nach Utzschneider/Nitsche eine »›diachrone‹« Exegese »die Entstehungsverhältnisse und -geschichte (Literaturgeschichte) eines vorliegenden Textes im Auge« (ebd.).

Um solche Unschärfen zu vermeiden, ist jedoch genauer ein verfahrensorientierter Gebrauch des Begriffspaars, der sich auf die methodische Betrachtungsweise und Fragehinsicht bezieht, zu unterscheiden von einem objektbezogenen Gebrauch, der diachrone oder synchrone Eigenschaften an Texten selbst beobachtet. Im verfahrensorientierten Gebrauch ist die Frage, ob Texte diachron oder synchron gelesen werden sollen, als solche eine rezeptionsstrategische Entscheidung, die im Prinzip an jeden Text angelegt werden kann.

Es ist prinzipiell möglich und kann legitim sein, biblische Texte so zu lesen, als wären sie hier und heute für die Leserinnen- oder Zuhörerschaft geschrieben. Dabei synchronisiert jede Textrezeption ihr Textverstehen unwillkürlich mit der jeweiligen Gegenwart, in der Texte gehört oder gelesen werden, sofern diese Gegenwartsbedingtheit jedes rezeptiven Kommunikationsaktes nicht reflektiert wird. Das ist z.B. beim »naiven« Bibel-Lesen der Fall. Aber auch methodisch betrachtet, lassen sich Bibeltexte im Rückgang durch die ganze Wirkungsgeschichte des biblischen Kanons hindurch einerseits diachron zur eigenen Gegenwart lesen, indem die Auslegungsgeschichte konsultiert wird. Andererseits lässt sich dabei beispielsweise anhand der Predigt- oder Kommentarliteratur einer bestimmten Epoche – sei es das Hochmittelalter, die Reformationszeit oder die Zeit der Aufklärung, sei es die Zeit vor, im oder nach dem Zweiten Weltkrieg – eruieren, wie die Bibel zu diesen Zeiten synchron verstanden worden ist. Solche Recherchen sind zwar – bezogen auf die Gegenwart, in der sie vorgenom-

Ausführung des Notentextes, so kunstvoll und virtuos sie u.U. sein mag. Demgegenüber kreiert eine freie Orgelimprovisation zu dieser Toccata auch einen neuen Notentext und ist als freie Interpretation und *response* von der Organistin insgesamt selbst zu verantworten.

men werden – diachron. Jedoch wird dabei andererseits – bezogen auf die untersuchte Zeitepoche selbst und ihr Bibelverständnis – synchron gefragt, indem die zeitgleiche, d.h. synchrone Auslegungsliteratur der untersuchten Epoche herangezogen wird. Dabei müsste man genauer von historisch-synchronen Lesungen sprechen.

Komplexer stellt sich das Problem für die vorkanonischen Stadien der biblischen Literaturgeschichte. Denn auf diesem Feld der bibelspezifischen Traditionsliteratur (vgl. oben 2.1) verschränkt sich die methodische Fragehinsicht mit der objektbezogenen Frage, ob wir es auch textimmanent mit mehrstufigen Textzusammenhängen und d.h. mit diachronen Textverhältnissen zu tun haben. Oder – so die Alternative – ist ein untersuchter Textzusammenhang evidenterweise so »aus einem Guss« verfasst, dass er nur als synchrone Texteinheit gelesen und verstanden werden kann? Dieses Problem stellt sich in der nachkanonischen Auslegungsgeschichte im Verhältnis zum Bibel-Text deshalb nicht, weil im Zuge der Kanonisierung endgültig zwischen Bibel-Zitat als Referenztext und seiner Kommentierung oder Auslegung unterschieden wurde, wenn man von bibelsprachlichen Anleihen und Anspielungen absieht. Jedenfalls haben die biblischen Texte selbst keine nachkanonischen Erweiterungen oder Transformationen erfahren, auch wenn sich bereits der LXX-Kanon selbst von der masoretischen Version erheblich unterscheidet.

In texttheoretischer Hinsicht sind jedoch auch die textkritisch erfassbaren Varianten in den Handschriftenüberlieferungen prinzipiell als Spuren von speziellen Textverarbeitungsprozessen zu verstehen, auch wenn sich diese dem Ideal der Texttreue und der Kopiergenauigkeit verpflichtet wussten. Gleichwohl sind auch in diese nachkanonischen Prozesse der Textüberlieferung neben technischen Fehlern interpretative Korrekturen und Tendenzverschiebungen eingeflossen. Das macht es – ganz besonders im Falle von Übersetzungen – erforderlich, auch einschlägige Überlieferungsvarianten als Spuren von handschriftenspezifischen Re-Produktionsprozessen primär synchron zu untersuchen und sie im Rahmen der kommunikativen Handlungsspiele (vgl. unten 3.2) der jeweiligen Skriptorien und der Schreiber- bzw. Übersetzer-Milieus zu interpretieren.

Da jedoch im vorkanonischen Stadium der biblischen Traditionsliteratur Primärtexte und ältere sowie jüngere Stufen ihrer literarischen Überformung meist ungeschieden ineinander liegen, ist die objektbezogene Frage nach der synchronen und/oder diachronen Beschaffenheit von Textzusammenhängen unverzichtbar. Denn nur auf diese Weise ist es möglich, die Eigentümlichkeiten dieser Traditionsliteratur differenziert aus den je eigenen soziohistorischen Zusammenhängen zu verstehen, in welchen spezifische Primärtexte entstanden oder neu kontextualisiert und dabei überformt oder neu arrangiert worden sind. Diesem Erfordernis trägt im Rahmen des vorzustellenden Methodenansatzes die Unterscheidung zwischen geschlossenen und offenen kommunikativen Handlungsspielen Rechnung und ist dort weiter zu erörtern (vgl. unten 3.3.2).

Lediglich was die Verschränkung der methodischen Fragehinsicht mit dieser objektbezogenen Frage nach textimmanenten Indizien für die Synchronie oder Diachronie von Textzusammenhängen betrifft, ist abschließend die folgende methodische Maxime festzuhalten. Auf Verdacht hin oder im Zweifelsfall sind Textzusammenhänge – in methodisch-analytischer Hinsicht – primär als synchrone Zusammenhänge zu lesen. Das Primärziel einer Textanalyse muss die Erhebung von kommunikationspragmatischen Sinneinheiten sein, wie sie sich als textförmige Gesamtgestalt eines autorseitig synchronen Kommunikationsangebotes in der Textspur zeigen (vgl. dazu unten 5.4.1). Dabei begründen ggf. Textteile, die sich gegenüber der kommunikationspragmatischen Geschlossenheit solcher Einheiten als disfunktional erweisen und ihre Kohärenz stören, einen objektbezogenen Diachronie-Verdacht und fordern auch methodisch die diachrone Nachfrage heraus. Erweisen sich somit Textteile gegenüber der Kohärenz und Geschlossenheit synchroner Sinneinheiten als sperrig, so sind sie ihrerseits – wiederum primär synchron – daraufhin zu befragen, in welchem diachron älteren oder jüngeren Textzusammenhang sie sich als Teiltext einer kommunikationspragmatischen Sinneinheit plausibel machen lassen. Um einem unkontrollierten Fragmentismus von diachronen Textebenen – den sog. literarischen »Schichten« – vorzubeugen, ist deshalb für die Behauptung einer objektbezogenen Diachronie stets die Gegenprobe einer synchronen Funktionalität und Kohärenz dieser diachronen Textteile vorzunehmen unter der Frage, welchen textpragmatischen Beitrag sie zu einem jüngeren oder älteren Formationszusammenhang leisten.[57] Dabei ist vor allem auch auf Stilhomogenitäten zu achten, an denen u.a. die Eigentümlichkeit der Sprachverwendung von spezifischen Trägergruppen festgemacht werden kann (vgl. unten 4.10).

2.3 Methodologische und hermeneutische Konsequenzen für die textpragmatische Ausrichtung einer Literaturwissenschaft der Bibel

In den Abschnitten 2.2.1 – 2.2.5 haben wir einige Problemfelder der Exegese und der Hermeneutik umrissen, auf denen eine text- und kommunikationspragmatische Literaturwissenschaft der Bibel zu Problemlösungen beitragen

57. Zu diesem Prinzip vgl. C. Hardmeier (Joschija 2000a) 86-88 und unten 3.3.2 und 5.4.2.

und weiterführen kann. Insbesondere die Abschnitte 2.2.2 bis 2.2.5 haben den elementaren Stellenwert deutlich gemacht, der der methodisch reflektierten Beobachtung und Beschreibung der überlieferten Texte und ihrer Sprachförmigkeit zukommt. Denn – empirisch betrachtet – begegnen uns nicht nur das »Wort Gottes« der Bibel allein und ausschließlich, sondern auch die soziohistorischen Zeugnisse der biblischen Kulturwelt in hohem Maße in den Texten der biblischen Traditionsliteratur. Dabei muss man sich allerdings auch ein Weiteres hinreichend klar machen, nämlich die Tatsache, dass uns Texte ihrerseits materialiter nur in ihrer schriftförmigen Zeichengestalt zugänglich sind: entweder kommen sie uns in ihrer Schriftgestalt vor Augen oder sie dringen beim Vorlesen als artikulierte Abfolge von Lauteinheiten, d.h. als sprachliche Lautgebilde an unser Ohr. Dementsprechend sind diese Zeichengebilde zunächst die einzigen, primären und unmittelbaren Objekte, die wir auch wissenschaftlich beschreiben und wahrnehmen können, ohne dass sie als materielle Zeichengestalt auch schon von sich aus irgendeinen Sinn machen oder eine Bedeutung haben. Denn diese ergeben sich – auch für die Historikerin und den wissenschaftlich arbeitenden Exegeten – erst und nur im Zuge der hochkomplexen Tätigkeit des Hörens oder Lesens, d.h. im Akt der Textrezeption.[58]

Jedoch herrscht in der Exegese weder hinreichende Klarheit darüber, was sich an der überlieferten Zeichengestalt der biblischen Texte beobachten und beschreiben lässt, um die Kommunikation zu erfassen, die in und mit diesen Texten angeboten wurde. Noch ist man sich auch nur einigermaßen im Klaren, was aus den üblicherweise angestellten Textbeobachtungen sachgemäß geschlossen werden kann und wo auch die oft sehr engen Grenzen dessen liegen, was an den Texten abgelesen werden und was die konkrete Textgestalt nicht hergeben kann. Dieser Klärung stellt sich das folgende Kapitel 3. Zuvor sind abschließend zum einen die methodologischen Konsequenzen zu beleuchten im Spiegel analoger Verfahren der empirischen Textinterpretation, die im Spektrum von qualitativen Methoden der Kultur- und Sozialwissenschaften[59] entwickelt worden sind (vgl. 2.3.1). Damit soll

58. Zur Notwendigkeit, die Leseraktivität radikal auf die analytische Erfassung der textförmigen Kommunikationsangebote in der biblischen Traditionsliteratur zu konzentrieren, um den offenen Flanken der Rezeptionsästhetik und ihren eisegetischen Gefahren zu entgehen, vgl. bes. oben 2.2.4. In dieser textempirischen Konzentration auf die biblischen Kommunikationsangebote und ihre textförmige Pragmatik sehe ich jenes »theoretisch vermittelte() Miteinander der modern-kritischen und der postmodern-ästhetischen Ansätze«, für das H. Utzschneider (2003,77) noch keine Möglichkeiten sieht.

59. »Qualitative Methoden« in den Kultur- und Sozialwissenschaften gehören nach G. Lucius-Hoene/A. Deppermann (2002) 95, auf die ich mich im Folgenden stütze, »zu den verstehenden« Verfahren im Unterschied zu quantitativen Methoden, die mathema-

auch die sozialwissenschaftliche Verortung und interdisziplinäre Anschließbarkeit einer textpragmatischen Literaturwissenschaft der Bibel sichtbar gemacht werden. Zum anderen sind die lese-hermeneutischen Konsequenzen anzudeuten, die eine empirische Radikalisierung der Exegese mit sich bringt und die in der objektivierbaren Konzentration auf die sprach- und textförmige Gegenständlichkeit der biblischen Traditionsliteratur liegen (2.3.2.1 und 2.3.2.2).

2.3.1 Textempirische Exegese im Spiegel sozialwissenschaftlicher Verfahren der Auswertung »narrativer Interviews«

In den Sozialwissenschaften spielen narrative Interviews und die Auswertung von alltagsweltlichem Erzählen in verschiedenen informellen sozialen Räumen (Familie, Arzt-Patienten-Gespräch, Seelsorge etc.) ebenso wie in institutionellen Zusammenhängen (Gericht, Sozialamt etc.) als Datenbasis eine entscheidende Rolle. Ganz besonders trifft dies auch auf die empirische Geschichtsforschung zu, die das faktische Vergangenheits- und Geschichtsbewusstsein bestimmter sozialer Gruppen aus ihren Alltagserzählungen (z. B. am Stammtisch) zu erheben versucht. Deshalb ist die methodische Reflexion der Auswertungsverfahren von narrativen Interviews von hoher Bedeutung und hat auch für eine textempirische Exegese einen grundlegenden Stellenwert. Dabei wird einerseits neben den soziokommunikativen Rahmenbedingungen allein schon der objektivierbaren Erfassung primär mündlicher Erzähltexte sowie der Problematik ihrer Transkription größte Aufmerksamkeit geschenkt.[60] Andererseits geht es des Weiteren um die sorgfältige Auswertung des transkribierten Textmaterials, das als objektivierbare Größe aus den Tonaufzeichnungen des erzählkommunikativen Geschehens abstrahiert und durch die Transkription zum primären Gegenstand der weiteren Analyse wird.

tisch-statistisch mit quantifizierbaren Größen und Merkmalen der soziohistorischen Wirklichkeit arbeiten. Dabei erheben sie diese Merkmale und Messgrößen auf der Grundlage bzw. im Rahmen von theoretischen Modellen, die an die untersuchte Wirklichkeit angelegt werden. Demgegenüber stellen sich die qualitativen Methoden explizit dem hermeneutischen Zirkel allen Verstehens und tragen dem unhintergehbaren Mitbeteiligt-Sein des Beobachters im Verstehensprozess von sozialen Zusammenhängen konsequent Rechnung. Insbesondere in der Ethnomethodologie sind solche Verfahren entwickelt worden, um fremde Kulturen und ihre sozialen Praktiken teilnehmend zu verstehen; vgl. dazu J. Habermas ([4]1987) 152-203, bes. 162ff. und zur Ethnomethodologie 174ff., ferner unten III 2, S. 188-190.

60. Zu dieser Erfassungsproblematik insgesamt vgl. G. Lucius-Hoene/A. Deppermann (2002) 293-316.

Aufgrund der Familienähnlichkeit dieser textförmigen Datenbasis und angesichts der Übereinstimmung in der wissenschaftlichen Aufgabe, diese Primärdaten textempirisch zu interpretieren, ist es lehr- und hilfreich, den Methodenansatz einer biblischen Literaturwissenschaft im Spiegel der Auswertungsmethoden von narrativen Interviews und ihren transkribierten Texten zu beleuchten. Denn in beiden Fällen ist entweder der transkribierte Text oder im Blick auf die biblische Traditionsliteratur ihre schriftförmige Textgestalt der einzige und primäre Gegenstand, der – methodisch reflektiert – als verschriftete sprachliche Äußerung unmittelbar beobachtet werden kann.[61] Deshalb sind im Folgenden einige für die Vergleichbarkeit wichtige »Grundprinzipen (sic!) der Textinterpretation« zu nennen, die G. Lucius-Hoene und A. Deppermann (2002) 95ff. jüngst in ihrem repräsentativen »Arbeitsbuch zur Analyse narrativer Interviews« zusammengefasst haben.[62] Die hohe Übereinstimmung in diesen Prinzipien wirft aus einer sozialwissenschaftlichen Außenperspektive ein erhellendes Licht auf die hermeneutischen Grundlagen und methodischen Voraussetzungen, auf denen *mutatis mutandis* auch der hier entwickelte Ansatz beruht, und erhellt seine Interdisziplina-

61. Natürlich muss dabei auch der graduelle, aber im Blick auf die Auswertung nicht prinzipielle Unterschied in der Datenbasis in dreifacher Hinsicht im Blick bleiben. Erstens lässt sich im Unterschied zu den biblischen Texten vom Abstraktum eines transkribierten Textes stets auf Tonaufzeichnung von Interviews zurückgehen. Zweitens halten elaborierte und differenzierte Transkriptionsverfahren ungleich viel mehr an suprasegmentalen und anderen Begleitsignalen (z. B. [Atem-]Pausen, Tonfall etc.) der mündlichen Erzählrede fest als die biblische Überlieferung unter Einschluss der masoretischen Akzentsetzung. Vor allem aber handelt es sich drittens bei den biblischen Texten natürlich nicht um alltagsweltliche Erzähltexte oder Gebetsäußerungen, sondern um eine hoch komplexe und verdichtete Traditionsliteratur, deren Konventionen der Literaturbildung und eigentümliche Funktionalität wir zudem aufgrund der historischen Distanz kaum kennen. Das Gemeinsame und Vergleichbare an der textförmigen Datenbasis liegt jedoch darin, dass in beiden Fällen an diesen schriftförmigen Textspuren primär die sprachlichen Operationen der Sinnbildung systematisch beobachtet werden sollen und können, um dieser Sinnbildung in den analysierten Texten im Nachvollzug auf die Spur zu kommen.
62. Den Hinweis auf dieses neue Arbeitsbuch verdanke ich Elisabeth Gülich, die mich in den Anfangsstadien der empirischen Erzählforschung bereits vor zwanzig Jahren in gemeinsamen Seminaren in die textoberflächen-orientierte Empirie der Konversations-, Gesprächs- und Erzählanalyse eingeführt hat (vgl. C. Hardmeier, Prophetie 1990a, V und 6f.). Auf diesem Hintergrund ist die interdisziplinäre Familienähnlichkeit zwischen dem hier entwickelten textpragmatischen Methodenansatz und der »neue(n) Sicht auf das narrative Interview«, das »in den letzten 15 Jahren … zur bevorzugten Methode von biographisch orientierten und an subjektiven Erfahrungswelten interessierten Forscherinnen und Forschern geworden« ist (G. Lucius-Hoene/A. Deppermann, 2002,9), weder ganz zufällig noch völlig überraschend, weil diese Methode von E. Gülich u. a. maßgeblich entwickelt worden ist. Zur Übertragbarkeit von sozialwissenschaftlich fundierten Ansätzen der empirischen Erzählforschung auf die Exegese vgl. auch unten Teil III 2.4 und das Echo bei E. Gülich/H. Hausendorf (Vertextungsmuster 2000) 383.

rität und seine Anschließbarkeit an die kulturwissenschaftliche Methodendiskussion.[63]

a. Lucius-Hoene und Deppermann (2002) 10 legen ihrem Arbeitsbuch »ein Verständnis des narrativen Interviews als einer situierten und durch persönliche Bedürfnisse motivierten Konstruktionsleistung« zugrunde. Dabei steht »im Zentrum des Interesses … die *narrative Identität* als eine im Prozess des Erzählens hergestellte Form der Selbstvergewisserung« (ebd.).[64]
b. Im Blick auf die Analysierbarkeit gehen Verfasserin und Verfasser von der »Spiegelbildlichkeit« aus (95), in welcher personale Identität – verallgemeinert gesehen jedoch jede Art von kommunikationsrelevantem Sinn – im Interviewgespräch sprachlich-interaktiv konstruiert wird und dementsprechend in der Auswertung rekonstruiert werden kann. D. h. die in der Hauptsache textförmigen »Sinnstrukturen, die von den Interaktanten im Interview selbst hergestellt wurden«, werden auch in der Auswertung nach »den gleichen Prinzipien« ihrer Erzeugung rekonstruiert und können auf diese Weise nachvollziehend verstanden werden (ebd., vgl. in Entsprechung dazu unten 3.3.1).
c. Dabei zielt »die *Forschungslogik der Rekonstruktion* … darauf ab, die Kategorien, Prozesse und Zusammenhänge, mit denen die Interaktionsteilnehmer *selbst* narrative Identität konstituieren, zu entdecken, explizit zu machen und anschließend wissenschaftlich zu systematisieren« (96, vgl. in Entsprechung dazu unten Abschn. 3.5 sowie Kap. 4 und 5).
d. Verfasserin und Verfasser heben hervor, dass es sich bei der »Rekonstruktion narrativer Identität« um einen »*strikt empirischen Ansatz*« handelt (97): »Untersuchungsgegenstand ist die im narrativen Interview her- und dargestellte Identität – keine ›dahinter‹ liegende psychische Realität und keine ›objektive‹ biografische Gestalt« (ebd.). Auch im analytischen Verfahren wird dementsprechend »auf vorgegebene Hypothesen und auf fixe Analysekategorien verzichtet« (96).
e. Umso konsequenter »stützt sich« die Analyse »auf Erkenntnisse über *formale* Prinzipien der Herstellung von Sinn in verbalen Interaktionen im Allgemeinen und von narrativer Identität im Besonderen« (ebd.). Deshalb setzt »eine solche gegenstandsfundierte Methodologie« – was die Konzentration auf die Tonbandaufzeichnungen und das Transkript betrifft – »an einer genauen Analyse der sprachlich-kommunikativen Verfahren an, mit denen narrative

63. Vgl. dazu A. Reckwitz (2000) 25: »Auch im Bereich der sozialwissenschaftlichen Methodendiskussion, das heißt der Debatte um die Fruchtbarkeit empirischer Forschungstechniken …, hat der *cultural turn* (Hervorhebung im Orig.) deutliche Spuren hinterlassen: Es hat sich eine weitverbreitete Kritik an der Dominanz von Methoden quantitativ-standardisierter Sozialforschung und ein heterogenes Feld alternativer ›qualitativer‹ Methoden herausgebildet, die in verschiedener Form vor allem Instrumente zur Textanalyse und ›ethnographischen‹ teilnehmenden Beobachtung zur Verfügung stellen«; vgl. dazu auch oben Anm. 59. Reckwitz hebt hervor, »daß die symbolische Strukturierung der sozialen Welt für die Sozialwissenschaften anders ausgerichtete Methoden erfordert, als die Naturwissenschaften sie für die ›sinnfreie‹ Natur und deren Regelmäßigkeiten verwenden können« (ebd.). Denn »der ›Gegenstand‹ der Sozialwissenschaften macht … statt der objektivierenden Einstellung der (im Übrigen auch immer schon begriffsgeleiteten) einfachen Wahrnehmung eine ›performative Einstellung‹ (Habermas) des Sinnverstehens bzw. des Dekodierens von Bedeutungen notwendig – von Bedeutungen, die bereits die ›Gegenstände‹, das heißt: die Akteure in ihren Praktiken oder Texten, bewußt oder unbewußt selbst ›verwenden‹ … und die es nun zu entschlüsseln gilt« (a.a.O. 25f.).
64. Alle kursiven Hervorhebungen in den folgenden Zitaten stimmen mit dem Original überein und werden deshalb nicht jedes Mal gesondert angezeigt.

Identität hergestellt wird« (ebd.). Dabei wird »die *Liebe zum Detail*« betont (97), die sich »in einer möglichst *präzisen Analyse der sprachlich-kommunikativen Phänomene und des Interviewverlaufs*« zu bewähren hat, weil »Facetten von narrativer Identität ... gerade auch in mikroskopisch anmutenden und allzu leicht übersehenen Merkmalen des sprachlichen Handelns im Interview hergestellt« werden (ebd.).

f. In dieser Konzentration auf die Textförmigkeit der Sinnkonstruktion greifen Verfasserin und Verfasser einerseits auf die »*Konversationsanalyse*« zurück, die »untersucht, wie Menschen Gespräche organisieren und dabei Sinn und soziale Wirklichkeit herstellen« (96). Andererseits ziehen sie »Begriffe und Verfahren« der »*Erzähltheorie*« heran, »die speziell für die Rekonstruktion der Strukturen von Erzählungen wichtig sind« (ebd., vgl. dementsprechend unten 3.5.2 sowie III 2 und 3).

Aus dieser Nennung wichtiger »Grundprinzipien der Textinterpretation« geht zum einen zur Genüge die kommunikationspragmatische Gesamtausrichtung des Ansatzes hervor, der die transkribierten Texte aus narrativen Interviews konsequent als kommunikative Handlungssubstrate versteht und daraus analytisch die textförmig erfolgte Identitätskonstruktion erschließt. Zum Zweiten wird daran die konsequente Textbezogenheit deutlich, die die Rekonstruktion narrativer Identität möglichst auf die Beobachtung von facettenreichen Textsignalen stützt und beschränkt. Dabei werden die textpragmatischen Erkenntnisse der Erzähl- und Konversationsanalyse ausgeschöpft, die die kommunikationspragmatischen Funktionen dieser Signale bestimmen und erforschen. Zum Dritten geht aus diesen Grundprinzipien hervor, in welcher Weise es sich bei diesen Rekonstruktionsverfahren narrativer Identität auch konkret um eine qualitative Methode partizipativen Sinnverstehens im Rahmen der Sozialwissenschaften handelt.

In empirischer Hinsicht ist dabei die Konzentration auf die Textförmigkeit der Sinnkonstrukte zentral. Ohne textexterne Zusatzhypothesen etwa über die psychosozialen Voraussetzungen der Beteiligten und ohne von außen herangetragene Modellvorstellungen z. B. über personale Identität oder andere Sinndimensionen von Interviews macht dieser Ansatz die Textualität der narrativen Identität als solche zum apriorischen Ausgangspunkt und zur primären empirischen Basis der nachvollziehenden Sinnerschließung. Allerdings sind wir im vergleichbaren Fall der biblischen Traditionsliteratur noch ungleich stärker auf die Ausschließlichkeit des überlieferten Textmaterials angewiesen, so dass in den Punkten d) bis f) die stärksten Übereinstimmungen bestehen und darin die unmittelbarsten Berührungspunkte mit einer text- und kommunikationspragmatischen Exegese liegen. Das wird im Folgenden noch an zahlreichen Familienähnlichkeiten und Analogien im Verfahren deutlich, ohne dass wir im Einzelnen darauf verweisen.

2.3.2 Konsequenzen für eine Lese-Hermeneutik der Behutsamkeit und Maximen empirisch-deskriptiver Verfahren

Bereits oben 2.2.4 haben wir auf die besonderen Gefahren und die latenten Gewaltsamkeiten hingewiesen, die in Leseprozessen stets lauern. Sie liegen in meist unbewussten Lesererwartungen und Fragehinsichten, die von textexternen Interessen geleitet sind und den Blickwinkel der Textwahrnehmung verengen sowie ihre Selektivität in einer Weise potenzieren können, dass sich der hermeneutische Zirkel der Ex-egese unter der Hand in seine Gegenrichtung der Eis-egese verkehrt. Allzu leicht werden Texte nur daraufhin gelesen, ob sie die jeweils gemachten Voraussetzungen bestätigen und inwiefern sie sich als Indizien oder Belege für die an sie gestellten Fragen heranziehen lassen, ohne dass vorgängig ihr kommunikationspragmatischer Eigen-Sinn erschlossen oder wenigstens in Rechnung gestellt wird.[65]

Dabei spielt oft die Palmström'sche Logik der »unmögliche(n) Tatsache« eine heimtückische Rolle, die C. Morgenstern in einem gleichnamigen Gedicht trefflich in Szene setzt:[66] Nachdem Palmström von einem Kraftfahrzeug zu Tode gefahren wurde, lässt Morgenstern seine poetische Figur als Umgekommenen Rückschau halten: Rückschau vor allem auf die möglichen Ursachen für den tragischen Unfall. Darin kommt Palmström zur Überzeugung, dass das Todesfahrzeug verbotswidrig gefahren sein muss (»Wagen durften dort nicht fahren!«) und somit sein Tod eigentlich durch einen Gesetzesverstoß verursacht wurde. In sarkastischer Ironie lässt Morgenstern seinen Palmström dann daraus einen weiteren Schluss auf diesen seinen Tod selbst ziehen: »›Nur ein Traum war das Erlebnis. Weil‹, so schließt er messerscharf, ›nicht sein kann, was nicht sein darf‹.«

2.3.2.1 Eine Lese-Hermeneutik der Behutsamkeit

Nun gibt es weder aus der Selektivität noch aus der spiralförmigen Zirkularität des Textverstehens ein Entrinnen. Auch der hier vorgestellte textempirische Methodenansatz kann eisegetische Gewaltsamkeiten und Engführungen prinzipiell nicht ausschließen, sie höchstens minimieren und durch methodisch reflektierte Verfahrensweisen kontrollierbar einschränken. Eine Methode, die Objektivität versprechen und diese Gefahren gänzlich ausschlie-

65. Das ist insbesondere der Fall, wenn isolierte Texterscheinungen rein statistisch betrachtet und ausgewertet werden, wie es neuerdings wieder von J. Krispenz (2001) vorgeschlagen und versucht wird (59ff.). Jedoch werden solche quantitativen Methoden und Verfahren ihrem Beobachtungsgegenstand Text deshalb kaum gerecht und sind in hohem Maße nicht gegenstandsadäquat, weil sie den schlechterdings konstitutiven sozialen Konstruktionscharakter von Texten und die kommunikationspragmatische Veranlassung jeder Sprachverwendung völlig ausblenden (vgl. unten 3.1 bis 3.3), die nur durch »qualitative Methoden« der Sozialforschung erfasst werden können (vgl. dazu auch oben Anm. 59 und 2.3.1 sowie unten 3.6 und Anm. 106).
66. Vgl. C. Morgenstern (1990) 119f.

ßen wollte, wäre in text- und kommunikationstheoretischer Hinsicht nicht haltbar. Denn sie würde weder dem interaktiven Wechselspiel von Textwahrnehmung und Sinnrekonstruktion noch der zwangsläufigen Selektivität Rechnung tragen, die in jedem Rezeptionsprozess am Werke ist. Einerseits lassen sich zumindest umfangreichere Texte nie auf einmal vollumfänglich erfassen und in ihrer Komplexität als Ganzes übersehen, da sie immer nur sequentiell aufgenommen und nicht wie ein Bild auf einmal wahrgenommen werden können. Andererseits können größere Textzusammenhänge jeweils nur unter je spezifischen Gesichtspunkten beobachtet und aufgenommen werden. Zudem vergeht beim Lesen oder Hören zwangsläufig Zeit, in der sich die gemachten Voraussetzungen, Fragehinsichten und Vorerwartungen auch ihrerseits gerade dann korrigieren oder ändern können, wenn ein Text im Rezeptionsprozess die Leserin oder den Leser besonders herausfordert und die Zuhörerschaft tiefer bewegt.

Somit ist das Lesen von Texten und ihre Wahrnehmung ein ebenso hoch komplexer wie hochgradig assoziativer und weitgehend unbewusster Prozess, der in der wissenschaftlichen Praxis der Sinnerschließung der methodischen Kontrolle bedarf. Im Blick auf die biblischen Texte verschärft sich das Problem insofern, als uns zusätzlich auch der große zeitliche Abstand, die Fremdheit der soziokulturellen Verhältnisse und die über Jahrtausende prägende Auslegungsgeschichte von den biblischen Textwelten trennen. Umso leichter obsiegen deshalb im Leseprozess die Vorerwartungen moderner Rezipienten. Im Bilde gesprochen, legen sich unsere konfessionellen und auslegungsgeschichtlichen Vorprägungen und unsere vielfältigen Fragen und Gegenwartsinteressen, unter denen wir die biblischen Texte lesen, wie dicke Bretter vor das textförmige Fenster, durch das wir allein Zugang haben zur biblisch-theologischen Denkwelt und – im Verbund mit Archäologie, Ikonographie und Epigraphik – zu ihren soziohistorischen und kulturanthropologischen Hintergründen (vgl. dazu oben 2.2.2). Dabei ist die Neigung allzu mächtig, alsbald in die Texte hineinzureden und sie zu vereinnahmen, bevor die fragile Textspur einstiger Kommunikation überhaupt sachgemäß wahrgenommen und in ihrem Eigen-Sinn erfasst ist, um so auch *zu* uns reden und Neues bzw. Unerwartetes sagen zu können.

In Anbetracht dieser gewaltigen Asymmetrie zwischen der biblischen Traditionsliteratur und ihren modernen Interpretinnen haben die Eigen-Sinnigkeit dieser Texte und die einstigen, uns weitgehend unbekannten Regeln und fremden Konventionen der Textkommunikation, aus der sie hervorgegangen sind, nur eine verschwindend geringe Chance, überhaupt erfasst und erkannt zu werden. Denn unmerklich und nur allzu leicht werden sie durch moderne Annahmen ersetzt, wie sie sich im herkömmlichen Methodenparadigma etwa im Bild der sammelnden Tradenten oder des jahrhundertelangen »Wachstums« von Texten finden oder einem mechanistischen Modell der Textverarbeitung zugrunde liegen, das sich die biblische Literaturbildung als Prozess von Textkollagen und -montagen denkt. Aber auch die Rezeptionsästhetik ist – wie wir gesehen haben – mit dem Pferdefuß des Wald-Echo-Effektes behaftet (vgl. oben 2.2.4).

Wie ist diesen Gefahren zu begegnen, ohne sie prinzipiell ausschließen zu können? Eine Antwort versuchen die hier vorzustellenden Verfahren der Textanalyse und -interpretation, die – in Analogie zu den textempirischen Rekonstruktionsverfahren narrativer Identität – bestrebt sind, die Produktionsseite der biblischen Texte gegen vielfältig rezeptionsbedingte Verzeichnungstendenzen stark zu machen. Damit ist eine große Disziplin und Bescheidenheit verbunden, die sich konsequent an die biblischen Textspuren selbst hält und die Verfahren ihrer Wahrnehmung methodisch wie theoretisch sorgfältig reflektiert. Denn die Sprachform der biblischen Texte ist – wie mehrfach betont – nicht nur die primäre und unmittelbarste Quelle für die Kommunikation, die einst in und mit den überlieferten Texten vollzogen wurde. Vielmehr sind in ihren Spuren auch eine Menge von kommunikationspragmatischen Indizien aufbewahrt und zahlreiche Hinweise verschlüsselt, die erstaunlich zuverlässig auch signifikante Rückschlüsse auf das textexterne soziokommunikative Umfeld und die soziohistorischen Hintergründe der überlieferten Texte möglich machen. Gerade dieser kommunikationspragmatische Quellenaspekt der biblischen Texte blieb und bleibt der herkömmlich historisch-kritischen Lesepraxis deshalb weitgehend verborgen, weil sie – auch aufgrund ihrer repräsentationssemantischen Ausrichtung (vgl. oben 2.2.1.2) – meist einseitig auf Textinhalte fixiert ist und beispielsweise begriffliche sowie phraseologische Eigentümlichkeiten lediglich als Etiketten für unterschiedliche Textschichten oder Autoren zu lesen pflegt.[67]

Demgegenüber sind die methodischen Verfahren einer aufdeckenden Lese-Hermeneutik zwar durchaus, ja sogar in radikalisierter Weise historisch-

67. Beispielsweise beruht die Unterscheidung verschiedener Deuteronomisten (DtrH, DtrN, DtrP etc.) im Rahmen der sog. Göttinger Schule weitgehend darauf, dass einerseits bestimmte Themenfelder innerhalb des DtrG. (Geschichtsdarstellung, Gesetz, Prophetie) und andererseits bestimmte Eigentümlichkeiten der Sprachverwendung direkt mit entsprechenden Textschichten gekoppelt werden, für die diese Themen und Eigentümlichkeiten typisch sein sollen. Dabei wird weder die Komplexität der soziokulturellen Faktoren und der kommunikativen Handlungsbedingungen berücksichtigt, von denen jede Texterzeugung bestimmt und durch die die Sprachverwendung und Wortwahl massiv gefiltert wird. Noch werden die einzelnen »Schichten« als Ausdruck konkreter Rezeptions- und Auslegungsprozesse zu verifizieren versucht, die soziohistorisch eingeordnet werden können und aus denen sich das behauptete Stratum als kommunikativ funktionsfähige Text- und Kompositionsstufe plausibel erklären lässt.

kritisch ausgerichtet (vgl. oben 2.2.3.1 und 2.2.3.3). Doch haben sie sich dabei von einer sehr viel größeren Vorsicht, Behutsamkeit und Zurückhaltung leiten zu lassen sowohl im Umgang mit dem quellenspezifischen Primärgegenstand des überlieferten Textmaterials selbst als auch bei Rückschlüssen auf textexterne Verhältnisse und Hintergründe der biblischen Textwelten. Zum einen müssen rezeptive Zuschreibungen von Sinn und Funktion der Texte ebenso wie die Bestimmung ihrer synchronen Einheitlichkeit oder diachronen Diversität (vgl. oben 2.2.5) soweit wie möglich textintern und primär aus der systematischen Wahrnehmung und Beschreibung der Textzusammenhänge selbst erhoben und begründet werden (vgl. unten Abschn. 5.4). Zum anderen sind textexterne Fragestellungen, wie sie in der herkömmlichen historisch-kritischen Forschung im Mittelpunkt stehen (vgl. oben 2.1), in erster Linie auf kommunikationspragmatische Texteinheiten als ganze zu beziehen (vgl. unten 5.5.1). Denn der Indizwert von sprachlichen Einzelphänomenen in Texten ist aus text- und kommunikationstheoretischen Gründen nur dann von Beweiskraft, wenn zuvor auch textintern der funktionale Stellenwert dieser Indizien in ihrem kommunikationspragmatischen Primärzusammenhang geklärt ist.

In seiner Konzentration auf die Textualität der biblischen Traditionsliteratur als Primärgegenstand der Beobachtung geht der textempirische Methodenansatz lediglich von *einer* substantiellen Grundannahme aus, die wie folgt zu umreißen ist: In der Textkommunikation gibt es erstens elementare Bedingungen und Funktionen, wie Texte als sinntragende Kommunikationsangebote mit einschlägigen Klassen von sprachlichen Mitteln erzeugt werden.[68] Zweitens können die elementarsten dieser Bedingungen und Funktionen im Wesentlichen als invariant, wenn nicht gar als universal gelten, wie es z. B. für die Erzählkommunikation und ihre eigentümliche Rationalität der »Sinnbildung über Zeiterfahrung« (J. Rüsen) anzunehmen ist.[69] Diese Elementarbedingungen und -funktionen dürften sich zwischen

68. Mit Klassen von sprachlichen Mitteln sind Gruppen von morphosyntaktischen und/oder lexikalischen Sprachzeichen gemeint, die bestimmten Leistungsklassen der Textkommunikation und der sprachlichen Sinnbildung zugeordnet werden können, wie z. B. die Deiktika, die das Zeigfeld der Textkommunikation strukturieren, die Temporalia, die insbesondere in der Erzählkommunikation die erzählte Zeit strukturieren, oder die Mittel der Pro- und Renominalisierung zur Bildung und Abgrenzung von Textsequenzen (vgl. z. B. die Gruppe der Kontinuitätssignale, unten 3.5.1.3 und Abschn. 4.9). Für diese Leistungsklassen, die sich kategorial nach ihrem Beitrag zur Texterzeugung im Kommunikationsvollzug unterscheiden, lassen sich im Rahmen einer funktionalen Grammatik für jede Einzelsprache – und selbstverständlich auch für das biblische Hebräisch – die sprachlichen Mittel beschreiben, mit denen die entsprechenden Erfordernisse der Textkommunikation eingelöst und vollzogen werden können (vgl. dazu in Ansätzen C.H.J. v. d. Merwe/J.A. Naudé/J.H. Kroeze, 1999 sowie unten Kap. 4).

69. Vgl. z. B. J. Rüsen (Zeit 2001): »Erzählen ist eine anthropologisch universelle Kultur-

der vorantiken Welt der althebräischen Kultur und heutiger Textkommunikation nicht grundlegend verändert haben. Denn darauf beruht ja auch die Übersetzbarkeit dieser vorantiken Sprachzeugnisse in heutige Sprachen, ungeachtet der unüberwindlichen Differenz, die stets und immer zwischen Quellentexten und ihren Übersetzungen bleibt, weil sie unhintergehbar das Resultat von rezeptiven Kommunikationsakten sind, die sich kategorisch vom autorseitigen Akt der Textproduktion unterscheiden.

2.3.2.2 Maximen einer Hermeneutik der Behutsamkeit und des textempirischen Fremdverstehens biblischer Texte

Mit der Vorsicht und Behutsamkeit, der eine textempirische Lese-Hermeneutik verpflichtet ist, wird auch eine verfahrens-ethische Dimension angesprochen, die für diesen Ansatz und für das Gelingen seiner Vorgehensweisen konstitutiv ist. Angesichts der substanziellen Verwandtschaft der qualitativ-verstehenden Rekonstruktionsverfahren narrativer Identität mit dem textempirischen Exegese-Ansatz (vgl. oben 2.3.1) sind auch die verfahrens-ethischen und -praktischen »Prinzipien der Textbearbeitung« lehr- und hilfreich, die G. Lucius-Hoene und A. Deppermann (2002) 96ff. als Leitgesichtspunkte für die Auswertungspraxis aufgestellt haben (96). Im Sinne von Maximen einer Hermeneutik der Behutsamkeit und im Blick auf verfahrenspraktische Überlegungen, mit denen dieser erste Teilband schließen wird (vgl. unten Kap. 5, bes. 5.2), übernehmen wir diese Prinzipien im Folgenden, soweit sie auch für eine biblische Textempirie von Bedeutung und zu berücksichtigen sind.

a. Als Erstes nennen Lucius-Hoene und Deppermann die *»Datenzentrierung«* (97f.).[70] »Die Datenzentrierung verbietet einerseits, Spekulationen über Strukturen und Ursachen der untersuchten narrativen Identität anzustellen, die nicht direkt aus dem Interviewprotokoll abzuleiten sind. Andererseits fordert sie, dieses Protokoll in all seinen Details ernst zu nehmen

praxis der Zeitdeutung« (43). Dabei »(handelt) es sich beim Erzählen um einen Erklärungstyp ..., der einen eigenen Modus rationaler Argumentation darstellt« und »als eine elementare und universelle Kulturpraxis sprachlich vermittelter Sinnbildung« zu betrachten ist (52). Als »spezifische(r) Modus der *Sinnbildung über Zeiterfahrung*« (Hervorhebung im Orig.) »(macht) Erzählen ... aus Zeit Sinn, indem es die Zeitfolge von Vorkommnissen ... in einen inneren Zusammenhang dieser Vorkommnisse selbst bringt. Dieser Zusammenhang ist so geartet, daß in ihm die jeweilige Besonderheit (Kontingenz) der Vorkommnisse nicht verschwindet, sondern als eine zeitlich nachvollziehbare Veränderung erscheint. Der geistige Nachvollzug des zeitlichen Wandels gibt ihm die Bedeutung für das Verständnis und die Interpretation der zeitlichen Wandlungsprozesse, in der die Subjekte der Erzählung leben, oder anders formuliert, in der der Kommunikationsprozeß des Erzählens selbst geschieht« (53f.).

70. Zur Markierung von Hervorhebungen im Original vgl. oben Anm. 64.

und akribisch in seiner konkret vorliegenden Gestalt zu analysieren« (97). Diesem Postulat entspricht bibelexegetisch einerseits die Forderung, nicht über Absichten, Unzulänglichkeiten oder Versäumnisse von biblischen Autoren und »Redaktoren« zu spekulieren, wenn sich für uns heutige Rezipientinnen Plausibilitätslücken auftun oder sich – meist nur vermeintliche – »Brüche« oder »Spannungen« zeigen. Andererseits geht es um das Postulat einer konsequenten Textbezogenheit und der »*Liebe zum Detail* ... in einer möglichst *präzisen Analyse der sprachlich-kommunikativen Phänomene*« (ebd.), mit dem auch eine textempirische Exegese steht und fällt. »Das Fundament der Interviewauswertung« – und das gilt genauso für die Bibelexegese – »ist deshalb die Fähigkeit, solche Phänomene zu erkennen, zu beschreiben und darauf hin zu analysieren, welchen Beitrag sie im Kontext ihres Vorkommens zur Konstitution narrativer Identität leisten« (ebd.). D. h. *mutatis mutandis* für die biblische Textempirie nach dem Beitrag zu fragen, den je spezifische Sprachphänomene in ihren textpragmatisch relevanten Kontexten zur Sinnbildung in einer textförmigen Kommunikationseinheit leisten (vgl. dazu unten Kap. 4). Der Datenzentrierung bei der Rekonstruktion narrativer Identität entspricht somit in bibelwissenschaftlicher Hinsicht zum einen die Konzentration auf die Sprach- und Textförmigkeit der biblischen Traditionsliteratur und auf das, was man an ihren Textspuren auch heute unmittelbar beobachten kann. Zum anderen geht es, wenn das Untersuchungsziel von narrativen Interviews in der Erfassung personaler Sichtweisen der eigenen Identität besteht, bei der textempirischen Erschließung biblischer Texte in analoger Weise darum, die Spezifik der Gottes-, Welt- und Selbstbeziehung zu erfassen, wie sie in den untersuchten Texten performativ zum Ausdruck kommt (vgl. oben 2.2.3.2 zur *Coram-deo*-Relation).

b. Als Zweites wird von Lucius-Hoene und Deppermann die »*Rekonstruktionshaltung*« genannt (98f.). Wie in der Bibelexegese geht es auch »bei der Rekonstruktion narrativer Identität ... darum, eine *suspensive Haltung* zu gewinnen« (98), d.h. Vorsicht und Behutsamkeit walten zu lassen und Zurückhaltung zu üben, wobei »nicht die erstbeste Interpretation anzunehmen und nicht dem ersten Eindruck zu vertrauen, sondern statt dessen gerade auch das allzu selbstverständlich Erscheinende zu hinterfragen« ist (ebd.). Hinzu kommt die Maxime, stets textbezogen jeweils »eine *Vielzahl von Interpretationsmöglichkeiten* zu erwägen und zueinander ins Verhältnis zu setzen, anstatt schnell nach Engführungen und Verallgemeinerungen zu suchen und darauf zu drängen, dass eine einzige Deutung festgehalten werden muss«, wobei »Unverstandenes, Widersprüchliches oder Unklares zunächst einmal zu tolerieren und behutsam nach Klärung zu suchen (ist), ohne sie zu forcieren« (ebd.).

c. Im Rahmen der weiteren Erörterung machen Verfasserin und Verfasser auf einen wesentlichen Effekt der Rekonstruktionshaltung aufmerksam, der für die biblische Textempirie besonders wichtig ist. »Substanzielle und innovative Ergebnisse sind nur dann zu erreichen, wenn« – stets bei strenger Sprach- und Textbezogenheit! – »auch neue, zunächst nicht unbedingt nahe liegende Interpretationshypothesen entwickelt und geprüft werden« (98). Dabei hilft ganz besonders »die akribische Detailanalyse des Interviewtextes« – ebenso wie der biblischen Texte –, »diese suspensive Haltung zu entwickeln, weil sie zu einer *Verfremdung des Selbstverständlichen* führt: Viele Passagen des Interviews« – aber genauso von biblischen Texten –, »die beim oberflächlichen Hören« bzw. Lesen »›klar‹ zu sein scheinen, werden rätselhaft, wenn man die Details der Formulierungen beachtet und sie auf ihre genaue Bedeutung« und Funktion hin »befragt« (ebd.). Gerade »diese Verrätselung ist schließlich die Grundlage für die Entdeckung anderer, differenzierterer und zunächst nicht leicht greifbarer Interpretationen des Interviewhandelns« (ebd.) ebenso wie für die Aufdeckung der kommunikationspragmatischen Eigentümlichkeiten der biblischen Texte. In diesem heuristischen Effekt, der aus einer suspensiven Haltung und aus der akribischen Beobachtung und Beschreibung der sprachförmigen Textspur biblischer Rede- und Erzählkommunikation resultiert, liegt die größte Chance eines substanziellen Fremdverstehens der biblischen Traditionsliteratur (vgl. oben 2.2.4), mit der sich auch das Fenster zu den biblischen Textwelten öffnen kann (vgl. oben 2.3.2.1).[71] Das nötige Instrumentarium dazu wird vor allem unten Kapitel 4 im Einzelnen entfaltet.

d. »Als weitere Facette der Rekonstruktionshaltung muss« nach Lucius-Hoene und Deppermann (98) »die subjektive, im Interview dargestellte *Wirklichkeit des Erzählers ernst genommen werden*«, wobei »diese Wirklichkeit ... als solche in ihrer immanenten Struktur und Begründung zu rekonstruieren (ist)« (99). Insbesondere ist sie »*nicht* durch den Vergleich mit einer anderen, von der Auswerterin für wahr(er) gehaltenen Wirklichkeitssicht (z.B. aufgrund einer Theorie oder Weltanschauung) zu delegitimieren ... – also nicht zu kritisieren und auch nicht durch eine andere Ansicht, die der Erzähler zwar nicht zum Ausdruck gebracht, aber angeblich ›eigentlich‹ gemeint hat, zu ersetzen.« Dieser Aspekt einer suspensiven Rekonstruktionshaltung kann im Blick auf die Bibelexegese und ihre eisegetischen Verirrungsgefahren (vgl. oben 2.2.4 und 2.3.2.1) nicht nachdrücklich genug betont und hervorgehoben werden.

71. Vgl. die Ergebnisse, zu denen ein solches aufdeckendes, textempirisches Verfahren geführt hat, z.B. in C. Hardmeier (Prophetie 1990a) 87-159 und 288ff. sowie ders. (Joschija 2000a) und die oben Anm. 49 genannten Arbeiten.

e. Als drittes Prinzip verweisen Verfasserin und Verfasser auf die »*Sinnhaftigkeitsunterstellung*« (99f.). »Die Interviewanalyse beruht auf der Prämisse, dass grundsätzlich jedes Detail des Interviewtextes *sinnhaft motiviert* ist und dementsprechend seine Funktion für die Abwicklung des Gesprächs hat« (99). Auch dieser Grundsatz ist für das Fremdverstehen biblischer Texte fundamental – insbesondere auch im Blick auf die prozeduralen und pragmatischen Aspekte der Rede- und Erzählkommunikation, die durchaus auch in literalen Texten erkennbar angelegt sind (vgl. dazu unten Kap 4). In Verbindung mit dem Postulat einer suspensiven Rekonstruktionshaltung (vgl. oben b) weisen Verfasserin und Verfasser auf die »*Prinzipien der wohlwollenden Interpretation*« (ebd.), wonach »dem Erzähler ... so lange wie möglich zu unterstellen (ist), dass seine Äußerungen bedeutungsvoll sind, dass er sie selbst für wahr hält und dass sie eine systematische Funktion für sein Handeln und die Herstellung der Interaktionsbeziehung haben« (ebd.). Das hat umso mehr für die biblischen Autorinnen und Autoren zu gelten, die hinter den überlieferten Texten stehen, gerade weil wir sie nicht kennen und ihre Sinnperspektiven, die uns oft genug fremd sind, nur aus den textförmigen Substraten ihrer Kommunikationsangebote erschließen können.

f. Aus dem Prinzip der Sinnhaftigkeitsunterstellung ergibt sich nach Lucius-Hoene und Deppermann die folgende methodische Konsequenz, die für die Bibelwissenschaften besonders wichtig ist: »Wenn diese Sinnhaftigkeit auf den ersten Blick nicht zu erkennen ist, erfordert dies ... erhöhte Anstrengungen, nach Zusammenhängen im Interviewprozess und nach Gründen zu suchen, die das rätselhafte oder zunächst unsinnig erscheinende Handeln des Erzählers als sinnhaft motiviert begreiflich machen« (99f.). Insbesondere in Verbindung mit den oben unter c. und d. genannten Leitlinien der Textinterpretation ist auch diese Maxime für eine Lese-Hermeneutik der Behutsamkeit konstitutiv und lässt sich unmittelbar auf den Umgang mit biblischen Texten übertragen.

g. Während die vierte Leitlinie der »*Mehrebenenbetrachtung*« (100) auf spezielle Erfordernisse bei der Interview-Analyse zugeschnitten ist, macht das fünfte Prinzip der »*Sequenzanalyse und Kontextualität*« auf einen weiteren Grundsatz aufmerksam, der für die biblische Textempirie von großer Bedeutung ist. Er berührt die texttheoretisch elementare Tatsache, dass Texte Produkte sprachlicher Handlungen sind und sich textförmige Sinnbildung in einem linearen Prozess vollzieht, in welchem beim Lesen oder Hören eine sprachzeichenförmige Textspur als Signalkette schrittweise abgearbeitet wird (vgl. unten 3.4.1 und 3.4.2). Da auch im narrativen Interview die Konstruktion »von narrativer Identität« und – verallgemeinert in jedem Textprozess – die textförmige »Konstruktion von Sinn ... als *zeitlicher Prozess* geschieht, muss« nach Lucius-Hoene und Deppermann auch »die Rekonstruktion narrativer Identität« und damit jeder textförmigen Sinnbildung »als Sequenzanalyse durchgeführt werden« (ebd.). Dabei soll »die sukzessive Bildung von Sinn im Laufe des Interviews« – und d.h. *mutatis mutandis* im rezeptiven Abschreiten einer Textspur – »genau so nachgezeichnet« werden, »wie sie Äußerung für Äußerung« bzw. Satzperiode für Satzperiode »vor sich geht.« (ebd.). Auch wenn diese Maxime trivial erscheint, so ist sie deshalb nicht zu unterschätzen, »weil Prozessualität *konstitutiv* für die Herstellung des Sinnes selbst ist« (ebd.) und dementsprechend auch für jede textförmige Sinnbildung. Denn »jede Äußerung knüpft an einen existierenden Kontext an« – d.h. an zuvor erfolgte Äußerungen – »und gleichzeitig schafft sie selbst einen Kontext, der die Vorgabe für die folgenden Äußerungen ist« (101). Demzufolge ist »der Kontext, der für das Verstehen der Interviewäußerungen nötig ist, ... stets im Fluss und in Veränderung begriffen« (ebd.) und deshalb als »*dynamischer Kontext*« zu bezeichnen. Was jedoch für die Äußerungssequenzen im narrativen Interview gilt, kann *mutatis mutandis* auch auf den Einsatz von Wörtern, Sätzen und Textteilen im Textprozess übertragen werden. Wichtig ist daran die – wohlgemerkt – textimmanente Dynamik der fortzeugenden Kontextualisierung von bereits Geäußertem durch jeweils nachfolgende Zeichensequenzen in der Textspur, die methodisch sorgfältig berücksichtigt werden muss (vgl. dazu unten 4.6.4.2 und Abschn. 4.9).

h. Damit hängt als Letztes für uns wichtiges Prinzip die »*Zirkularität und Kohärenz*« zusammen, die Lucius-Hoene und Deppermann als sechste Leitlinie aufführen (101-103). Zunächst thematisieren sie das bekannte Dilemma des hermeneutischen Zirkels, das jedem Verstehensprozess innewohnt: Bei allen Untersuchungsgegenständen und -verfahren besteht »zwischen Teilen und Ganzem ... ein Verhältnis« der »wechselseitige(n) Interpretationsbedingung« (102). Denn »das Ganze gewinnt erst Kontur und Inhalt aufgrund der Teile, aus denen es besteht ... Umgekehrt wird das einzelne Teil nicht isoliert interpretiert, sondern es gewinnt seine spezifische Bedeutung erst vor dem Hintergrund des Ganzen, innerhalb dessen es eine konstitutive und funktionale Rolle spielt und durch dessen allgemeine Strukturen es mitbedingt wird« (ebd.). Zu ergänzen ist der gestalttheoretische Grundsatz, dass das Ganze auch immer mehr ist, als nur die Summe seiner Teile. Nun gilt das erläuterte Dilemma selbstverständlich auch für die Interpretation von Texten und ihren Teilen auf allen Komplexitätsebenen einer Textstruktur. Einleuchtend und für die Textexegese hilfreich ist deshalb der Vorschlag von Verfasserin und Verfasser, wie man diesem Dilemma im Blick auf die Interpretation von narrativen Interviews methodisch Rechnung tragen kann, wobei sie vom Prinzip der Sequenzanalyse ausgehen (vgl. oben g.). »In ihrem Verlauf gewinnen wir zunehmende Kenntnis über den Sinnkontext, der im Interview aufgebaut wurde, und vor diesem Hintergrund ist dann die einzelne Passage genauer zu verstehen« (ebd.). Deshalb ist »das Verhältnis zwischen der Interpretation einzelner Untersuchungspassagen und dem Ganzen der Fallstruktur ... eigentlich nicht zirkulär, sondern ein Prozess der *spiralförmigen Präzisierung*: Je mehr Teile wir kennen und je genauer wir sie untersucht haben, desto klarer wird die Fallstruktur, und diese hilft uns umgekehrt dazu, die Bedeutung einzelner Teile präziser zu bestimmen und sie fokussierter zu analysieren« (ebd.). Dieser Prozess der »spiralförmigen Präzisierung« wird auch uns als Leitgesichtspunkt dienen für die abschließenden Überlegungen zu den praktischen Verfahren einer textempirischen Literaturwissenschaft der Bibel (vgl. unten 5.1.4).[72]

2.3.2.3 Zum weiteren Vorgehen – textempirische »Anatomie«, »Physiologie« und »Symptomatologie«

Die Anwendung auf biblische Texte und die Durchführbarkeit dieser textempirischen Verfahren der Sinnerschließung nach den Leitlinien und Maximen einer Hermeneutik der Behutsamkeit ruht auf zwei Voraussetzungen. Erstens sind dazu fundierte text- und kommunikationstheoretische Kenntnisse darüber notwendig, wie einerseits Sprache zur Konstitution von Texten eingesetzt wird (vgl. zur Problematik oben Abschn. 2.2.1), und andererseits, wie Texte in ihren situativen und gesellschaftlichen Kontexten als Sinnträger und Kommunikationsangebote funktionieren. Zweitens ist – besonders im Blick auf die oben 2.3.2.2 a. und c. genannten Maximen – eine Klärung erforderlich, wie und woran man in den überlieferten Texten und insbesondere an ihrer Sprachförmigkeit die unterschiedlichen Dimensionen beobachten und erkennen kann, wie die Textkommunikation in ihrer textimmanenten Dynamik angelegt ist und die textförmige Sinnbildung entfaltet wird.

An der Analogie zur ärztlichen Untersuchungspraxis und ihren Voraussetzungen lassen sich der Stellenwert und das Verhältnis der beiden Erfordernisse zueinander veranschaulichen. Mit dem Verstehen von Texten ist es wie mit der Deutung von Körpersymptomen in der Medizin. Körpersymptome lassen sich erst und nur dann zutreffend einordnen und verstehen, wenn sie einerseits genau analysiert werden. Andererseits müssen Medizinerinnen und Ärzte zugleich ebenso genau Bescheid wissen über die Physiologie und Psychosomatik, die die Körperfunktionen und die Entstehung von Symptomen erklären, wie über die Anatomie des menschlichen Körpers

72. Weder das weitere Teilprinzip der »Kohärenzbildung« (a.a.O. 102f.) noch das siebte und letzte Hauptprinzip der »*Explikativität und Argumentativität*« (103), das sich nach Lucius-Hoene und Deppermann auf die Qualität der Interpretation selbst und ihre wissenschaftliche Präsentation bezieht, sind hier von Bedeutung.

und seiner Organe, an welchen sich spezifische Symptome zeigen. Denn nur auf diesem Wissenshintergrund lässt sich einigermaßen klären, ob und, wenn ja, auf welche Krankheiten oder Anomalien ein Symptom hinweist.

Auf das Verstehen von Texten übertragen, heißt das: Um Texte als materiale Spur einstiger (und jeder Art von) sprachlicher Kommunikation verstehen zu können, muss zum einen – in Analogie zur Physiologie – über die Prozesse der Sprachverwendung in Texten Klarheit bestehen, d. h. über die Funktionalität von Sprache im Prozess der Texterzeugung. Zum anderen sind – in Analogie zur Anatomie – klare Vorstellungen über die Struktur von Kommunikationsprozessen notwendig, d. h. ein Gesamtbild der textexternen Faktoren und der sprachlichen Ausdrucksmittel ebenso wie fundierte Kenntnisse über ihr komplexes Zusammenspiel im Vollzug von kommunikativen Handlungen. Diesem Erfordernis einer text- und kommunikationstheoretischen Grundlegung widmet sich das folgende Kapitel 3. Denn nur aufgrund von solchem Expertenwissen lassen sich auch biblische Texte, insbesondere in ihrer Fremdheit und Analogielosigkeit genauer verstehen. Zudem jedoch sind Texte – vergleichbar mit Körpersymptomen – die einzigen Spuren und Hinterlassenschaften von einstigen literalen Kommunikationszusammenhängen, deren integraler Bestandteil sie waren und aus denen sie hervorgegangen sind. Deshalb wird anschließend im 4. Kapitel – in Analogie zu einer Symptomatologie – darzulegen sein, wie die Mehrdimensionalität der Textkommunikation und ihre verschiedenen pragmatischen Aspekte an der Textspur beobachtet werden können.

Somit ist m. a. W. das, was in der Medizin als Expertenwissen über Anatomie, Physiologie und Psychosomatik unentbehrlich ist, für die Textwissenschaften eine Text- und Kommunikationstheorie, die das Handwerk des Textverstehens – vergleichbar mit der ärztlichen Untersuchungspraxis – auf verlässlichere Grundlagen stellt und Textinterpretationen intersubjektiv ausweis- und überprüfbar macht. Denn eine wissenschaftlich fundierte und heuristisch effektive Textempirie ist als Methode nur denkbar auf der Basis einer Text- und Kommunikationstheorie, die das Funktionieren von Sprache in Texten und von Texten in soziokommunikativen Kontexten durchsichtig macht. Sie weist die Gegenstandsadäquatheit einer solchen Empirie aus, deren primärer Beobachtungsgegenstand Texte als Substrate von Kommunikationsprozessen sind. Genau diese wissenschaftliche Fundierung der Bibelexegese ist mit den hier vorgelegten Grundlagen einer biblischen Literaturwissenschaft und als Auftakt für die neue Reihe der »Textpragmatischen Studien« beabsichtigt.

3. Text- und kommunikationstheoretische Grundlagen des textempirischen Ansatzes

Im Folgenden sind einige zentrale text- und kommunikationstheoretische Gesichtspunkte hervorzuheben, die einerseits als Expertenwissen – vergleichbar mit Anatomie und Physiologie in der Medizin – für eine empirische Texterschließung wesentlich sind. Es handelt sich um die wichtigsten Aspekte, die – wenn auch aus früherer Sicht – in den neu herausgegebenen »texttheoretischen« (Teil II) und »erzähltextanalytischen Grundlagen« (Teil III) weiter ausgeführt werden. Auf dieser Basis lässt sich dann andererseits in Kapitel 4 die Beobachtbarkeit der kommunikationspragmatischen Dimension von Texten – im Sinne einer Symptomatologie – entfalten. Als Vorschau und unter Verweis auf diese Entfaltung werden deshalb im Folgenden die wichtigsten Theorieelemente kurz umrissen und in ihrer Relevanz als Expertenwissen für einen textempirischen Methodenansatz beleuchtet.

3.1 Der Text als Produkt sprachlicher Handlungen

Um sich – ausgehend vom biblischen Textkorpus – ein umfassendes Bild von soziohistorischen Kommunikationszusammenhängen machen zu können, aus denen die biblischen Texte hervorgegangen sind, muss man sich über den theoretischen Status von Texten selbst Klarheit verschaffen. *Texte sind Produkte sprachlicher Handlungen*, was in II 2.1 von der Sprechakttheorie her genauer erläutert wird.

Allerdings darf die Produktion eines Textes nicht als Anfertigung eines Zeichenobjektes missverstanden werden, das ein Sprecher oder eine Autorin aus Zeichenmaterial herstellt und das als solches dann für sich eine Bedeutung hat (vgl. oben 2.2.1.1). Auch wenn Texte als Tonaufzeichnungen oder in schriftlicher Form das einzig objektivierbare Resultat und die einzige materielle Spur einer sprachlichen Handlung sind, erfolgt die »Produktion« dieser materialen Zeichengestalt primär so unwillkürlich und automatisiert wie bei vielen anderen Fertigkeiten, Routinen und Gewohnheiten, die wir als Kompetenzen im Alltagsverhalten weitgehend unbewusst erlernt haben und unwillkürlich ausüben.[73] Dabei beschränkt sich diese habitualisierte Unwillkürlichkeit elementar auf die Sprachzeichenverwendung im Äußerungsvollzug, in wel-

73. Vgl. G. Roth (2001) 153f. zum »prozedurale(n), nicht-deklarative(n) Gedächtnis«, in welchem uns unbewusst konditionierte Bewegungsabläufe oder erlernte Fertigkeiten wie z. B. das Musizieren oder Fahrrad fahren als automatisierte Fertigkeiten zur Verfügung stehen, von denen wir jedoch keine Ahnung haben, wie wir sie motorisch im Einzelnen praktizieren. Ja, ein bewusstes Reflektieren motorischer Aktivitäten im Pro-

chem Texte als materiale Sprachzeichenfolge real erzeugt werden. D.h. die Worte, die wir beim Sprechen oder Schreiben wählen, fallen uns unwillkürlich ein, und über die syntaktischen Formulierungsstrategien, die wir einschlagen, verfügen wir aus der mehr oder weniger geübten Sprachbeherrschung, ohne im Äußerungsprozess eine bewusste Wahl zu treffen.

Das Phänomen, dass wir über unsere Worte stolpern können und Satzperioden überkomplex werden, so dass wir sie abbrechen, um neu anzusetzen, belegt diese elementare Unwillkürlichkeit. Denn im Äußerungsvollzug selbst – sei es beim Sprechen, sei es beim Schreiben –, in welchem Texte als Medium der Kommunikation allein realiter entstehen, richtet sich die ganze Aufmerksamkeit stets und primär auf die kommunikativen Ziele, d.h. auf das was ich sagen und bewirken will, nicht aber auf den Einsatz der sprachlichen Mittel als solcher (Wortwahl und Syntax), die zur Erzeugung des Textes eingesetzt werden. Welche sprachlichen Mittel und wie diese zur Realisierung der kommunikativen Wirkabsicht eingesetzt werden, erfolgt aufgrund der mehr oder weniger kompetenten Sprachbeherrschung stets unwillkürlich und ohne bewusste Wahl. An Texten feilen und bewusst arbeiten kann man deshalb nur, wenn eine erste Version schon einmal formuliert ist, die dann z.B. auf grammatische Richtigkeit, sequenzielle Verständlichkeit oder konnotative Effekte der Wortwahl hin überprüft und elaboriert werden kann. Dabei entsteht jedoch stets eine neue Version, die als sprachliches Probehandeln in Wortwahl und Syntax der gleichen Unwillkürlichkeit unterliegt, wie jede Vorgängerversion. – Natürlich ist es keine Frage, dass es sich auch bei den biblischen Texten in diesem Sinne um hochgradig elaborierte Texte handelt und nicht um zufällig dahingeschriebene oder unreflektierte Gedankenergüsse.

Im Blick auf das Lexikon sowie die Regeln der Syntax und Grammatik einer Sprache – und natürlich auch des Althebräischen – heißt das, dass diese sprachlichen Mittel operationale Mittel zum Vollzug von kommunikativen Handlungen jedwelcher Art sind. Dabei werden die entstehenden Texte nicht als bedeutungstragende Zeichenobjekte zusammengesetzt, an denen man dann ihre Bedeutung und Funktion ablesen kann (vgl. zur Kritik oben 2.2.1.1), sondern die sprachlichen Mittel werden unwillkürlich eingesetzt, um analoge Rezeptionshandlungen der Sinnbildung und Situationsorientierung bei den Adressaten anzustoßen (vgl. unten 3.4.3).

Sich mit dem grundlegenden Charakter von Texten als Produkten sprachlicher Handlungen vertraut zu machen, ist deshalb vor allem im Blick auf ihren Sinn, ihre Bedeutung und ihre Funktion von großer Tragweite und hat zudem weitreichende methodische Konsequenzen, die bereits oben 2.3.2.2 a. und g. deutlich geworden sind. Denn Texte *haben* keine direkt an ihrer Zeichengestalt ablesbare Bedeutung, sondern *gewinnen* ihren Sinn nur im sequenziellen Vollzug des Lesens oder Hörens. D.h. eine sachgemäße Sinnerschließung von Texten kann nur gelingen, wenn wir Texte als eine Art von Partituren der Sinnbildung verstehen, die allein im Vollzug von rezeptiven Kommunikationshandlungen Sinn machen und eine Bedeutung gewinnen, so wie die in Notenschrift aufgezeichnete Musik nur in ihrer Aufführung ihren Sinn und ihre bewegende Wirkung entfaltet. Auf diesen

zess ihrer Ausübung wirkt sogar hinderlich oder geradezu störend und kann – wie etwa beim Treppenlaufen – gefährlich werden.

prozeduralen Aspekt sprachlicher Sinnbildung wird unten (Abschn. 3.4) noch einmal ausführlicher zurückzukommen sein. Zuvor ist der Handlungsrahmen der Textkommunikation näher zu beleuchten (Abschn. 3.2 und 3.3).

3.2 Der Handlungsrahmen und die steuernden Faktoren des Texterzeugungsprozesses – das kommunikative Handlungsspiel (KHS)

Für jedes methodisch reflektierte Textverstehen ist es konstitutiv, sich systematisch den Handlungsrahmen sprachlicher Kommunikation und die Faktoren klar zu machen, die die unwillkürliche Produktion und Rezeption von Texten steuern und beeinflussen. Orientiert am Konzept des »kommunikativen Handlungsspiels« (KHS), das S.J. Schmidt Anfang der 70er Jahre entwickelt hat,[74] werden *der Handlungsrahmen und die steuernden Faktoren des Texterzeugungsprozesses* ausführlich in II 2.2 entfaltet, so dass wir uns auf Grundlinien beschränken können.

3.2.1 Das KHS als unmittelbarer Bezugsrahmen sprachlicher Kommunikation

Das KHS und seine wesentlichen Komponenten der Raum-, Zeit- und Personenorientierung sowie der kopräsenten Objektwelt und der Wissensvoraussetzungen ist stets der unmittelbare Bezugsrahmen eines in ihm produzierten Textes (vgl. unten die Modelle in II 2.2.5.1 und 2.2.5.2). Auch wenn wir – wie im Falle der biblischen Texte – diesen Rahmen meistens überhaupt nicht oder nur sehr unvollkommen kennen, ist es umso wichtiger zu wissen, wie in Texten sprachlich auf diesen unmittelbaren Handlungsrahmen Bezug genommen werden kann und wie dieser textexterne Bezugs- und Handlungszusammenhang dementsprechend auch textintern an der Sprachgestalt eines Textes erkennbar wird. Wenn Texte wie Partituren als kommunikative Handlungssubstrate zu lesen sind, dann bildet sich darin zum einen auch die Art und Weise ab, wie eine Sprecherin oder ein Autor mit unterschiedlichen sprachlichen Mitteln – z. B. Imperativen oder Interrogativen – die kommunikative Interaktion mit der Adressatenschaft organisiert. Zum anderen wird ablesbar, wie textintern mit sprachlichen Mitteln

74. Vgl. S.J. Schmidt (Texttheorie ^{2}1976); zur »pragmatischen Wende« in den Sozialwissenschaften, die durch S.J. Schmidt wesentlich mitbestimmt wurde, vgl. oben S. 13 und J. Habermas (1988) 63-149.

auf Raum und Zeit verwiesen sowie auf Personen, Objekte und Sachverhalte im vorausgesetzten Handlungsrahmen Bezug genommen wird, wobei dazu als sprachliche Mittel z.B. die Deiktika zur Verfügung stehen.[75] Die Beobachtung dieser textinternen Signale erlaubt dann auch Rückschlüsse auf den textexternen Funktions- und Handlungszusammenhang eines Textes. Ferner ergeben sich daraus Anhaltspunkte für die Kohärenz oder Inkohärenz eines Textzusammenhangs. Zum Nachweis der Kohärenz eines Textes muss – neben anderen Gesichtspunkten – die Homogenität des deiktischen Settings insgesamt sowie die Schlüssigkeit des textintern markierten Interaktions- und Handlungsgefüges nachweisbar sein, um diesen Text als integrales Produkt eines u.U. höchst komplexen Aktes literarischer Kommunikation plausibel machen zu können (vgl. unten 5.4.1 und 5.5.1).

3.2.2 Das KHS als Teilgröße gesellschaftlicher Kommunikation und Schnittstelle zwischen Textwelten und soziohistorischer Wirklichkeit

Klarheit über den textexternen Bezugs- und Handlungsrahmen sprachlicher Kommunikation ist auch deshalb notwendig, weil sich Texte nicht direkt auf ihr soziohistorisches Umfeld beziehen oder dieses in irgendeiner Weise direkt abbilden. Textquellen erlauben stets, jedoch nur höchst vermittelt, Rückschlüsse auf soziokulturelle Verhältnisse und historische Wirklichkeiten. Denn Texte sind zunächst einmal – grundsätzlich gesehen – Spuren und Hinterlassenschaften gesellschaftlicher Kommunikation und Teilgrößen konkreter kommunikativer Handlungsspiele, auch wenn uns diese im Falle der biblischen Texte zumeist unbekannt sind (vgl. II 2.2.1.1). Dementsprechend dokumentieren Texte primär konkrete kommunikative Handlungsvollzüge ihrer Autoren und die damit verbundenen Intentionen, was für den Quellenstatus sowohl biblischer als auch anderer historischer Texte von größter Tragweite ist (vgl. oben 2.2.2 und unten 5.5.1 sowie III 1.5). Ferner sind sie unhintergehbar geprägt von den autorspezifischen Sichtweisen. Sowohl die Perspektive auf die soziohistorischen und kulturellen Verhältnisse der eigenen Gegenwart als auch die Selektivität, mit der Vergangenheit erinnert wird, bestimmen somit auf der einen Seite die Texterzeugung. Andererseits bemessen sie sich an den Erfordernissen der jeweiligen Kommunikation und dem, was die Autorin oder der Sprecher für

75. Zu diesen sprachlichen Mitteln der interaktiven und situativen Bezugnahmen auf textexterne Zusammenhänge des KHS vgl. unten 3.5.1.2 sowie 4.2.1; 4.2.3; 4.3.1; 4.3.6; 4.4.1; 4.4.2 und 4.5, ferner II 2.2.4.2.1.

hinreichend erachten, damit diese Kommunikation im konkreten Rahmen des KHS gelingt.

Das kommunikative Handlungsspiel, aus welchem jede Art von Texten hervorgeht, ist somit die Schnittstelle, d. h. der primäre kontextuelle Filter und die unabdingbare Membran zwischen textintern konstruierten Welten und den soziohistorischen Verhältnissen, in denen sie kommuniziert worden sind und auf die sie sich beziehen. Als kommunikative Handlungen sind sie andererseits zugleich selbst Teil dieser Verhältnisse gewesen und haben die gesellschaftliche Realität beeinflusst und mitgestaltet. Deshalb sind auch die Literatursoziologie und Literaturgeschichte des alten Israel unverzichtbare Forschungsziele, um bespielsweise die gesellschaftlichen Debatten und Kontroversen der vor- und frühexilischen Schriftprophetie zu rekonstruieren, die in und mit den überlieferten Texten im Medium der Vorlesekommunikation (vgl. Jer 36) geführt worden sind. Doch sind sie uns – abgesehen von Archäologie, Ikonographie und Epigraphik – nur zugänglich durch das textförmige Fenster der biblischen Traditionsliteratur, dessen Rahmen und Hintergrund die soziohistorischen Verhältnisse bilden (vgl. oben 2.2.2). Gleichwohl lassen sich die kommunikationspragmatischen Eigentümlichkeiten dieser Texte mit textempirischen Methoden überraschend gut erheben und liefern aufschlussreiche Hinweise auf ihre soziokommunikativen Hintergründe, wie ich in einer Reihe von Untersuchungen zur schriftprophetischen Kontroversliteratur gezeigt habe.[76] Diesem unverzichtbaren Erfordernis einer biblischen Literaturgeschichte und Literatursoziologie will auch der Volltitel der neuen Reihe »Textpragmatische Studien zur Literatur- und Kulturgeschichte der Hebräischen Bibel« Rechnung tragen.

3.3 Produktive und rezeptive, geschlossene und offene kommunikative Handlungsspiele

Im Blick auf den traditionsliterarischen Charakter der biblischen Überlieferung ist auch die Unterscheidung zwischen *geschlossenen und offenen kommunikativen Handlungsspielen* sowie zwischen ihrem produktiven und ihrem rezeptiven Aspekt besonders wichtig (vgl. dazu ausführlich II 2.2.1.3 und die dortige Modellgraphik).

76. Vgl. u. a. C. Hardmeier (Verkündigung 1983; Prophetie 1990a; Erfahrung 1996; Joschija 2000a und Wahrhaftigkeit 2001c).

3.3.1 Produktive und rezeptive kommunikative Handlungsspiele

Um *produktive und rezeptive kommunikative Handlungsspiele* voneinander zu unterscheiden, ist von dem trivialen Sachverhalt auszugehen, dass sich der Akt der Produktion eines Textes als Artikulation oder Niederschrift einer sprachlichen Zeichenfolge auf Seiten einer Sprecherin oder eines Autors vollzieht. Dabei entsteht in Gestalt des produzierten Textes ein Kommunikationsangebot im Blick auf eine autorseitig imaginierte Adressatenschaft, die in den Literaturwissenschaften meist als »impliziter Leser« bezeichnet wird.[77] Allerdings wird dieses Angebot seinerseits erst und nur durch seine Rezeption durch Hörerinnen eingelöst oder durch Leser angenommen, wobei durch nichts garantiert ist, dass die Rezipientinnen den Autorerwartungen entsprechen, wie die unterschiedlichen Reaktionen auf die Vorlesung einer Jeremia-Schrift in der Erzählung von Jer 36 drastisch vor Augen führen. Deshalb ist der Akt des Lesens oder Hörens von Texten eine völlig eigenständige kommunikative Handlung, die keineswegs zwangsläufig im Sinne des Autors und seiner Intentionen erfolgen muss.[78] Das beliebte Kinderspiel der stillen Post belegt diesen Sachverhalt eindrücklich. Textproduktion und Textrezeption sind somit als eigenständige kommunikative Handlungen strikt voneinander zu unterscheiden, wobei sie einzig über das fragile Medium Text miteinander verbunden sind. Textförmige Kommunikation vollzieht sich deshalb prinzipiell und kategorisch als doppelschichtiger Kommunikationsprozess: einerseits im autorseitigen Rahmen des produktiven kommunikativen Handlungsspiels und andererseits im Kontext eines rezeptiven Handlungsspiels, das vom Wahrnehmungs- und Bezugsrahmen der Rezipientinnen bestimmt ist.

Diese Zweiseitigkeit und Phasenverschiebung im Vollzug von Textkommunikation können als soziokulturell invariante Elementargegebenheiten sprachlicher Kommunikation gelten, von denen wir für die biblischen Textwelten ebenso auszugehen haben wie für unsere heutige Lesekultur. D. h. der Produktionsakt von Texten erfolgt u. U. unter ganz anderen Kontext-

77. Vgl. W. Iser (^{2}1979) 8f.: »Der implizite Leser meint den im Text vorgezeichneten Aktcharakter des Lesens und nicht eine Typologie möglicher Leser.« Im Rahmen der hier entfalteten textpragmatischen Literaturwissenschaft ist der »implizite Leser« bzw. der *lector in fabula* (vgl. U. Eco, ^{2}1994) genauer als jene Größe zu bestimmen, die vom Autor im Rahmen seiner Partnerhypothese (vgl. II 2.2.4, bes. 2.2.4.2) als imaginärer Adressat vorausgesetzt wird (vgl. auch oben 2.2.4). Dabei trägt eine Autorin im Prozess der Texterzeugung diesem virtuellen Gegenüber im Blick auf die erwartete Textrezeption permanent Rechnung, was sich in den kommunikationspragmatischen Aspekten des erzeugten Textes auch sprachlich niederschlägt (vgl. unten Kap. 4) und unabhängig davon ist, ob die realen Rezipienten dieser autorseitigen Erwartung entsprechen.

78. Vgl. dazu vor allem auch G. Roth (2001) 361-367, bes. 364ff.

bedingungen und Perspektiven als ihre Rezeption, was im Falle biblischer Texte in heutigen Rezeptionskontexten unmittelbar einleuchtet. Bei der heutigen Lektüre biblischer Texte – welcher Art sie auch immer sein und welchen Zwecken sie dienen mag – handelt es sich stets um rezeptive Kommunikationshandlungen, die unhintergehbar von gegenwartsspezifischen Erwartungen, Vorstellungen und Voraussetzungen geleitet werden und geprägt sind. Sie sind kategorisch zu unterscheiden von den Produktionshandlungen, die zur Herausbildung der biblischen Literatur in mehreren Jahrhunderten bis vor knapp zweitausend Jahren geführt haben und deren Spur uns nur in Gestalt der produzierten Texte und ihrer z.T. vielfachen Überformung und Transformation erhalten ist.

Aus diesen Gründen haben wir den verbreiteten Formen der Rezeptionsästhetik mit ihren bibelhermeneutischen Schwächen und Gefahren (vgl. oben 2.2.4) das Konzept einer Lese-Hermeneutik der Behutsamkeit gegenüber gestellt (vgl. Abschn. 2.3.2). Es hat sein texttheoretisches Fundament in der zwingenden Zweiseitigkeit und Doppelschichtigkeit jeder Textkommunikation und trägt der Komplexität des Leseaktes und dem Tückenreichtum rezeptiver Textempirie methodisch so weit wie möglich Rechnung. Ziel dieser Empirie ist es, den überlieferten Textspuren auf methodisch kontrollierte Weise etwas von ihrem intendierten Eigen-Sinn, ihrer Eigen-Weltlichkeit und ihrer kommunikativen Funktionen abzugewinnen, die sie in der Perspektive ihrer Autoren und in den Lebenskontexten ihrer Entstehung unter den je spezifischen Herausforderungen ihrer damaligen Zukunft gehabt haben.

Dabei darf dieses Bemühen nicht mit dem untauglichen Versuch verwechselt werden, auf direkte Weise aus den überlieferten Texten die realen Autoren und ihre textexternen Absichten zu rekonstruieren, die sie mit ihren Kommunikationsangeboten verfolgt haben. Ebenso wie die implizite Leserin kann aus den überlieferten Texten auch nur die Selbstkonstruktion des impliziten Autors einigermaßen erschlossen werden, die natürlich ihrerseits über die Schnittstelle des KHS (vgl. oben 3.2.2) weitere Rückschlüsse auf die soziokommunikativen Hintergründe und die soziohistorischen Verhältnisse zulässt, in die die literale Textkommunikation eingebettet war. Deshalb richtet sich das methodische Bemühen insgesamt darauf, die historisch-genetische und produktive Seite der biblischen Texte und ihre eigentümliche Intentionalität zu erschließen, um auf dieser Basis auch den soziohistorischen Kontexten und den damaligen Perspektiven ihrer Produzenten auf die Spur zu kommen. Dabei sind jedoch aus den Texten selbst nur die impliziten Autoren und Leserschaften erschließbar. Angesichts der oben (S. 7f.) erwähnten Sonderaufgabe, aus der Textüberlieferung selbst sowohl die Primärtexte als auch die komplexen literaturgeschichtlichen Folgestufen ihrer Neu-Lesung (*relecture*) in ihrer jeweiligen soziohistorischen Einbettung zu erschließen, gilt diese Grenze für jede Stufe der biblischen Literaturbildung. Doch liegt in dieser Begrenzung zugleich auch der einzige Schlüssel, um den jahrhundertelangen Werdeprozess der biblischen Traditionsliteratur in und aus seinen soziohistorischen Verhältnissen erhellen und soweit wie möglich nachvollziehend verstehen zu können.

3.3.2 Geschlossene und offene kommunikative Handlungsspiele – die text- und kommunikationstheoretische Bestimmung von Überlieferungsprozessen und der *relecture*

Angesichts der Tatsache, dass die biblische Traditionsliteratur ihre Entstehungsgeschichte und die Anfänge ihrer autoadaptiven Rezeption und *relecture*[79] in sich trägt, ist die Unterscheidung von *geschlossenen und offenen kommunikativen Handlungsspielen* besonders wichtig, um diese innerbiblischen Prozesse der Textrezeption text- und kommunikationstheoretisch adäquat erfassen zu können. Zu den theoretischen Rahmengesichtspunkten dieser Unterscheidung ist auf die breiteren Ausführungen in II 2.2.1.3 zu verweisen. Dabei sind zwei Aspekte wichtig.

Zum einen werden in der Forschung diachrone Phänomene der Traditionsliteratur (vgl. oben 2.2.5) reichlich unscharf als »Textwachstum«, als »Fortschreibung« oder »Redaktion« bezeichnet und vorwiegend aufgrund von sprachlichen Unebenheiten vermutet oder im Rahmen von etablierten Quellenmodellen und Redaktionshypothesen einfach behauptet, ohne dass man sich die Prozesse klar macht, die zu den behaupteten Texterweiterungen und vermuteten Neukompositionen geführt haben. Demgegenüber ist ins Bewusstsein zu rufen, dass jeder traditionsliterarischen Veränderung nicht nur ein rezeptiver Akt der Textaneignung zu Grunde liegt, sondern auch die Produktion eines neuen Gesamttextes, der mit der rezipierten, zitierten oder anderweitig in den neuen Text eingearbeiteten Textstufe zusammen gelesen und verstanden sein will. Deshalb ist jede diachrone Textspur innerhalb der biblischen Traditionsliteratur auf das zu Grunde liegende KHS hin zu befragen, in welchem sie aus dem Bedürfnis einer *relecture* heraus in eine neue Situation hinein spricht und als jüngere Formationsstufe ihren eigenen und neuen Sinn entfaltet. Jede behauptete Forma-

79. Der Begriff der *relecture* wird hier in seinem wörtlich konkreten Sinn der Wieder- und Neu-Lesung verwendet, die sich ihrerseits als Textspur in der biblischen Traditionsliteratur erkennen lässt und als Überformung von älteren Vorstufen oder Primärtexten eine neu- und nachinterpretierende Formationsstufe bildet, was in der gängigen Exegese als »Redaktion« oder »Redaktionsschicht« bezeichnet wird.

tionsstufe der biblischen Traditionsliteratur – üblicherweise als »Schicht«, »Redaktion« etc. benannt – muss als Spur eines eigenständigen kommunikativen Aktes der Textrezeption begriffen und als Neukontextualisierung des rezipierten Textes soweit wie möglich plausibel gemacht werden können. Nicht nur Primärtexte sind somit pragmatisch-funktionale Texteinheiten und Produkte eines je eigentümlichen KHS, sondern auch alle späteren Formationsstufen der biblischen Traditionsliteratur, in denen sich Prozesse der *relecture* und der Neukontextualisierung niedergeschlagen haben, wobei diese Prozesse ihrerseits aus den für diachron gehaltenen Textspuren zu erschließen und im Horizont eines entsprechenden rezeptiven Handlungsspiels plausibel zu machen sind.

Zum anderen ist mit jedem Rezeptionsakt und jeder Neukontextualisierung älterer Texte zwangsläufig eine Öffnung des rezipierten Textes auf neue Sinnhorizonte verbunden, die diesem älteren Text im Rezeptionsakt zuteil und ihm durch entsprechende Kommentar- und Rahmentexte zugewiesen werden.

Beispielsweise hat sich der Brief(-Auszug) in Jer 29,4-7 zunächst ganz konkret an die erste Gola von 597 gerichtet, wie die Replik in Jer 29,24ff. noch erkennen lässt, und war damit im Rahmen eines geschlossenen KHS gedacht und geschrieben, ohne eine über die Situation hinausgehende Absicht. Im deuterojeremianischen Kapitelzusammenhang von Jer 27-29 und damit aus der Retroperspektive der späten Exilszeit wird dann das Zitat jedoch zum Dokument der wahren Prophetie Jeremias, an die man sich auch im damaligen Heute halten kann, im Kontrast zur trügerischen Propaganda der damaligen Heilspropheten vor 587.[80]

Durch die Neukontextualisierung wird damit der Sinn des Textes für Adressatinnen und Leser geöffnet, die darin nicht gemeint oder – wie im Falle des Jeremiabriefes – nicht angesprochen waren. Zudem wird in diesem Beispiel der Brief auch seiner konkreten Primärfunktion beraubt, indem er nicht mehr der Ermutigung dient, sich im Exil auf längere Zeit einzurichten und sich dort für das Gemeinwohl einzusetzen. Vielmehr wird er im Kontext der deuterojeremianischen Heilsprophetie zum Beleg für die Glaubwürdigkeit Jeremias, auf den sich diese spätexilische *relecture* stützt, um damit gerade umgekehrt die babylonische Gola zur Rückkehr zu bewegen.[81] Neben sol-

80. Sie hatten die Sanktionsgewalt Nebukadnezzars zur Bestrafung von Vertragsbrüchen ebenso unterschätzt, wie sie die Stärke Ägyptens überschätzt hatten. Damit hatten sie – wie insbesondere Hananja (Jer 27f.) – im Namen JHWHs Lüge, Täuschung und falsche Hoffnungen verbreitet, indem sie – wie die Verfasser der historischen Tendenzerzählung von II Reg 18f. – JHWHs Schutz- und Heilswillen für Jerusalem für ihre Propaganda instrumentalisiert und geschichtstheologisch untermauert hatten; vgl. dazu C. Hardmeier (Prophetie 1990a) 419ff.460ff. und zu Jer 29 ders. (Konfusion 1990b).

81. Vgl. Jer 32, wo eine vergleichbare Neukontextualisierung der Ackerkauf-Episode von Jer 32,2.6-15 mit dem Ziel zu beobachten ist, die bescheidene Heils- und Überlebensperspektive Jeremias nach der Zerstörung Jerusalems (32,15) zur umfassenden Rück-

chen Öffnungen von Texten, die primär auf ein geschlossenes KHS ausgerichtet waren, sind viele, ja die meisten biblischen Texte auch von ihrer textinternen Ausrichtung her von vornherein auf offene KHS angelegt.

Solche Modelltexte, wie z. B. die Psalmen, greifen zwar auf den ersten Blick sehr anschaulich und konkret zumeist schmerzliche und leidvolle Lebenswiderfahrnisse auf, die vor JHWH gebracht werden. Doch bei näherem Zusehen erweist sich diese konkrete Anschaulichkeit als modellhaft im Sinne einer typologisch gesteigerten Konkretion, in der sich Leserinnen und Hörer bis heute unmittelbar angesprochen sehen können, ohne als spezifische Adressaten ins Auge gefasst und situativ konkret intendiert zu sein.[82] Gleiches gilt für die ganze Spruchweisheit. Solche Abstraktionen im Konkreten finden sich aber auch z. B. in der modellhaften Typisierung der Redesituation, in der Mose die Tora-Rede von Dtn 1-30 vorträgt. Sie wird auf den einen entscheidenden Tag verdichtet, an dem Mose stirbt und das JHWH-Volk zum Übertritt über den Jordan und zur Landnahme ansetzt, wobei an demselben Tag auch der Horeb-Bund mit JHWH erneuert wird.[83] In gleicher Weise dokumentiert das Hiob-Buch den Extremfall einer hochabstrakten und modellhaft-typologischen Biographie eines leidgeprüften Gottesfürchtigen, die zugleich bewegend konkret und von abgründiger Anschaulichkeit ist. Alle diese Textsorten sind von vornherein auf offene KHS angelegt und damit weder auf eine bestimmte konkrete Situation hin verfasst, noch an eine bestimmte, soziohistorisch konkret identifizierbare Leserschaft gerichtet.

Mit der Unterscheidung von offenen und geschlossenen KHS lässt sich somit der funktionale und pragmatische Rahmen auch eines Großteils von biblischen Texten erfassen, die von vornherein situationsabstrakt angelegt sind und sich nicht – wie z. B. viele, vor allem noch vor- und frühexilische Texte der Schriftprophetie – genauer auf soziohistorisch identifizierbare Situationen beziehen oder auf bestimmte Herausforderungen der Zeit sowie konkret benennbare Autoren oder Personenkreise zurückführen lassen.

kehrverheißung für die Gola auszubauen (32,36ff. und V. 42-44); vgl. dazu C. Hardmeier (Jeremia 1995a) und unten IV 4.3.

82. Vgl. B. Janowskis (2003) Hinweis auf das »Phänomen, das die Individualpsalmen insgesamt auszeichnet, nämlich ihre *generalisierende* bzw. *typisierende* Sprache« (73, Hervorhebung im Orig.). »Der einzelne kommt in ihnen weder als unverwechselbares Subjekt noch mit seiner individuellen Biographie in den Blick. Die Klage- und Danklieder des einzelnen ... haben vielmehr – und das macht ihre Nachsprechbarkeit bis heute aus – das Bestreben, ins Allgemeine und Typische vorzustoßen, ohne die Ebene der Konkretion zu verlassen, indem sie das individuelle Leiden zum paradigmatischen Leiden ... steigern und das Auftreten des persönlichen Feindes als *Manifestation des Chaotischen im Leben des Beters* darstellen« (ebd.).

83. Vgl. Dtn 3,29; 4,46; 34,6 einerseits und innerhalb des Redevollzugs andererseits bes. 4,1.4; 5,3; 9,1; 10,12; 27,9f. und 29,9ff.14, ferner dazu C. Hardmeier (Schᵉma' 2000b) und zur narrativen Abstraktion ders. (Geschichten 2003a).

3.4 Texterzeugung als Prozess der Sprachverwendung – die Sprache als Kommunikationsmittel

Um Sprache als Mittel zur Erzeugung von Texten näher zu betrachten, muss man sich auf der einen Seite noch einmal vor Augen führen, inwiefern Texte den prozeduralen Kern eines KHS bilden: Zwar setzen sie dieses KHS als textexternen Handlungs- und Wahrnehmungszusammenhang unabdingbar voraus und beziehen sich darauf stets und unwillkürlich. Jedoch beeinflussen sie im Kommunikationsvollzug diesen textexternen Kontext zugleich erheblich und können das KHS sogar drastisch und schlagartig verändern, z.B. wenn jemand eine Liebeserklärung abgibt oder eine Beleidigung ausspricht. Auf der anderen Seite ist die Tatsache in Erinnerung zu rufen, dass wir mit der biblischen Traditionsliteratur nur die Textspuren wahrscheinlich hochkomplexer Kommunikationszusammenhänge vor uns haben, die uns als Artefakte in Schriftgestalt und als Produkte einstiger literaler, d.h. in irgendeiner Weise schriftgestützter Kommunikation erhalten sind.

Daran wird der Stellenwert und die zentrale Bedeutung deutlich, die der modellhaften Durchdringung des Texterzeugungsprozesses und der theoretischen Reflexion des Sprachverwendungsprozesses zukommt. D.h. der unten abgedruckte Teil II 2.3 bildet das theoretische Kernstück einer textempirischen und kommunikationspragmatischen Exegese, um sowohl die Sinnbildungsprozesse in den Texten als auch die textexternen Kommunikationszusammenhänge rekonstruieren zu können, aus denen sie hervorgegangen sind, zumal die überlieferten Texte die einzig objektivierbaren Spuren jener Kommunikationsprozesse sind, in denen und auf die hin sie einst formuliert und verfasst wurden. Im Bilde gesprochen, handelt es sich bei diesem zentralen Teil der Texttheorie um die Physiologie der Texterzeugung und Textrezeption, auf deren Basis die erzeugten Texte und ihre beobachtbare Sprachgestalt sachgemäß beschrieben, im Blick auf ihre kommunikative Funktion ausgewertet und nach ihrem Beitrag zur Sinnbildung im Rahmen ihrer kommunikativen Bezugs- und Handlungszusammenhänge bestimmt werden können, was unter diagnostisch-analytischen Gesichtspunkten dann unten Kapitel 4 noch näher auszuführen ist. Einige Gesichtspunkte dieses Theoriekerns sind besonders hervorzuheben.

3.4.1 Der lineare Prozess textförmiger Sinnbildung

Die modellhafte Durchdringung des Texterzeugungsprozesses veranschaulicht, wie im linearen Prozess der Produktion bzw. der Rezeption von Texten die Bezugnahmen auf die Rahmengrößen des KHS im Einzelnen erfolgen, was in der Graphik II 2.3.1.4 zusammengefasst wird. Wesentlich daran ist, dass die Situationsorientierung, d.h. der Raum-, Zeit- und Personenbezug ebenso wie der Aufbau der kommunizierten Sach- und Sinnwelten nur sequenziell erfolgen. Bedeutung, Sinn und Situationsorientierung werden somit unhintergehbar prozedural erzeugt, d.h. in einem linearen Prozess der Bildung von Wort- und Satzfolgen im Textprozess, der seinerseits sich realiter nur im Sprechen oder Schreiben und im Hören oder Lesen vollzieht, wobei das produktive vom rezeptiven kommunikativen Handlungsspiel streng zu unterscheiden ist (3.3.1). Auf dieser texttheoretischen Grundgegebenheit baut die oben unter 2.3.2.1 und 2.3.2.2 umrissene Lese-Hermeneutik der Behutsamkeit auf (vgl. bes. 2.3.2.2 g.)

3.4.2 Textbedeutung und Textbegriff – Texte als Partituren sprachlicher Sinnbildung

Diese prozedurale Linearität der Sinnbildung und der situativen wie interaktiven Orientierung im Textprozess hat einschneidende Konsequenzen für das Textverständnis und die Definition von Texten als produzierte Zeichengestalt und sprachzeichenförmiges Objekt. Wie bereits unter 3.1 ausgeführt, *haben* somit Texte als solche keine Bedeutung, sondern ihr Sinn, ihre Funktion und ihre Orientierungsleistungen werden nur im Prozess der Produktion oder Rezeption je neu realisiert und eingelöst. Deshalb sind literale Textprodukte wie Notenblätter von Musikstücken als Partituren sprachlicher Sinnbildung zu verstehen und als solche auch zu analysieren.[84]

3.4.3 Sprache als Mittel und Werkzeug der Textkommunikation

Eine zweite Konsequenz betrifft den besonderen Status von Einzelsprachen, die als Werkzeuge der Textkommunikation zu bestimmen sind, was unter II 2.3.2 im Einzelnen entfaltet wird. Einzelsprachen – d.h. das Inventar ihres Lexikons (Lexeme), ihre Paradigmen der Formbildung (Morpheme) und die Gesamtheit ihrer Regeln, wie Elementarzeichen verknüpft werden (Mor-

84. Auch H. Raguse (1994) spricht im Zusammenhang mit dem schöpferischen Aspekt eines jeden Leseaktes davon, dass »der Text« so »etwas wie eine Partitur« sei, »in der vieles zur Improvisation gemäß dem Geschmack des Spielers offen bliebe« (90). Im Rückgriff auf die Unterscheidung zwischen (freier) Interpretation und einer ausführenden Auslegung von Texten oder Notenschriften (vgl. oben 3.3.1) verwenden wir den Begriff der Textpartitur jedoch strikt im Sinne einer Notenschrift, die von Musikern als solche zu erfassen und im performativen Nachvollzug zu Gehör zu bringen ist (vgl. oben 2.2.4 und dort bes. Anm. 56).

phologie und Syntax) – sind von ihrem Status her als sprachliche Zeichen nur virtuelle Mittel einer Sprachgemeinschaft, um unter Erzeugung von Texten sprachlich kommunizieren zu können. Daraus ergeben sich zwei weitere Konsequenzen:

3.4.4 Der Status von sprachlichen Zeichen – Abschied von der Repräsentationssemantik und instruktionssemantische Neuorientierung

Wenn sich der Sinn eines Textes und seine Orientierungsfunktionen gemäß den Überlegungen in 3.4.1 nur im Prozess ihrer Produktion und Rezeption realisieren und deshalb Textprodukte als sprachliche Zeichengebilde gemäß 3.4.2 unmittelbar keine Bedeutung haben, so hat dieser Sachverhalt auch weitreichende Konsequenzen sowohl für die Semantik des Lexikons von Einzelsprachen als auch für die semantische Funktion ihrer morphosyntaktischen Zeicheninventare. Die klassische Repräsentationssemantik, wonach sprachliche Einzelzeichen als Zeichenform einen Zeicheninhalt repräsentieren und für diesen Inhalt stehen (*stat aliquid pro aliquo*, vgl. oben 2.2.1.2 und 2.2.1.3), ist durch eine Instruktionssemantik abzulösen, die im Anschluss an S.J. Schmidt in II 2.3.2.3 näher ausgeführt wird. Demnach definiert sich die Bedeutung lexikalischer Einheiten ebenso wie die semantische Funktion von Morphologie und Syntax nach dem Beitrag und den Aufgaben, die die entsprechenden Zeicheninventare zur Sinnkonstitution, zur Situationsorientierung und zur Zeichenverknüpfung im Textprozess zu leisten haben.

Als Träger von Instruktionen etwa zur Bildung von Textsequenzen (Ana- und Kataphorika) oder zum Situationsbezug (Deiktika) sowie als Auslöser von Vorstellungsgehalten (Verba und Nomina) ist das Sprachzeicheninventar in einer Sprachgemeinschaft durch permanenten Gebrauch konventionalisiert, so dass seine Elemente, was ihre Funktion im Gebrauchsfall betrifft, immer wieder als intersubjektiv bekannte Werkzeuge und als Mittel der Verständigung entsprechend eingesetzt werden können (vgl. unten II 2.3.2.2). Dieser instruktionssemantische Leistungsaspekt wird in IV 1 exemplarisch an der *Status-constructus*-Verbindung näher beleuchtet (vgl. auch IV 2). Allerdings steht eine instruktionssemantische Neuorientierung der althebräischen Lexikologie und Grammatik noch weitgehend aus. Am ehesten werden diesen Erfordernissen die funktionalen Ansätze und diversen Arbeiten von E. Talstra u.a. sowie die Grammatik von C.H.J. v.d. Merwe/J.A. Naudé/J.H. Kroeze (1999) gerecht. Ferner soll unten in Kapitel 4 umrissen werden, an welchen sprachlichen Zeichengruppen und Leistungsklassen die kommunikationspragmatischen Dimensionen textförmiger Sinnbildung in den überlieferten Textspuren beobachtet und objektivierbar erfasst werden können.

3.4.5 Sprachvorkommen ersten Grades in Texten (*parole*) und zweiten Grades als Lexikon und Grammatik (*langue*)

Eine weitere Konsequenz aus dem Werkzeugcharakter von Einzelsprachen einerseits (3.4.3) und der Bestimmung von Texten als Partituren sprachlicher Kommunikation andererseits (3.4.2) macht die Unterscheidung zwischen sprachlichen Zeichen ersten Grades in ihrem Primärvorkommen in Texten und sprachlichen Zeichen zweiten Grades erforderlich, wie sie uns in Wörterbüchern und Grammatiken geläufig sind. Für eine reflektierte Textempirie muss volle Klarheit darüber bestehen, dass der Zeichenbestand von natürlichen Sprachen, d. h. ihre *langue*, primär und real nur textförmig, d. h. als *parole*, vorkommt und unmittelbar nur als verwendete Sprache in konkreten Texten greifbar ist (vgl. bes. II 2.3.2 und IV 2). Insofern handelt es sich – unter empirischen Gesichtspunkten – bei textförmigen Sprachvorkommen und damit bei Textprodukten selbst um sprachliche Primärvorkommen, die deshalb als sprachliche Zeichen ersten Grades zu bezeichnen sind. Davon sind Sprachvorkommen in Gestalt von Grammatiken und Wörterbüchern als sprachliche Zeichen zweiten Grades zu unterscheiden, weil sie in solchen Hilfsmitteln auf einer sprachlichen Metaebene als Lemmata und morphosyntaktische Paradigmata beschrieben, kategorisiert und nach Funktion und Bedeutung bestimmt werden, wobei diese lexikalischen Bedeutungsbestimmungen und syntaktischen Funktionsbeschreibungen aus der Summe eines hinreichend repräsentativen Korpus von Texten erhoben und nach Verwendungstypen klassifiziert bzw. differenziert werden. Diese Unterscheidung räumt mit der weitverbreiteten Illusion auf, Sprachen würden in erster Linie in Gestalt von Grammatiken und Wörterbüchern existieren, aus deren Regeln und Lexikon Texte erzeugt worden sind, die dann ihrerseits wieder unter Zuhilfenahme von Lexikon und Grammatik entschlüsselt werden können, wie es traditionellerweise im Fremdsprachenunterricht gelehrt und gelernt wird.[85] Deshalb hat diese Unterscheidung erhebliche kritische Konsequenzen für die Lexikologie und Grammatik sowie für deren Benutzung

85. Vgl. dazu auch oben Abschn. 2.2.1. Weit verbreitet ist der Fehlgebrauch von Wörterbüchern und Grammatiken als Berufungsinstanzen für die Richtigkeit einer isolierten Wortinterpretation oder morphosyntaktischen Einzelerscheinung, was insofern abwegig ist, als damit der instruktionssemantischen Funktionalität sprachlicher Zeichen in ihren je spezifischen Verwendungszusammenhängen überhaupt nicht Rechnung getragen wird.

als Hilfsmittel der Texterschließung, die in IV 2 erörtert werden, um die Kontrollfunktion und die hermeneutische Relevanz einer empirischen, computergestützten Textwahrnehmung deutlich zu machen.

3.5 Rede- und Erzählkommunikation – zu den sprachlichen Mitteln der Texterzeugung

Wenn Texte die sprachförmigen Spuren einstiger Kommunikation im Rahmen komplexer kommunikativer Handlungsspiele sind, ist es im Blick auf biblische Texte, deren soziokommunikativen Hintergründe wir nicht kennen, besonders wichtig, sich auch Klarheit über die möglichen sprachlichen Mittel und die virtuellen Verfahren zu verschaffen, mit denen das sprachförmige Medium Text in Kommunikationsprozessen erzeugt wird und wurde. Denn die Art und Weise, wie diese Mittel in den überlieferten Texten eingesetzt worden sind, macht auf dem Hintergrund der in Abschnitt 3.4 skizzierten Rahmentheorie der Texterzeugung auch signifikante Rückschlüsse auf ihre soziokommunikativen Hintergründe möglich. Deshalb sind im Folgenden unter textpragmatischen und kommunikativen Gesichtspunkten die wichtigsten Leistungsaspekte von sprachlichen Ausdrucksmitteln zu umreißen, die die sprachförmige Kohärenz des kommunikativen Handlungssubstrats »Text« bilden und an deren Einsatz in den überlieferten Texten ihre kommunikationspragmatischen Funktionen und ihre Beiträge zur textförmigen Sinnbildung analytisch erfasst werden können. Dabei geht es hier nur um einen Überblick und um die Vorstellbarkeit, wie die Grundarten von Textkommunikation unter Verwendung von sprachlichen Mitteln textförmig realisiert werden können. In Kapitel 4 ist darauf dann ausführlicher noch unter dem Gesichtspunkt zurückzukommen, wie diese pragmatisch-interaktiven Aspekte der Textkommunikation an der sprachlichen Zeichenspur, die eine Kommunikationshandlung im erzeugten Text hinterlässt, im Einzelnen beobachtet werden können.

3.5.1 Sprachliche Gestaltungsmittel der Redekommunikation

3.5.1.1 Metakommunikative Ausdrucksmittel

Als Erstes ist auf die *metakommunikativen Bezeichnungen* hinzuweisen, mit denen textförmige Kommunikationsakte benannt werden können.[86] Sie die-

86. Der Spezialfall von explizit performativen Äußerungen, die im Sinne der Sprechakt-

nen im Wesentlichen der Kommunikation über anderweitige Kommunikationen (vgl. dazu auch III 3.1.1 und 4.1) und sind deshalb als metakommunikative Ausdrucksmittel zu bezeichnen. Es sind dies vor allem die sog. *verba dicendi*, die in jeder Sprache zur Verfügung stehen und eine mehr oder weniger große Vielfalt von Sprech- und Kommunikationshandlungen bezeichnen, wie z. B. fragen, antworten, befehlen, auffordern, erzählen, mitteilen, behaupten, versprechen etc. (vgl. dazu II 2.1.2). Entweder leiten diese Verben – wie in der Bibel besonders häufig – entsprechende direkte Reden ein. In und an diesen Reden können dann die performativen Mittel und Verfahren beobachtet werden, wie die benannten Sprechhandlungen sprachförmig und textimmanent vollzogen werden. Oder sie begegnen häufig in substantivierter Form, z. B. in Bezeichnungen wie תורה (Weisung), משפט (Rechtsbestimmung), תפלה (Gebet), תהלה (Lobpreis), שיר (Lied), קינה (Leichenlied), משל (Spruch) etc., und eröffnen entsprechende Textteile mit metakommunikativen Hinweisen – z. B. in Höraufrufen oder Überschriften –, die häufig mit Demonstrativa gebildet werden.[87] Auf weitere Einzelheiten der Metakommunikation und ihrer Beobachtbarkeit wird unten Abschnitt 4.2 zurückzukommen sein.

3.5.1.2 Der Origo-Bezug der Redekommunikation – zu den sprachlichen Mitteln der Rededeixis und der Argumentation

Besonders an den in der Bibel sehr zahlreichen wörtlichen Reden lassen sich die elementaren *Erfordernisse der Redekommunikation* und die sprachlichen Mittel des Althebräischen beobachten, mit denen sie eingelöst werden. Grundlegend für die Redekommunikation ist die Ausrichtung sprachlicher Zeigehandlungen am Schnittpunkt der Sprecher-Origo im situativen Zeigfeld (K. Bühler, vgl. II 2.2.4.2.1). Die Sprecher-Origo ist als personaler sowie zeitlich-räumlicher Schnittpunkt des »Ich«–»Jetzt«–»Hier« (u. U. in Verbindung mit einem »Wir«) im Gegenüber zu einem »Du«/»Ihr« zu denken, der in der jeweils sprechenden Person zentriert ist und das sprachliche Zeigfeld koordiniert. Dabei laufen im Redevollzug die Raum- und Zeitkoordinaten des aktuellen KHS sowie die Beziehungsachsen der kopräsenten Personen jeweils in der Sprecher-Origo zusammen, an dem eine Sprecherin ihre sprachlichen Zeigehandlungen ausrichtet: das »Ich« als Verweis auf die sprechende Person, das »Du«/»Ihr«(»Wir«) als Bezugnahme auf die Angespro-

theorie (vgl. unten II 2.1.2) mit sprechaktbezeichnenden Verben vollzogen werden, begegnet in der biblischen Textüberlieferung selten, vgl. z. B. Dtn 4,26; 8,19; 30,19; Jer 42,19 oder Dtn 26,3 im Zusammenhang mit V. 10, Jer 44,26 oder Jer 1,18.

87. Vgl. z. B. Dtn 1,1; 4,44.45; 6,1; 12,1; 28,69; 33,1 oder Am 5,1; Jes 1,10; Prov 25,1 etc.

chenen, das »Hier« und »Jetzt« als Verweis auf den Standort und die Simultanzeit des Redevollzugs.

Im Einzelnen sind zur Realisierung der Redekommunikation in Umrissen die folgenden sprachlichen Mittel von Bedeutung:

a. Um eine Redehandlung im raum-zeitlichen sowie personalen Kontinuum des aktuellen KHS zu verorten, bedienen sich Sprecher auch im Althebräischen der entsprechenden Zeigewörter (vgl. II 2.2.3). Es sind die Zeicheninventare der sprachlichen Deixis: Dazu gehören die Demonstrativa, mit denen auf Objekte gezeigt werden kann (vgl. auch unten 4.2.1 und 4.2.3), die Formen der 1. und 2. Person, mit denen auf kopräsente Personen Bezug genommen wird (vgl. unten 4.3.1), und die lokal- sowie temporaldeiktischen Adverbien wie »hier« und »da«, »jetzt« und »vorher« oder »nachher« bzw. »gestern« oder »morgen«, mit denen die lokale sowie temporale Orientierung gesteuert werden kann (vgl. unten 4.4.1 und 4.5.1).[88] Demgegenüber wird der große Rest der Welt, der nicht im aktuellen Zeigfeld der Redekommunikation liegt oder davon ausgeklammert bleiben soll, mit entsprechenden Adverbien markiert (z.B. »dort«, »damals«, »einst«) und mit den Pronominalformen der dritten Person angesprochen (vgl. unten 4.3.6, 4.4.2 und 4.5.2 sowie 4.6.1 und 4.6.2).[89]

b. Die personale Beziehung zwischen Sprecherin und Adressaten wird jedoch nicht allein durch diese Deiktika der 1. und 2. Person gesteuert (wobei das Hebräische in der Anrede mit der zweiten Person sogar die Geschlechterdifferenzierung kennt), sondern auch durch diverse Appellativa und Aufmerksamkeitsmarker wie z.B. הנה oder durch interaktive Sprechhandlungen wie Fragen und Aufforderungen, die durch Imperative, Jussive und Interrogativa vollzogen werden (vgl. unten 4.3.2 und 4.3.3).

c. Ein weiteres Erfordernis der Redekommunikation ist die pragmatische Strukturierung des Rede- und Argumentationsganges (vgl. unten 4.7), d.h. im Einzelnen durch den sprachlichen Vollzug z.B. von Behauptungen, Begründungen und Beschreibungen oder das Ziehen von Vergleichen und das Aufstellen von Bedingungen neben dem Einflechten von Berichten oder erzählten Erinnerungen und vielem mehr. [90] Der argumentative Duktus einer Rede wird syntaktisch durch verschiedene Satzarten sowie durch Hauptsatzkonjunktionen wie z.B. »denn« (כי) oder »deshalb« (לכן bzw. על כן) gesteuert.

d. Im Rahmen der deiktischen Ausrichtung des Redeprozesses auf seinen situativen Hintergrund und im Verlauf des interaktiv-pragmatisch angelegten Redevollzugs kommen selbstverständlich auch Gegenstände und Sachverhalte zur Sprache, die die Sachthematik einer Rede ausmachen (vgl. unten 4.8). Sowohl im Argumentationsablauf als auch im Verlauf der thematischen Entfaltung kommt es dabei zur Bildung von mehr oder weniger umfangreichen Sequenzen, in welchen ein argumentativer Einzelschritt mehrere Sätze umfasst oder die verhandelte Thematik und die angesprochenen Personen sich über eine längere Textstrecke gleich bleiben.

88. Vgl. als Beispiel die emphatische Situierung der Bundesansprache in Dtn 5,2f. und des Bundesschlusses in 27,9f. und 29,9-14, den Mose in seiner Tora-Rede vollzieht, und dazu C. Hardmeier (Schᵉma' 2000b) 72-75.

89. Es ist bemerkenswert, dass das Hebräische durch die Möglichkeit, die Demonstrativa sowie die Pronomina der dritten Person auch attributiv gebrauchen zu können (z.B. היום הזה, ביום ההוא), die gedachte Zugehörigkeit oder Nicht-Zugehörigkeit von Objekten, Personen und Sachverhalten, vor allem aber auch von Zeiträumen zur Kommunikationssituation auf eine sehr einfache und zugleich sehr präzise Weise signalisieren kann.

90. Zur Textpragmatik der Argumentation vgl. insgesamt die Artikel in K. Brinker/G. Antos u.a., Hg. (2001) besonders in den Abschnitten XVII bis XX, 1115-1463.

3.5.1.3 Kontinuitätssignale und die Bildung von Textsequenzen – Pronominalisierung und Renominalisierung

Satzübergreifende Textsequenzen werden sprachlich durch *Kontinuitätssignale* angezeigt und/oder durch andere kohärenzbildende Verfahren erzeugt (vgl. unten 4.9.3 und IV 4.2.3.1). Neben der gleichbleibenden Zeitenfolge in den Satzprädikaten (*consecutio temporum*, vgl. auch unten 3.5.2.4) ist vor allem das Verfahren der Pronominalisierung zu erwähnen (vgl. dazu II 2.3.2.3 sowie III 3.1.3). Durch die pronominale Wiederaufnahme von Personen, Gegenständen oder Sachverhalten kann nicht nur thematische Kontinuität signalisiert, sondern auch die satzübergreifende Kontinuität etwa der Ich-Rede oder die Konstanz der Anrede angezeigt werden. Auch der gleichbleibende Modus in einer Satzsequenz kann pragmatisch-argumentative Kontinuität erkennen lassen. Demgegenüber werden Diskontinuitäten und damit Gliederungseinschnitte im Redeverlauf u. a. durch Themen- oder Personenwechsel erzeugt. Sie können sprachlich u. a. durch Renominalisierungen, d. h. durch die namentliche oder nominale Wiederaufnahme von zuvor pronominalisierten Größen angezeigt werden. Auch der Wechsel von Modus, Tempus und Satzart markiert in textpragmatischer Hinsicht eine wie auch immer geartete Diskontinuität im Redefluss.

Alles in allem gibt es in jeder Einzelsprache und auch schon im Althebräischen eine mehr oder weniger reiche Palette von morphosyntaktischen Mitteln, um die Interaktion zwischen Sprecher und Hörerinnen zu steuern, den Duktus der Argumentation zu strukturieren und die thematische Entfaltung im Redeprozess zu gliedern. Dabei wird der Rede durch die Bildung von mehr oder weniger umfangreichen Sequenzen der Kontinuität im Kontrast zu diskontinuierlichen Übergängen oder Neueinsätzen ein spezifisches Relief und Gefälle verliehen.

3.5.2 Der Spezialfall der Erzählkommunikation und die sprachlichen Mittel ihrer Gestaltung

Gegenüber einer Vielzahl von Sprech- und Kommunikationshandlungen, die alle das Raum-Zeit-Kontinuum der Sprechsituation sowie die Präsenz der Kommunikationspartner als Bezugsrahmen des KHS voraussetzen und deshalb die personale, lokale und temporale Deixis an der Sprecher-Origo ausrichten, nimmt sich die Erzählkommunikation als Spezialfall aus. Sie unterscheidet sich dadurch von der origo-zentrierten Kommunikation, dass sie zumindest in temporaler, meist aber auch in lokaler und personaler Hinsicht eine eigene Welt aufbaut, die sich von der Jetzt-Zeit des Erzählens abhebt (vgl. bes. III 1.3). Es ist eine erzählte Welt, die zwar in der Erzählzeit narrativ entfaltet und auf die Erzählsituation hin konzipiert wird. Doch wird das Ereignis- und Handlungsgefüge einer erzählten Welt kategorisch in einer Nicht-Jetzt-Zeit, d.h. meist in der Vergangenheit angesiedelt, wobei diese Vergangenheit oft auch an Schauplätzen spielt oder mit Personen besetzt ist, die sich zudem von der Erzählsituation unterscheiden bzw. abheben. Gleichwohl ist Erzählen eine Sprech- und Kommunikationshandlung, die sich im Rahmen eines bestimmten KHS, d.h. in einer spezifischen Erzählsituation sowie im interaktiven Austausch zwischen Erzählerin und Hörerschaft abspielt.[91] Allerdings ist diese Erzählgegenwart insbesondere in zeitlicher Hinsicht prinzipiell kein direkter Gegenstand der Erzählung. Selbst im Spezialfall, dass sich Menschen aus ihrer eigenen Vergangenheit erzählen und auch noch an demselben Ort wie »damals« ihre Erinnerungen austauschen (z.B. ortsansäßige alte Menschen), hebt sich die erinnerte bzw. erzählte Welt gegenüber dem aktuellen Gesprächskontext (zumindest zeitlich) ab. Somit wird in der Erzählkommunikation im Wesentlichen über eine andere Zeit gesprochen als die, in der erzählt wird, was als Narrativität im weitesten Sinne betrachtet werden kann.

Das Kommunikationsangebot im Erzählen ist somit ein Doppeltes. Darin wird nicht nur eine erzählte Welt textförmig aufgebaut, die im Erzählprozess vor den Ohren und Augen der Rezipientinnen und Rezipienten entsteht. Zugleich erfolgt damit auch eine Führung der Erzählerin durch diese im Entstehen begriffene Welt. Das Spezifische der Erzählkommunikation liegt somit darin, dass der Erzähler im Aufbau einer erzählten Welt seine Adressatenschaft zugleich auf eine Zeitreise innerhalb dieser situationsenthobenen Welt mitnimmt. Man könnte im Bild gesprochen sagen, dass eine Erzählerin einerseits ein Zeitfenster vor dem Zuhörerpublikum öffnet und andererseits damit zugleich das Publikum durch diesen erzählten Zeitraum hindurchführt und leitet. Sie ist – so könnte man sagen – sowohl Schöpferin der erzählten Zeitlandschaft als auch Führerin auf der Zeitreise durch diese Landschaft, die sich im Erzählprozess aufbaut. – Diese text- und kommunikationstheoretischen Eigentümlichkeiten und die methodischen Konsequenzen, wie Erzähltexte dementsprechend zu analysieren und interpretieren sind, werden unten in Teil III entfaltet. Deshalb können wir uns hier auf Hauptgesichtspunkte der Erzählkommunikation und auf einen Überblick über die sprachlichen Mittel beschränken, wie erzählte Welten im Erzählen aufgebaut und strukturiert werden, worauf ausführlicher auch unten 4.6 zurückzukommen sein wird.

91. Zur Erzählkommunikation vgl. grundlegend G. Genette (dt. [2]1998) und den Handbuch-Artikel von E. Gülich/H. Hausendorf (Vertextungsmuster 2000) sowie G. Lucius-Hoene/A. Deppermann (2002) bes. 17-45.

3.5.2.1 Die Wirkweise der Erzählkommunikation und ihre erzählpragmatischen Erfordernisse – Orientierung, Komplikation und Auflösung

Wesentlich an der *Wirkweise von Erzählkommunikation* ist ihre Indirektheit. Sofern nicht – wie bei Reportagen und Berichten – die Informationsvermittlung im Vordergrund steht und der Wissensdurst oder die Neugier die Bereitschaft zum Zuhören oder Lesen bestimmt, muss eine Erzählung als solche das Interesse von Leserinnen- oder Zuhörerschaft finden, damit diese die Geduld und Spannung aufbringen, einer Erzählerin länger zuzuhören oder eine Geschichte weiter und zu Ende zu lesen. Deshalb müssen das erzählenswerte Ereignis und die erzählte Welt stets so angelegt sein, dass die Adressaten das Erzählte mit ihrer eigenen Erfahrungswelt in irgendeiner Weise verknüpfen, sich mit den *dramatis personae* zumindest teilweise identifizieren und im erzählten Geschehen etwas von ihren eigenen Problemkonstellationen und offenen Fragen wiederfinden können. Auf dem Wege der Mimesis, d.h. über die teilnehmende Aneignung des Erzählten, verknüpft die Zuhörer- oder Leserschaft auf indirekte Weise das Erzählte mit der eigenen Gegenwart und übersetzt die Botschaft einer Erzählung, d.h. das *tua res agitur*, per Analogie in das eigene Leben,[92] auch wenn dieser »Übersetzung« u.U. im Gespräch – wie schon in der Nathan-Parabel von II Sam 12 in Gestalt von metanarrativen Kommentaren und Argumenten – nachgeholfen werden muss.[93] Zur Wirkweise von Erzählungen ist besonders auf III 1.3 und 1.4 zu verweisen und zu den Identifikationsangeboten, die darin angelegt werden, auf III 2.5.

Um eine erzählte Welt so plausibel zu machen und den Bogen des erzählenswerten Ereignisses so zu spannen, dass die Teilnahme der Rezipienten nicht erlahmt, stellen sich einer Erzählerin vielfältige Gestaltungsaufgaben. In III 2 kommen diese Aufgaben ausführlicher als »Strukturelemente von Erzählungen« (III 2.1 und 2.2) zur Darstellung, obschon es sich dabei – aus meiner heutigen Sicht – primär um pragmatische Erfordernisse der Erzählkommunikation handelt, die in Erzähltexten ihre Spuren hinterlassen, und nicht um Verfahren der Gestaltung von narrativen Texten als solchen. Denn die Hauptaufgabe im Erzählen besteht darin, dass ein Erzähler sein Publikum in die sich konstituierenden Zeitlandschaften nachvollziehbar hineinnimmt und es auf der narrativen Zeitreise einleuchtend durch diese Landschaften führt. Von diesen erzählpragmatischen Erfordernissen der

92. Vgl. unten III 1.3 und 2.5 sowie C. Hardmeier (Erzählen 1981a).
93. Neben II Sam 12,1-6 dokumentiert auch 14,1-17 diese indirekte Wirkweise der Erzählkommunikation, wie sie bereits alttestamentlich für handfeste Überzeugungsziele in konkreten Konfliktzusammenhängen eingesetzt wurde.

Orientierung und Plausibilisierung sind hier nur die wichtigsten zu nennen.

a. *Orientierung.* In einer Erzählung muss sowohl das zeitliche als auch das lokale Setting des erzählten Geschehens für die Leserinnen- oder Zuhörerschaft hinreichend nachvollziehbar und plausibel werden, so dass im Erzählverlauf die szenische Gliederung, d. h. im übertragenen Sinne die Bühnenbilder der erzählten Welt in ihrer Abfolge und ihrem Verhältnis zueinander durchsichtig werden. Gleiches gilt für die thematisierten Personen, Gegenstände und Sachverhalte, über die erzählt wird. Dieser Aufgabe der Leser-*Orientierung* kommt ein Erzähler vorzugsweise, wenn auch nicht unbedingt ausschließlich, am Erzählanfang nach (vgl. III 2.2). Dabei bemisst sich der Grad an Ausführlichkeit oder Knappheit, mit der diese Orientierungsfunktion wahrgenommen wird, nicht nur am Welt- und Hintergrundwissen, das eine Erzählerin bei ihren Adressaten voraussetzt. Auch andere Gründe etwa für eine gänzliche Nicht-Berücksichtigung einzelner Komponenten der thematischen Geschichte oder für auffällige Ausführlichkeiten können eine Rolle spielen.[94]

b. *Komplikation, Lösung und Evaluation.* Vergleichbares gilt für den Handlungsverlauf und die Ereigniszusammenhänge, die erzählerisch entfaltet werden (vgl. dazu insgesamt III 2.2). Damit eine Geschichte erzählenswert erscheint und die Neugier der Adressaten weckt, kann nicht nur das Normal-Erwartbare und für das Erzählpublikum Selbstverständliche erzählt werden. In den meisten Erzählungen kommt früher oder später ein Ereignis ins Spiel oder ein Vorkommnis wird eingebracht, das Irritationen hervorruft und das Normal-Erwartbare mehr oder weniger jäh durchbricht. In der Narratologie wird dieses irritierende Erzählmoment als *Komplikation* oder *Gegensatzrelation* und *Planbruch* bezeichnet, wobei komplexere Erzählungen natürlich mehrere ineinander liegende und/oder gestaffelte Irritationsmomente im Erzählverlauf aufweisen können. Entscheidend ist, dass diese Irritationsmomente einerseits die Spannung einer Erzählkommunikation ausmachen und die Aufmerksamkeit der Leser- und Zuhörerinnenschaft stimulieren. Andererseits aber müssen sie gegen Ende einer Erzählung – meistens zur Klimax gesteigert – zu einer gewissen *(Auf-)Lösung* geführt werden, um den Sinn deutlich werden zu lassen, warum das oder die irritierenden Ereignisse überhaupt erzählt worden sind. Gegebenenfalls kann ein Erzähler zum Sinn oder zu einzelnen Sinnaspekten auch explizit in kurzen *Evaluations*-Sequenzen vorzugsweise am Ende, aber auch innerhalb von Erzählun-

94. Vgl. z. B. die überschießende Kennzeichnung der Funktionsträger in II Reg 18f., die auf eine indirekte Selbstportraitierung der Autoren schließen lässt (vgl. C. Hardmeier, Prophetie 1990a, 414-418).

gen Stellung nehmen (vgl. z. B. Hi 1,22 und 2,10b sowie II Sam 12,5f.[95]), wobei Evaluationen zudem auch indirekt und erzählimmanent über erzählte Figuren realisiert werden können (vgl. z. B. Hi 32,2f. und 42,7b).

3.5.2.2 Die Gestaltungsverfahren der Erzählkommunikation – Gestaltschließung, Detaillierung und Kondensierung

Jede der Komponenten einer erzählten Welt (Zeit, Ort, Personen, Gegenstände, Sachverhalte, Ereignis- und Handlungsverlauf) kann verallgemeinert als eine ihrer Teilgestalten betrachtet werden. Dabei ist für jede eingeführte und damit im Erzählverlauf eröffnete Teilgestalt – um ihrer Plausibilität und Schlüssigkeit willen – auch eine Schließung zu erwarten.

a. Die *Gestaltschließung*. Aus Plausibilitätsgründen setzt jede Eröffnung einer Teilgestalt innerhalb einer Erzählung eine Art von narrativem Zugzwang zur Gestaltschließung aus sich heraus, die ein wichtiges Kriterium für die Kohärenz und die innere Homogenität des Erzählten abgibt. Wer als Erzählerin z. B. eine bestimmte Person einführt oder ein markantes geschichtliches Datum als Zeitangabe nennt, muss im Erzählverlauf plausibel werden lassen, warum sie diesen oder jenen Erwartungshorizont bei den Zuhörern geweckt hat, weil sonst zwangsläufig Rückfragen gestellt werden. Erzählen unterliegt somit auch dem kommunikativen *Erfordernis der Gestaltschließung* (vgl. unten 4.8.4.1 und III 2.3). Je nach der Art und Weise, wo und wie solche Teilgestalten geschlossen werden, kann dieses Erfordernis gestalterisch auch zur Profil- und Fokusbildung innerhalb von Erzählungen genutzt werden.

b. *Detaillierung und Kondensierung*. In der Art und Weise, wie eine Erzählerin dieser narratologischen Anforderung, aber auch den unter 3.5.2.1 genannten Erfordernissen gerecht wird, steht ihr des Weiteren ein breites Spektrum von erzählkommunikativen Möglichkeiten zur Verfügung. Jede der oben genannten Teilgestalten lässt sich in einer Art und Weise einführen, abschließen oder im Erzählverlauf einflechten, die von sehr ausführlich bis zu äußerst knapp ausfallen kann. Dabei kann ein Erzähler als Führer durch die erzählten Zeitlandschaften auf jene Vorkommnisse, Handlungszusammenhänge und Personen ausführlicher zu sprechen kommen, die ihm mehr oder weniger zeigenswert erscheinen und an denen er seinem Publikum etwas Bestimmtes vor Augen führen will, während vieles andere, was ihm nicht wichtig erscheint, unerwähnt bleibt. D. h. alles, was nicht der narrativen Anschauungs- und Zeigeabsicht dient, bleibt im Hintergrund oder wird gänzlich ausgeblendet. Erzählkommunikation operiert somit im Span-

95. Auf der narrativen Metaebene wird in II Sam 12,5f. sogar eine doppelte Evaluation erzählt: sowohl die Bewertung Davids als auch die Konsequenz, die Nathan daraus zieht.

nungsfeld zwischen breiter *Detaillierung* und äußerster *Kondensierung* der Darstellung (vgl. unten 4.8.4.2 und III 2.3). Das lässt sich an der Film- bzw. Bildsprache der Fotographie veranschaulichen. Erzählerische Detaillierungen und Kondensierungen entsprechen bei Filmen dem Wechsel zwischen Zeitlupe und Zeitraffung oder bei Kamera-Einstellungen der Skala zwischen extremer Nah- und globaler Weitwinkelperspektive.

Mit diesen Mitteln verleiht der Erzähler der erzählten Welt ihr spezifisches Profil, schafft Vorder- und Hintergründe, setzt Akzente und stuft Haupt- und Nebensächlichkeiten gegeneinander ab (vgl. unten 4.8.5 und III 3.3). Damit lenkt er nicht nur die Aufmerksamkeit, sondern beeinflusst in der Zuhörerschaft auch den Prozess der Mimesis und der verknüpfenden Analogiebildung, um seine indirekten Botschaften in ihre Köpfe und Herzen zu bringen (vgl. oben 3.5.2.1 und III 2.5). Dabei steht eine Erzählerin gegenüber ihrem Publikum allerdings nicht nur unter dem Zugzwang der Gestaltschließung, sondern auch unter dem kommunikationspragmatischen Erfordernis, einerseits Detaillierungen nicht so zu überdehnen, dass die Aufmerksamkeit der Adressaten nachlässt oder gar Langeweile und Überdruss aufkommen. Andererseits dürfen Kondensierungen nicht so auf die Spitze getrieben werden, dass niemand mehr folgen kann und Kohärenz wie Plausibilität verloren gehen. Denn im Extrem schließen sich die Gestaltungsmittel der Detaillierung und Kondensierung wechselseitig aus, so dass alles auf die Balance ankommt, wie ein Erzähler diese Mittel in Bezug auf alle Erzählkomponenten einsetzt. Deshalb ist es die Spezifik, wie dieser Widerstreit zwischen Detaillierung und Kondensierung in Bezug auf alle Komponenten der erzählten Welt ausbalanciert wird, aus der auch die besondere Perspektive hervorgeht, die ein Erzähler auf seiner narrativen Führung durch die erzählten Landschaften im Gegenüber zu seinen Adressaten entwickelt.

3.5.2.3 Die sprachlichen Mittel der Erzählkommunikation im Allgemeinen

Um diese erzählkommunikativen Gestaltungsaufgaben zu lösen und den pragmatischen Erfordernissen in der Interaktion mit den Leserinnen oder Zuhörern gerecht zu werden, stehen in jeder Einzelsprache auch die entsprechenden Mittel zur Verfügung. Für die szenische Gliederung (vgl. III 3.1.2) sind es die adverbiellen Zeit- und Ortsangaben sowie die temporalen Haupt- und Nebensätze, die die erzählte Welt als ganze strukturieren und die szenischen Ereignis- und Handlungssequenzen gegeneinander abgrenzen bzw. zueinander ins Verhältnis setzen (vgl. unten Abschn. 4.6 sowie III 3.1.2; 4.2 und IV 4.2.3.2). Auch der Wechsel der Personenkonstellation oder der Handlungsrollen kann eine szenische Gliederungsfunktion haben. Wie bei der Redekommunikation zeigt die Pronominalisierung Kontinuität an, während Rollen- oder Personenwechsel auch in der Erzählkommunikation meist durch Renominalisierungen signalisiert werden (vgl. oben 3.5.1.3 sowie unten 4.9.2 und III 3.1.3). Auf zwei weitere sprachliche Gestaltungsmittel, die für die Erzählkommunikation konstitutiv sind, ist besonders einzugehen.

3.5.2.4 Das textpragmatische Kontinuitätssignal der Und-Verknüpfung und die Imperfekt-consecutivum-Formen im biblischen Hebräisch

Nicht nur für die Redekommunikation stehen spezifische Verfahren der Kohärenzbildung zur Verfügung, um insbesondere mit Hilfe von Kontinuitätssignalen umfangreichere Textsequenzen zu bilden oder durch die Unterbrechung einer Kette gegeneinander abzugrenzen. Neben den Verfahren der Pro- bzw. der Renominalisierung haben wir oben 3.5.1.3 die Kontinuität oder Diskontinuität in der Tempusfolge oder in der Abfolge von Satzarten und -modi als Signale genannt, die satzweise die Kohärenz von umfangreicheren Textsequenzen erkennen lassen. Auch die Erzählkommunikation bedient sich im Wesentlichen all dieser textpragmatischen Mittel und Verfahren, wie insbesondere der Pro- bzw. der Renominalisierung, um spezifische Erzählsequenzen zu bilden oder Gliederungseinschnitte und Diskontinuitäten im Erzählfluss zu markieren (vgl. III 3.1.3). Angesichts der kategorischen Besonderheit der Erzählkommunikation, dass in ihr eine erzählte Welt der Nicht-Jetzt-Zeit aufgebaut wird, kommt jedoch der Zeitorganisation in dieser imaginierten Welt und insbesondere der sprachlichen Konstitution der narrativen Zeitreise selbst eine fundamentale Bedeutung zu.

Unter den Mitteln im Althebräischen, die dieses Zeitkontinuum gliedern, sind zum Einen die temporalen Zeitmarken besonders hervorzuheben, die in Gestalt von temporalen Nebensätzen oder anderen Adverbialien der Zeit das temporale Basisrelief einer Erzählung als ganzer strukturieren (vgl. unten 4.6.3). Zum anderen sticht unter den Sprachsignalen, die die Verkettung des erzählten Geschehens anzeigen, das Impf. *consecutivum* aufgrund seiner mit Abstand größten Häufigkeit[96] besonders hervor (vgl. unten 4.6.4.1). Deshalb wird es in einigen Grammatiken auch rundweg als »Narrativ« bezeichnet und als eigenes »Tempus« betrachtet.[97] Allerdings verdeckt die iso-

96. Es sind gegen 15000 (14973) Vorkommen im gesamten Tanach, die alle anderen Prädikatbildungen auf Hauptsatzebene (z. B. sog. invertierte Verbalsätze oder Nominalsätze, vgl. unten 4.6.4.2) innerhalb von Erzähltexten sowie die Belege aller Perf. *consecutiv-* (6500) und *wᵉ* + Impf.-Formen (1431) weit in den Schatten stellen.

97. Vgl. z. B. H.-P. Stähli (1984) 40 sowie W. Schneider (^{5}1982) § 25.4 oder E. Jenni (^{2}1981) §§ 6.3.1.3 und 8.3.5.3.

lierte Betrachtung dieses Erzähltempus den textpragmatisch sehr viel universaleren Sachverhalt, dass das biblische Hebräisch erzählte Welten ebenso wie auch andere imaginierte Nicht-Jetzt-Welten etwa der Zukunft durch eine konsequente Und-Verknüpfung der Satzfolge als in sich zusammenhängendes Geschehen der Nicht-Jetzt-Zeit im Textprozess aufbaut. Durch das Kontinuitätssignal der konsequenten Und-Verknüpfung hebt sich vor allem die Erzählkommunikation von der Origo-bezogenen Rede in der Jetzt-Zeit ab, die auf die durchgängige Und-Verknüpfung verzichten kann und sich mit asyndetischen Sätzen insbesondere am Redeanfang auf die Origo bezieht. Denn der Redekommunikation ist das Zeitkontinuum der synchronen Redesituation vorgegeben, so dass sich die Und-Syndese zur Konstruktion einer erzählten Ereigniswelt und zu ihrer Bewussthaltung im Textprozess erübrigt. Auf dieses textpragmatisch universale Phänomen der Und-Verknüpfung geht Abschnitt IV 4.2.3.1.1 ausführlicher ein, zumal es in seiner Universalität und unter den skizzierten textpragmatischen Gesichtspunkten der Erzählkommunikation m. W. in der Hebraistik bisher nicht hinreichend diskutiert worden ist.

3.5.2.5 Zur Rolle und zum Stellenwert von direkten und indirekten Reden in Erzählungen – II Sam 12,15-23 als Fallbeispiel

Ein zweites sprachliches Mittel der Gestaltung von erzählten Welten, das in narratologischer Hinsicht von größter Bedeutung ist, sind die in Erzählungen eingeführten wörtlichen Reden. Auch auf dieses Gestaltungsmittel ist aufgrund seiner Wichtigkeit sowohl in Abschnitt 4.2.2 und 4.8.4.2 als auch in III 2.5; 3.1.1 und 4.1 sowie in IV 4.2.3.2 und Abschnitt IV 4.3 ausführlicher zurückzukommen.

Zunächst ist besonders wichtig, dass wörtliche bzw. direkte Reden in Erzählungen als Sonderformen der narrativen Handlungsdarstellung zu bestimmen sind, die G. Genette als »berichtete Reden« bezeichnet.[98] Denn jede direkte Rede lässt sich nach ihrer inhaltlichen Seite im Prinzip auch als indirekte Rede zusammenfassen und in Form eines *verbum dicendi* mit folgendem Objektsatz darstellen. Auf diese Weise kann im Prinzip jede Redehandlung auch als Handlung unter anderen nichtsprachlichen Handlungen

98. Vgl. G. Genette (dt. ²1998) 123. Genette unterscheidet drei Typen der »Erzählung von Worten« (120ff.): 1. die »distanzierteste und ... am stärksten reduzierende Form, der »*narrativierte*(n) oder *erzählte*(n) Rede« (122, Hervorhebung im Orig.) vom Typus: mitteilen, etwas zu tun/getan zu haben und 2. »die *transponierte* Rede, die als indirekte Rede« (mit Objektsatz vom Typus: mitteilen, dass ...) »auftritt« (ebd.). Die dritte Form ist nach Genette »die ›mimetischste‹«, wobei »der Erzähler so tut, als rede nicht er, sondern die (sc. erzählte) Person« (123). Sie wird von ihm als »*berichtete* Rede dramatischen Typs« bezeichnet (ebd.).

innerhalb einer Ereigniskette erzählt werden, ohne dass aus textgrammatischen Gründen eine Wiedergabe in wörtlicher Rede zwingend ist. Das Gleiche gilt umgekehrt, und die hebräische Bibel macht von der Möglichkeit der wörtlichen Rede einen extensiven Gebrauch, während die LXX – bereits unter dem Einfluss des Hellenismus – eher die indirekte Rede zu bevorzugen und die Komplexität der Redeeinbettungen zu reduzieren scheint. Dabei sind es in erster Linie textpragmatische und narratologische Gründe, warum im Tanach überaus häufig – und wie z. B. im Hiobbuch oder im Deuteronomium auch über Dutzende von Kapiteln hinweg – wörtliche Reden zumeist durch Verbformen von אמר im narrativen Rahmen eingeführt werden. Weil und indem damit diese Reden innerhalb der erzählten Welt situiert werden, können sie anschließend auf eingebetteten Ebenen der Kommunikation direkt ausgeführt oder als Argumente und Gedanken im Rahmen von erzählten Dialogen wörtlich vorgebracht werden.

Am Beispiel von II Sam 12,18 sollen zunächst die text*grammatisch* neutrale Möglichkeit der indirekten neben der direkten Rede und die Transformierbarkeit der einen in die andere aufgezeigt werden. Daran sind anschließend die Unterschiede in der text*pragmatischen* Funktion zu veranschaulichen, die diese Varianten der Erzählbarkeit von Redehandlungen in narrativ imaginierten Welten haben.

a. *Zur textgrammatischen Transformierbarkeit von direkter und indirekter Rede.* In II Sam 12,15-23 geht es innerhalb eines größeren Erzählzusammenhangs um einen dramatischen Todesfall. Der im Ehebruch mit Batseba gezeugte Sohn Davids (11,4f.27) ist auf den Tod krank und liegt im Sterben (12,15), was bei David zu befremdlichen Maßnahmen und ungewöhnlichen Reaktionen führt (V. 16f.), die seine nahe Umgebung nicht versteht. V. 18 thematisiert in meisterhafter Dichte das Problem, ob und, wenn ja, wie die Bediensteten am Hof den König auf möglichst schonende Weise über den inzwischen eingetretenen Tod seines Sohnes in Kenntnis setzen können.[99] Die Todesnachricht selbst (מֵת הַיֶּלֶד, »das Kind ist gestorben«) begegnet in dieser Erzählsequenz zweimal: zuerst innerhalb einer indirekten Rede, nämlich im Rahmen der erzählten Furcht der Bediensteten vor der Mitteilung an David, »dass das Kind tot sei« (לְהַגִּיד לוֹ כִּי־מֵת הַיֶּלֶד..., V. 18bα_1). Im zweiten Fall wird die Todesnachricht als direkte Rede wiedergegeben, die ihrerseits in eine wörtlich zitierte Frage eingebettet ist: »Und wie können wir (nur) zu ihm sagen: ›Das Kind ist tot‹?!« (וְאֵיךְ נֹאמַר אֵלָיו מֵת הַיֶּלֶד, V. 18bα_2.β). In beiden Fällen ist der Informationsgehalt der Nachricht als solcher identisch. Nur in der Art seiner erzählerischen Modellierung als direkte bzw. indirekte Rede unterscheiden sich die beiden Sätze trotz ihres gleichen Inhalts gravierend. Daran zeigt sich, dass im biblischen Hebräisch in textgrammatischer Hinsicht beide Möglichkeiten der erzählerischen Darstellung von Redehandlungen gegeben sind und die Unterschiede in beiden Darstellungsweisen den Redeinhalt nicht berühren (müssen),[100] sondern primär textpragmatisch und erzählfunktional begründet sind.

99. Zum Ganzen vgl. C. Hardmeier (Liebe 2001a).

100. Fälle wie Gen 29,12; II Sam 1,4; I Reg 18,13 oder Ruth 2,11 lassen erkennen, wie längere indirekte Reden – insbesondere Berichte – auch im biblischen Hebräisch angelegt sein würden, wobei aus I Reg 18,13 und Ruth 2,11 klar hervorgeht, dass die einleitende Hy-

b. *Zum erzählpragmatischen Unterschied zwischen direkter und indirekter Rede.* Im ersten Fall wird die Todesnachricht als indirekte Rede im Objektsatz erwähnt, und zwar in Abhängigkeit zu der ihrerseits ins Spiel gebrachten Benachrichtigung (לְהַגִּיד, »um zu berichten«), vor der sich die Bediensteten Davids in erster Linie fürchten. D. h. auf der Primärebene der erzählten Ereignisse steht in V. $18b\alpha_1$ die Furcht der Dienerschaft als solche im Vordergrund, wobei erzählfunktional der Hauptfokus auf diesen Befürchtungen liegt. Demgegenüber werden sowohl ihr Inhalt, nämlich David zu benachrichtigen, als auch der Inhalt der Nachricht selbst, dass das Kind tot sei, in ihrerseits voneinander abhängigen Nebensätzen (כִּי ... לְהַגִּיד, »um zu berichten ..., dass«) nur nachgeordnet erwähnt, um damit eine minimale Orientierung zu geben, worum es bei diesen Befürchtungen ging. Unter dem Gesichtspunkt der narrativen Zugzwänge (vgl. oben 3.5.2.2 und III 2.3) ist somit die indirekte Rede ein Mittel, Redehandlungen in Erzählungen auf ein Minimum zu komprimieren und damit höchst kondensiert zur Darstellung zu bringen, indem mit dem *verbum dicendi* nur die Art der Sprechhandlung (Benachrichtigung) angezeigt und mit den abhängigen Objektsätzen in knappster Form ihr Inhalt (Tod des Kindes) zusammengefasst wird.

Konträr dazu liegt der zweite Fall. Bereits die ganze Begründungssequenz ab V. $18b\alpha_2.\beta$ entfaltet noch einmal nachholend und zugleich in größter Ausführlichkeit den Inhalt der Befürchtungen, der zuvor in V. $18b\alpha_1$ höchst kondensiert erwähnt worden ist. Dazu wählt der Erzähler die Form der direkten Rede (כִּי אָמְרוּ הִנֵּה..., »denn sie sagten [sich]: ›Siehe, ...‹«) und präsentiert mit הִנֵּה die angestellten Überlegungen der Dienerschaft, die ihre Befürchtungen artikulieren, quasi im Originalton. Indem die Überlegungen auf diese Weise wortwörtlich zur Sprache kommen, werden sie damit zugleich auch vor der Zuhörerschaft quasi unmittelbar ausgebreitet und beziehen so das Publikum – wie von einer direkt eröffneten Bühne aus – latent in die Überlegungen mit ein. Auf eine narratologisch eigentümlich indirekt-direkte Weise stimulieren wörtliche Reden in Erzählungen somit den mimetischen Nachvollzug des Publikums in höchstem Maße.

An diesem Beispiel von II Sam 12 wird klar, in welcher Weise die direkte Rede ein sehr wirkungsvolles Mittel der Animation ist, um die Zuhörerschaft mit den *dramatis personae* so zu konfrontieren, als würden diese selbst auf einer Bühne stehen und in die Gegenwart des Publikums sprechen. Darüber hinaus ist die wörtliche Rede ein erzählpragmatisches Mittel, um Redehandlungen in größtmöglicher Detaillierung, nämlich in Echtzeit des Handlungsvollzugs und quasi im Originalton zu präsentieren.[101] Sie steht damit im diametralen Gegensatz zur indirekten Rede, die als textpragmatisches Mittel der Darstellung von Redehandlungen ein Höchstmaß an Kondensierung ermöglicht.

a. *Zu den Differenzen in der Redewiedergabe zwischen dem masoretischen Text und der LXX.* Die mimetische Impulsstärke der wörtlich präsentierten Überlegungen in V. $18b\alpha_2.\beta$ wird im masoretischen Text durch eine weitere Redeeinbettung in V. 18bβ sogar noch zusätzlich gestei-

potaxe des Objektsatzes im weiteren Verlauf der indirekten Berichterstattung in die Parataxe von *Imperfect-consecutiv*-Sätzen übergeht, wobei diese Indirektheit der Rede in Ruth 2,11 durch die Du-Anrede-Form eindeutig gesichert ist. Dass solche Fälle von längeren indirekten Reden – soweit mir bekannt ist – im Tanach kaum belegt sind, liegt dennoch nicht an einer textgrammatischen Unmöglichkeit, sondern hat primär text- und erzählpragmatische Gründe.

101. Zu diesem »mimetischsten« Typus der berichteten Rede vgl. oben Anm. 98.

gert. Zunächst erinnern sich die Bediensteten an zurückliegende Beratungsgespräche mit David, die schon damals, als das Kind noch lebte, eher zwecklos waren, und erwägen dann, wie nun der betroffene Vater wohl auf die Überbringung der Todesnachricht reagieren würde mit dem Ergebnis, dass sie seine Reaktion sehr skeptisch einschätzen und für unberechenbar, ja gefährlich halten. Dabei wird die Situation der Benachrichtigung in V. 18bβ ihrerseits in Form einer weiteren, eingebetteten Rede szenisch vergegenwärtigt (וְאֵיךְ נֹאמַר אֵלָיו מֵת הַיֶּלֶד). Natürlich hätte der Erzähler auch hier wie in V. $18b\alpha_1$ mit einem כִּי-Satz das bloße Dass des eingetretenen Todes als Inhalt der Mitteilung anzeigen können (*וְאֵיךְ נַגִּיד לוֹ כִּי מֵת הַיֶּלֶד), wie es die LXX tut.[102] Doch die Unterschiede sind schwerwiegend. Denn die direkte Rede legt auch hier den Schwerpunkt der Erzählperspektive ganz auf die szenische Vergegenwärtigung der schwierigen, ja aus der Sicht der Dienerschaft unerträglichen Situation, in der sie vor David stehen und ihm wörtlich die Nachricht überbringen müssten: »das Kind ist tot«.[103] Der Akzent liegt somit ganz auf der hoch gespannten Situation sowie auf der Beziehungsebene zwischen David und seiner Dienerschaft, auf die er in Sachen Krankheit seines Sohnes ohnehin schon zuvor kaum hören wollte (V. $18b\alpha_2$).

Demgegenüber reduziert die LXX-Übersetzung mit der indirekten Redewiedergabe den Fokus ganz auf den Informationsgehalt der Todesnachricht und verlagert damit den Akzent einseitig auf den Inhalt der Nachricht, der bei David als solcher unkontrollierbare Reaktionen auslösen könnte. Die Beziehungsrisiken und die massiven Ängste, die mit dem Überbringen der Katastrophennachricht verbunden sind und die durch die szenische Erzählweise im hebräischen Urtext mimetisch nachvollziehbar und gegenwärtig werden, blendet die LXX-Übersetzung dagegen mit der indirekten Rede weitgehend aus und reduziert den befürchteten Auslöser eines unkontrollierbaren Schreckens auf das Dass der bestürzenden Nachricht vom Tode des Sohnes, den der König nach V. 19a zudem ohnehin ahnt. – Dieser weitere Aspekt des Beispiels von II Sam 12,18 macht deutlich, dass die hebräische Bibel sehr kunstvoll und differenziert mit mehrstufigen Redeeinbettungen arbeitet, die sorgfältig erfasst und beachtet werden müssen, während die LXX – bereits unter platonischem Einfluss?[104] – das Mimetische der wörtlichen Rede (auch in Jer 32) zurückzudrängen scheint.

Zur Rolle und zum Stellenwert von direkten Reden in Erzählungen kann anhand dieses Beispiels Folgendes zusammengefasst werden: a. Das biblische Hebräisch verfügt in textpragmatischer Hinsicht über gleichwertige Mög-

102. Da אמר im Hebräischen nahezu ausschließlich direkte Reden einleitet, dürfte die nahe liegende Transformation des Satzes durch einfache Einfügung von כִּי (וְאֵיךְ נֹאמַר אֵלָיו כִּי מֵת הַיֶּלֶד) grammatisch kaum korrekt sein (vgl. allenfalls die von אמר abhängigen Objektsätze mit indirekten Reden in Jes 3,10; Hi 36,10 und 37,20). Deshalb haben wir vorsichtiger die Wendung aus V. $18b\alpha_1$ übernommen: וְאֵיךְ נַגִּיד לוֹ כִּי מֵת הַיֶּלֶד. Gleichwohl übersetzt die LXX auch die Überlegung, die in V. 18bβ als direkte Rede formuliert ist, ohne Zögern als indirekte Rede (καὶ πῶς εἴπωμεν πρὸς αὐτὸν ὅτι τέθνηκεν τὸ παιδάριον), was in textpragmatischer Hinsicht eine drastische Akzentverschiebung und Reduktion auf den Mitteilungsgehalt der Rede bedeutet und die Funktion der szenischen Vergegenwärtigung von Redeverhalten ausblendet.
103. Bestätigend lässt die Erzählung in V. 19 ja dann auch durchblicken, dass die Diener es nicht wagten, David offen und direkt zu informieren, sondern sich drückten und nur hinter seinem Rücken tuschelten.
104. Zur Tendenz der LXX-Übersetzung, die Mehrstufigkeit von Redeeinbettungen zu reduzieren, womit erhebliche Akzentverschiebungen verbunden sind, vgl. auch Teil IV 4.3.3. Auf die Vernachlässigung des Mimetischen und der narrativen Diskursivität in der klassischen Tradition, die maßgeblich durch Plato angestoßen wurde, weist G. Genette (dt. [2]1998) 116ff. anhand eines instruktiven Beispiels hin.

lichkeiten der Erzählung bzw. Darstellung von sprachlichen Handlungen entweder in der Form von wörtlichen bzw. direkten Reden oder in Gestalt von indirekten Darstellungen mit einem *verbum dicendi* und folgendem Objektsatz bzw. längeren Satzketten, die den Inhalt zusammenfassen. b. In erzählpragmatischer Hinsicht sind wörtliche bzw. direkte Reden narrative Gestaltungsmittel, die ein Höchstmaß an Detaillierung der erzählten Rede ermöglichen, im diametralen Gegensatz zur indirekten Erzählung von Sprechhandlungen, die der größtmöglichen Kondensierung der Handlungsdarstellung dient und sie als Handlungen unter anderen nicht-sprachlichen Geschehensabläufen in die erzählte Ereigniskette integriert. c. Das narrative Gestaltungsmittel der wörtlichen Rede erzeugt die größtmögliche Nähe der *dramatis personae* innerhalb der erzählten Welt zur Zuhörerinnenschaft bzw. zum Publikum in der Erzählgegenwart und stimuliert in höchstem Maße den mimetischen Nachvollzug der erzählten Reden, Argumente oder Überlegungen. d. Die hebräische Bibel arbeitet in hochdifferenzierter Weise mit mehrstufigen Redeeinbettungen und konstruiert damit innerhalb von Erzählungen eine Mehrschichtigkeit von Kommunikationsebenen. Sie sind genau zu registrieren und sorgfältig auf die kommunikationspragmatischen Effekte, die damit erzeugt werden, zu bedenken.

3.6 Normierte Sprachverwendung – Stilphänomene und phraseologische Stereotypen

Ein besonderer Gesichtspunkt im Rahmen einer theoretischen Reflexion von Sprachverwendungsprozessen ist die Einordnung von Stilphänomenen und phraseologischen Stereotypen, die in biblischen Texten besonders einschlägig zu beobachten sind. Bekanntlich zeichnen sich der breitgefächerte Deuteronomismus ebenso wie die priesterschriftliche Diktion durch vielgestaltige Stilisierungen und eine Vielzahl von phraseologischen Stereotypen aus. Ebenso hat sich die form- und gattungsgeschichtliche Forschung vor allem auf ausdrucksformale Stereotypen gestützt, die sie als formelhaften Sprachgebrauch in der biblischen Literatur beobachtet und auf bestimmte soziokommunikative Anlässe wie z. B. Kultfeste und Opferfeiern oder auf institutionelle Verwendungszusammenhänge etwa der Rechtssprechung (»Sitz im Leben«) zurückgeführt hat.[105] Allerdings hatten die Formgeschichtler weder hinreichend geklärt, worauf Stilphänomene und formelhafter Sprachgebrauch zurückzuführen sind, noch in welchem genaueren Verhältnis sol-

105. Vgl. z. B. klassisch H.J. Boecker (^{2}1970) und oben 2.1.2.

che Stereotypen der Sprachverwendung zu den soziokommunikativen Anlässen und Verwendungszusammenhängen stehen, aus denen sie hergeleitet wurden. Ebenso unklar blieb, in welchem Verhältnis formelhafte Wendungen, die an den Texten unmittelbar beobachtet werden können, zum Phänomen von Textgattungen stehen, so dass die Formgeschichte tendenziell zur Formelgeschichte wurde und ab den 70er Jahren ihre Plausibilität verlor.

Auch der jüngste Versuch von J. Krispenz (2001), stilistische Erscheinungen in der hebräischen Bibel einerseits auf dem Hintergrund moderner literaturtheoretischer Ansätze und andererseits mit statistischen Verfahren der Merkmalgruppierung zu erfassen, teilt diese Unklarheiten.[106] Denn ohne Klärung des text- und kommunikationstheoretischen Status von Stilphänomenen und ihres funktionalen Ortes im Texterzeugungsprozess lassen sich phraseologische Stereotypen und andere Stilerscheinungen kaum sachgemäß beschreiben und einordnen (vgl. ausführlich II 2.3.3). Im Wesentlichen ist ein wie immer gearteter stereotyper Sprachgebrauch zunächst einmal eine Erscheinung an der Sprachgestalt von Texten, d.h. an der Textoberfläche. Deshalb sind Stilphänomene und phraseologische Stereotypen nächstliegend als Normierungen der Sprachverwendung einzuordnen, was immer die textpragmatischen und kommunikativen Beweggründe für solche Normierungen sind bzw. gewesen sind.

Dabei lassen sich Stilphänomene gegenüber satzgrammatisch notwendigen Formulierungserfordernissen wie z.B. der Valenzabdeckung nicht auf die peripheren Bereiche der Satzbildung beschränken, wie J. Krispenz (2001) es nahe legt, indem sie sekundäre stilistische Modellierungen der Sprachgestalt von Texten und ihre Variierbarkeit nur im Bereich der attributiven und adverbiellen Satzerweiterungen meint sehen zu können (a.a.O. 56). Vielmehr können sich spezifische Stilisierungen der Sprachgestalt und die Herausbildung von stilbedingten Stereotypen der Sprachverwendung zum einen auf alle Bereiche der sprach-

106. Vgl. die Erörterung verschiedener literaturtheoretischer Ansätze bei Krispenz in Abschnitt 2.2.2 (33-47) und die Ausführungen zu verschiedenen Aspekten der Stilistik (Abschnitte 2.2.3 bis 2.2.6). Rein deskriptiv und äußerlich-formal wird dann »Stil« definiert »als eine Beschreibungsdimension von Texten« und eine »besondere Gestalt, in der ein Text auftritt, gegenüber den allgemeinen Gestaltungsmöglichkeiten, welche die Sprache in ihrer Syntax bietet« (48). Dabei soll es sich um »die einzelne Kombination semantischer Einheiten gegenüber der Vielzahl von Möglichkeiten« handeln, »ein semantisches Ziel mit Hilfe der in der Sprache gegebenen Möglichkeiten zu realisieren« (ebd.). Demzufolge kann die Verfasserin dann unter statistischen Gesichtspunkten »Stil« als rein formalen »Merkmalsatz mit feststellbaren statistischen Häufigkeiten« bestimmen (49), »die eine Textgruppe oder einen Text gegenüber anderen Texten charakterisieren können«, wobei es ein solcher »Merkmalsatz ... gestattet, Texte voneinander zu unterscheiden« (ebd.). Zum fragwürdigen Sprach-, Text- und Grammatikverständnis, das diesem formalistischen Ansatz zugrunde liegt, vgl. das Folgende und oben 2.2.1.1. Zur weiteren Fragwürdigkeit, sozial konstituierte Größen wie Texte mit quantitativen Methoden gegenstandsadäquat erfassen zu können, vgl. oben Anm. 59 und 63.

lichen Formung von Texten und der Modellierung ihrer Sprachoberfläche erstrecken.[107] Denn beispielsweise ist das »Bewahren« und »Tun« (שׁמר/ עשׂה) innerhalb einer gewissen satzsyntaktischen Bandbreite eine statistisch überaus häufige Stereotype im Deuteronomium, die sich einerseits ganz auf prädikative Satzkerne beschränkt, andererseits aber mit zum markanten Stilrepertoire des Deuteronomismus gehört.[108] Zum anderen sind solche gegenüber den Regeln der Satzgrammatik sekundären Modellierungen der Sprachgestalt primär durch textexterne, d.h. pragmatische Erfordernisse der Textkommunikation und des soziokulturellen Umfeldes bedingt, wonach ja auch eine Vielzahl von Stilphänomenen wie z.B. Gattungsstil, Epochenstil, Schulstil, Individualstil etc. unterschieden werden können, wie auch Ideolekte, Soziolekte und Dialekte, die in vergleichbarer Weise soziokommunikativ bedingt sind (vgl. dazu auch unten II 2.3.2.2). Allerdings handelt es sich bei diesen zuletzt genannten Sprachvarianten um Besonderheiten des Sprachsystems, d.h. der Sprache als *toolbox* der Kommunikation (*langue*), während Stilphänomene Erscheinungen sind, die auf besonderen Modellierungen des Sprachgebrauchs in Texterzeugungsprozessen beruhen. Dabei sind sie als Stereotypenbildung im Bereich der Sprachverwendung (*parole*) auch ihrerseits soziokommunikativ bedingt und zeigen kommunikationspragmatische Aspekte der sprachlichen Sinnbildung an.

Dementsprechend wird in II 2.3.2.2 und II 2.3.3 (vgl. auch II 2.3.1.2 unter Punkt 3) die Sprachstilistik als Normbildung der Sprachverwendung bestimmt, wobei eine exemplarische Vielfalt von soziokommunikativen Beweggründen und textpragmatischen Erfordernissen erörtert wird, die zur Herausbildung solcher Stereotypen führen. Auf diesem texttheoretisch ganz allgemeinen Hintergrund, wird dann in einem weiteren hier abgedruckten Kapitel II 4 das spezifische Verhältnis zwischen Textgattungen und Stilformen der Textoberfläche geklärt und damit das Defizit der Formgeschichte überwunden, das auch der unmittelbare Anlass für meine Dissertation gemäß ihrem ursprünglichen Titel war.[109] Zudem wird auf die Stilproblematik unten 4.10 weiter zurückzukommen sein.

107. Das sieht zwar auch Krispenz in den Feststellungen auf S. 55: »Verwendbar sind *alle* (Sperrung im Orig.) stilistischen Merkmale«, wobei »die Gestaltung ... auf allen Ebenen des Textes stattfinden« könne. Doch klammert sie dann aus Gründen der statistischen Erfassbarkeit »pragmatische Textmerkmale« aus, weil sie für »Untersuchungen der hier angestrebten Art nicht verwendbar« seien (ebd.); vgl. dazu auch oben 2.2.1.1.
108. Vgl. dazu schon M. Weinfeld (1972) 336f. Nr. 17, 17a und 17b und die ganzen Inventare a.a.O. 322ff. oder die deuterojeremianische Phraseologie, die umfassend von H.-J. Stipp (Konkordanz 1998) zusammengestellt worden ist.
109. Der Titel lautete: »Kritik der Formgeschichte auf texttheoretischer Basis am Beispiel der prophetischen Weheworte. Die prophetischen Klagerufe als Stilform der Redeeröffnung im Rahmen einer unheilsprophetischen Trauermetaphorik«.

4. Die Textur als Gegenstand der Textbeschreibung und ihre Komponenten

Im voraufgehenden Kapitel haben wir zum einen in Analogie zur medizinischen Anatomie die text- und kommunikationstheoretischen Grundlagen des kommunikativen Handlungsspiels entfaltet (Abschn. 3.1 bis 3.3) und zum anderen in Analogie zur Physiologie die Funktionalität des Textprozesses (Abschn. 3.4) erläutert, um anschließend sowohl die beiden Grundtypen der Rede- und der Erzählkommunikation und ihre sprachlichen Ausdrucksmittel (Abschn. 3.5) als auch das Phänomen der Stilbildung im Prozess der Sprachverwendung zu beleuchten (Abschn. 3.6). In Analogie zur medizinischen Symptomatologie wird auf dieser Grundlage im Folgenden zu skizzieren sein, woran und wie an den überlieferten Textprodukten die damit vollzogenen Kommunikationsprozesse beobachtet werden können. Als Letztes ist auf die praktischen Vorgehensweisen einzugehen, wie sich auf diesen Beobachtungsgrundlagen die Prozesse der Sinnbildung und der Situationsorientierung erschließen und ihr soziokommunikativer Handlungsrahmen ansatzweise rekonstruieren lassen (vgl. unten Kap. 5). – Im Folgenden stehen somit die empirisch-deskriptiven Verfahren im Zentrum unter der Schlüsselfrage einer Lese-Hermeneutik der Behutsamkeit (vgl. oben Abschn. 2.3.2), was an der Sprachgestalt der überlieferten Texte beobachtet und beschrieben werden kann, um die tragenden Aspekte der Textkommunikation und die wesentlichen Züge der Sinnbildung zu erfassen, die in und mit diesen Texten vollzogen worden sind.

4.1 Begriffsklärungen und terminologische Vorbemerkungen

4.1.1 Zur kommunikationspragmatischen Dimension von Texten

Ausgangspunkt einer sachgemäßen Textempirie ist der folgende unhintergehbare Sachverhalt: Das Was in Texten, die Gegenstände und Sachverhalte, die darin kommuniziert und verhandelt werden, kommen nie ohne das Wie zur Sprache, d.h. nie losgelöst von der Art und Weise, wie diese »Inhalte« kommunikativ verhandelt werden. Die herkömmliche Naivität, mit der »Form« und »Inhalt« in Texten vermeintlich auseinandergehalten werden können, ist irreführend und verbaut ein sachgemäßes Textverstehen (vgl. oben 2.2.1.2). Deshalb liegt das vorrangige Ziel des textempirischen Ansatzes in der Erfassung dieser Art und Weise und damit in der analytischen Erschließung der kommunikationspragmatischen Dimension von Texten, ohne jedoch die darin verhandelten Sach- und Informationsgehalte zu vernachlässigen.

Unter der kommunikationspragmatischen Textdimension sind einerseits alle kommunikativen Aspekte textförmiger Sinnbildung zu verstehen, die die Interaktion zwischen Autor und Adressatenschaft steuern und die personale Ausrichtung sowie die raum-zeitliche Orientierung der Textkommunikation leiten. Andererseits umfasst dieser Terminus alle pragmatischen, d. h. sprechaktspezifischen Aspekte, die den sprachlichen Handlungsvollzug bestimmen. Dabei überschneiden sich die kommunikativ-interaktive Seite und der pragmatische Aspekt der Textkommunikation auf vielfache Weise, ohne dass sie miteinander identisch sind. Somit umschreibt der Terminus der Kommunikationspragmatik das Wie als Ganzes, wie »Inhalte« kommunikativ verhandelt werden.

Allerdings bestimmt die Welt der Personen, der Gegenstände und der Sachverhalte, d. h. das Was der Texte und ihre Thematik, natürlich das Ganze einer textförmigen Sinnbildung entscheidend mit. Denn es gibt nie ein Wie ohne auch ein Was, obwohl dieses Was zwangsläufig daran gebunden bleibt, wie es als thematische Komponente verhandelt und im dazu erzeugten Text kommuniziert worden ist. Deshalb ist das kommunikationspragmatische Wie einer textförmigen Sinnbildung vorrangig zu untersuchen, um auch ihr thematisches Was überhaupt sachgemäß erfassen zu können. Ferner ist der thematische Aspekt lediglich als spezifische Teilkomponente der Textkommunikation zu betrachten und wird unten (4.8) als kommunikationspragmatischer Teilaspekt näher zu beleuchten sein.

4.1.2 Die Textur als Gegenstand der Textbeobachtung und Primärziel der Textbeschreibung

Zentral für das, was empirisch an den Texten untersucht und erfasst werden soll, sind der Begriff der Textur und der kommunikationspragmatische Sachverhalt, der damit bezeichnet wird. Bekanntlich liegt dem Begriff »Text« das lateinische Wort *textus* zugrunde, das als Partizip Perfekt von *texere* (weben, flechten) wörtlich das »Gewobene, Geflochtene« meint und in diesem Sinne auch im deutschen Wort »Textilien« zur Bezeichnung von Webstoffen aller Art gebräuchlich ist. Dabei wird in der Textilfachsprache mit dem Begriff »Textur« die besondere Webart von Textilien bzw. die spezifische Gewebestruktur von Stoffen und ihre je besondere Machart benannt. Dementsprechend lässt sich der Begriff auch auf die Gesamtheit des sprachlichen

Geflechts von Texten anwenden: als *Textur* kann das Netzwerk von Sprachsignalen insgesamt bezeichnet werden, die im Sinne der oben erläuterten Instruktionssemantik die Textkommunikation steuern und die sprachliche Handlung leiten (vgl. oben 3.4.4 und Abschn. 2.2.1). Vereinfacht gesagt, besteht die Textur eines Textes in der sprachförmigen Zeichenspur, die die Gesamtheit der kommunikationspragmatischen Dimensionen einer sprachlichen Handlung im erzeugten Text anzeigt und deshalb am Textprodukt auch beobachtet werden kann.

Unter dem Gesichtspunkt der Beobachtbarkeit ist somit unter der Textur einerseits das Geflecht von Sprachsignalen in Texten zu verstehen, die die verschiedenen Dimensionen der sprachlichen Handlung leiten und die Situationsorientierung im Textprozess steuern. Andererseits ist das steuernde Prinzip, das den Einsatz dieser Sprachsignale auslöst und ihr je besonderes syntaktisches Geflecht im Textprozess erzeugt, in der kommunikativen Handlung zu sehen, die unter Hervorbringung eines Textes simultan vollzogen wird (vgl. oben 3.1; 3.4.1 u. 3.4.2). Unter diesem zweiten kommunikationspragmatischen Gesichtspunkt ist somit die spezifische Machart der Textur sowohl von den textpragmatischen Erfordernissen des KHS – insbesondere der Partner- und der Situationsorientierung – als auch von der kommunikativen Wirkabsicht bestimmt, die ein Sprecher oder eine Autorin mit der Erzeugung ihrer Texte verfolgen. Dieser kommunikationspragmatische Aspekt und seine sprachzeichenförmige Abbildung in der Textspur lassen sich anhand der prozeduralen Schnittstelle im Textprozess näher erläutern, an der der sprachliche Handlungsvollzug mit dem Prozess der Sprachverwendung im werdenden Text koinzidiert bzw. zusammenfällt.

4.1.2.1 Exkurs zur Textur als prozedurale Schnittstelle im Textprozess[110]

Auf der einen Seite gewinnen die Sinnbildung, die situative Orientierung und die kommunikative Wirkabsicht nur im simultanen Texterzeugungsprozess ihre Textförmigkeit und nehmen darin als komplexe kommunikative Handlung eine konkrete Sprachgestalt an. D. h. die besondere Machart der Textur wird in ihrer Gesamtanlage bestimmt und wesentlich geleitet

110. Zu dieser Schnittstelle vgl. II 2.3.2.3 die Graphik, die den Textprozess veranschaulicht. Die Schnittstelle selbst liegt im dynamisch gedachten Schnittpunkt zwischen dem horizontal nach rechts gerichteten Pfeil, der den Textprozess symbolisiert, und dem vertikalen Doppelpfeil, der die kontinuierlichen Rückkoppelungsprozesse anzeigt. Diese Rückkoppelungen vollziehen sich permanent zwischen den Rahmenfaktoren des KHS einerseits (= die nach oben weisenden Pfeile) und der Sprachverwendung (Doppelpfeil nach oben und unten) im fortschreitenden Textprozess. Andererseits wird darin zugleich sowohl der sprachförmige Text als lineare Zeichenfolge produziert als auch sein Mitteilungsgehalt sukzessiv aufgebaut und seine kommunikative Funktion und Wirkung schrittweise entfaltet.

sowohl von den textpragmatischen Erfordernissen der Partner- und Situationsorientierung als auch von den autorseitigen Wirkabsichten und Bedürfnissen der Sinnvermittlung gegenüber der Adressatenschaft.[111] Somit ist die besondere Machart einer Textur – von dieser Seite her betrachtet – nicht nur durch die kommunikationspragmatischen Erfordernisse des KHS determiniert. Sie wird auch elementar bestimmt durch die Wirkabsichten, die mit der Texterzeugung verfolgt werden.

Auf der anderen Seite hat die Textur eines Textes zugleich eine konkrete Sprachgestalt als strukturelles Geflecht von Sprachsignalen, die die verschiedenen Dimensionen der sprachlichen Handlung im Textprozess steuern. Für die textempirische Beobachtung und Beschreibung von Texten ist dieser zweite Gesichtspunkt der zentrale, weil an der Sprachförmigkeit der Textur auch die ausdrucksformale Seite der dynamischen Schnittstelle im Textprozess analytisch greifbar wird. Denn an dieser Schnittstelle laufen der kommunikative Handlungsvollzug, die Situations- und Partnerorientierung sowie die Sinnbildung simultan zusammen mit dem Werdeprozess eines Textes, indem fortschreitend eine sprachliche Zeichenkette erzeugt wird. Weil die spezifische Art, wie ein entstehendes Zeichengeflecht aufgebaut wird, ganz durch textpragmatische Erfordernisse und kommunikative Absichten bestimmt ist, lässt sich somit an der spezifischen sprachlichen Ausprägung einer Textur auch die besondere Art und Ausrichtung der textförmigen Sinnbildung erkennen, die unter Hervorbringung einer linearen Zeichenkette vollzogen wird. M. a. W. kann auf der Basis der Tatsache, dass die kommunikationspragmatisch bestimmte Textur im Entstehungsprozess von Texten zugleich eine konkret wahrnehmbare Zeichengestalt annimmt, auch die damit performativ vollzogene Kommunikation textempirisch beschrieben und methodisch kontrolliert erfasst werden.

4.1.3 Texturkomponenten und die texturrelevanten und -anzeigenden Sprachsignale

Was das Verhältnis zwischen der kommunikationspragmatischen Bestimmtheit der Textur und ihrer sprachförmigen Ausgestaltung im Text betrifft, stellt sich angesichts der Komplexität dieses Verhältnisses allerdings ein methodisches Problem: Die facettenreichen Aspekte einer kommunikativen Handlung lassen sich nicht alle oder sogar nur zu einem ganz kleinen Teil durch die Verwendung einzelner Sprachzeichen direkt signalisieren, wie das etwa bei der Benennung von Personen mit Eigennamen der Fall ist. Zwar stehen z. B. für Fragen und Aufforderungen oder zur Formulierung von Wünschen grammatikalisierte Formen wie die Interrogativa und Imperative sowie Jussive und Optative zur Verfügung. Aber schon die textförmige Äußerung von Wünschen, Fragen oder Aufträgen etc. beschränkt sich – allein was ihren möglichen Umfang betrifft – keineswegs auf den Gebrauch eben

111. Vgl. zu diesen steuernden Faktoren in der Graphik die Kästchen über den nach oben weisenden Pfeilen und die Verweise, insbesondere auf die Abschnitte II 2.2.3 einerseits und II 2.2.4.2.2 und 2.2.4.2.3 andererseits; ferner vgl. die Graphik in II 2.2.5.2, in der alle Faktoren zusammengefasst sind, von denen eine kommunikative Handlung beeinflusst und geleitet wird.

dieser grammatikalisierten Mittel, wie beispielsweise der Auftrag an Josua in Jos 1,2-9 zeigt. Es ist ein komplexes Zusammenspiel vieler verschiedenartiger Sprachsignale und Zeichengruppen, die uns zwar beim Lesen sofort den Gesamteindruck einer Anweisung und Instruktion JHWHs an Josua vermitteln, jedoch ohne dass wir genau sagen könnten, woran das liegt.

Textempirische Untersuchungsverfahren, die dem behutsamen Lesen verpflichtet sind, müssen jedoch genauer beobachten und beschreiben können, wie Teilkomponenten einer Textur – seien es die verschiedenartigen kommunikativen Teilhandlungen oder die interaktiven Einflussnahmen auf die Adressatinnen und Hörer – sprachförmig zum Ausdruck kommen. Als Expertenwissen haben wir oben in Abschnitt 3.5 sowohl für die Rede- (3.5.1) als auch für die Erzählkommunikation (3.5.2) grob die einschlägigen Mittel umrissen, mit denen diese beiden Grundarten der Textkommunikation vollzogen werden können. Für die Analyse gegebener Texte, in denen das kommunikative und interaktive Geschehen aufgedeckt und systematisch erschlossen werden soll, stellt sich jedoch die folgende Frage schärfer: Woran, an welchen verwendeten Mitteln lässt sich zum einen möglichst genau erkennen, wie damit in einem Text argumentiert, geredet oder erzählt wird, und wie kann zum anderen aus der Beobachtung dieser Mittel in gegebenen Texten möglichst zuverlässig die facettenreiche Textur erschlossen werden, die als kommunikatives Handlungsgefüge darin sprachlich zum Ausdruck kommt?

Angesichts der Komplexität, wie die diversen Aspekte der Textur im Textprozess sprachlich markiert und signalisiert werden, sind methodische Differenzierungen und eine terminologische Präzisierung notwendig. Auf der einen Seite sind innerhalb der Textur verschiedene Komponenten des Handlungsgefüges, d. h. unterschiedliche Aspekte und Komponenten der kommunikationspragmatischen Gesamtanlage eines Textes zu unterscheiden. Sie sind als *Texturkomponenten* zu bezeichnen und umfassen spezifische Einzeldimensionen der kommunikativen Handlung, z. B. die Art und Weise, wie in Texten die temporale oder lokale Orientierung organisiert und u. a. mit entsprechenden Deiktika vollzogen wird (vgl. oben 3.5.1.2 a.). Ein anderes Beispiel ist die interaktive Komponente der Textur, die mit appellativen Einwirkungsformen wie הנה ebenso wie mit Imperativen, aber auch mit emphatisch hervorgehobenen selbständigen Pronomina der 2. Person und mit Fragesatz-Bildungen signalisiert werden kann (vgl. oben 3.5.1.2 b.).

Nun zeigt das zuletzt genannte Beispiel, dass die interaktive Komponente einer Textur durch ein ganzes Bündel von verschiedenartigsten Sprachelementen signalisiert werden kann, die in grammatischer Hinsicht verschiedenen Wortarten zuzurechnen und unterschiedlichen morphosyntaktischen

Paradigmen zuzuordnen sind.[112] Darüber hinaus begegnen sie innerhalb von Texten auch mit sehr unterschiedlicher Häufigkeit und z.T. ganz verstreut. Gleichwohl ist es in textpragmatischer Hinsicht sinnvoll und methodisch hilfreich, alle diese sprachlichen Mittel unter dem Gesichtspunkt zusammenzufassen, dass sie für die sprachliche Signalisierung einer spezifischen Komponente der Textur – im genannten Beispiel für die interaktive Texturkomponente – relevant sind. Denn trotz ihrer Vielfalt und der Unterschiedlichkeit ihres Auftretens bilden sie insgesamt die sprachförmige Spur dieser Handlungskomponente im Textprozess, die sich anhand der erzeugten Textspur auch textempirisch analysieren und beschreiben lässt, was eine weitere terminologische Präzisierung erforderlich macht. Neben dem Begriff der Texturkomponente ist die Charakterisierung von sprachlichen Mitteln als texturrelevante Sprachsignale einzuführen: Unter *texturrelevanten Sprachsignalen* sind alle sprachlichen Mittel zu verstehen, die der textförmigen Signalisierung einer Textur dienen. Sie bilden das Gesamtgeflecht von Sprachsignalen in Texten, die die Textur in ihren verschiedenen Dimensionen der sprachlichen Handlung und der Situationsorientierung im Textprozess anzeigen, steuern und strukturieren.

Um die verschiedenen Komponenten einer Textur empirisch beobachten und beschreiben zu können, ist es wichtig, die texturrelevanten Sprachsignale in solchen Gruppen zusammenzufassen, die eine bestimmte Komponente innerhalb einer textförmigen Zeichenspur anzeigen können. Dementsprechend lassen sich verschiedene Teilgruppen von Sprachsignalen unterscheiden, die als Ausdrucksmittel je einer bestimmten Texturkomponente zuzuordnen sind. Diese Mittel, die in herkömmlichen Grammatiken unter ganz verschiedenen Kategorien aufgeführt werden, müssten in einer künftigen funktionalen Textgrammatik sowohl als einheitliche Klassen von sprachlichen Mitteln zusammengefasst als auch nach Texturkomponenten differenziert werden. Funktional sind sie als texturrelevante Mittel zu definieren, die zur Ausführung der pragmatisch-interaktiven Aspekte einer Textkommunikation zur Verfügung stehen und in den erzeugten Texten die sprachförmige Spur dieser kommunikativen Handlungskomponenten der Textur anzeigen. Insofern kann man auch von *texturanzeigenden Sprachsignalen* sprechen.

112. Die Partikel הנה wird z.B. bei P. Joüon/T. Muraoka (1991) als Aufmerksamkeitssignal (»to attract attention«) und als »presentative adverb« (§106d, vgl. 102k) eingeordnet. Imperative gehören zur Flexion des finiten Verbs, zur Bildung von Fragesätzen stehen entweder die Satzpartikel ה bzw. אם ... ה oder Fragepronomina etc. zur Verfügung, und die Signalisierung der 2. Person bedient sich sowohl der Verbalflexion und der Suffixbildung als auch im Nominalsatz des selbständigen Personalpronomens, das jedoch in Verbindung mit einer kongruenten Verbform der 2. Person die Anrede bzw. die Bezugnahme auf den Adressaten unterstreicht.

Nun sind wir weit davon entfernt, hier eine funktionale Textgrammatik auf instruktionssemantischer Basis zu entwickeln, und müssen uns deshalb auf grobe Umrisse beschränken, welche texturanzeigenden Sprachsignale im Sinne einer Instruktionssemantik den wichtigsten Texturkomponenten zuzuordnen sind (vgl. oben 3.4.4). Dazu ist auf die Besonderheiten der Rede- und der Erzählkommunikation sowie auf die Spezifik ihrer sprachlichen Mittel zurückzugreifen, die wir als theoretisches Hintergrund- und Expertenwissen in Abschnitt 3.5 entfaltet haben. Orientiert an den Teilkomponenten des kommunikativen Handlungsgefüges sind diese Mittel im Folgenden näher zu erläutern, und zwar unter dem Gesichtspunkt, welche Teilkomponente durch welche texturanzeigenden Sprachsignale in der Textspur signalisiert werden kann.

4.2 Die metakommunikative Handlungskomponente und ihre texturanzeigenden Signale

Eine Basiskomponente der Textur ist in der Möglichkeit zu sehen, innerhalb einer Textkommunikation über bereits geäußerte oder zu erwartende Teilsequenzen selbst zu kommunizieren. Damit können ganze Textteile explizit zueinander ins Verhältnis gesetzt werden – sei es, dass anaphorisch auf Teilsequenzen zurückverwiesen wird, die bereits artikuliert worden sind, sei es dass kataphorisch auf Abschnitte vorausverwiesen wird, die die Leserin oder die Zuhörerschaft noch zu erwarten haben, wie es z. B. bei Überschriften der Fall ist. Oder es werden – was am häufigsten vorkommt – mit metakommunikativen Sätzen wörtliche Reden eingeführt. Diese *metakommunikative Handlungskomponente* der Textur ist somit dadurch definiert, dass innerhalb einer Textkommunikation diese selbst besprochen oder über Teilsequenzen in irgendeiner Weise kommuniziert wird. Für diese Komponente sind die folgenden Gruppen von texturanzeigenden Mitteln relevant.

4.2.1 Textdeiktische Signale

Im Höchstmaß explizit sind deiktische Signale wie die Demonstrativpronomina זה/ זאת/ אלה und die Partikel כה, sofern sie – meist in Verbindung mit sprechaktbezeichnenden Ausdrücken (z. B. התורה הזאת Dtn 1,5, vgl. oben 3.5.1.1 und 3.5.1.2 a.) – auf Teilsequenzen der Textkommunikation verweisen. Unter dieser Zusatzbedingung sind sie insofern als *textdeiktische*

Sprachsignale zu bezeichnen, als sie innerhalb einer Textkommunikation auf diese selbst oder auf ihr immanente Teilsequenzen zeigen.

Beispiele für solche textdeiktisch markierten Komponenten der Textur sind Über- bzw. Unterschriften im Erzählrahmen wie z. B. in Num 36,13; Dtn 1,1; 4,44.45; 28,69 und 33,1 oder innerhalb der Rede wie in Dtn 6,1 und 12,1. Weitere Beispiele in Verbindung mit sprechaktbezeichnenden Ausdrücken finden sich in Dtn 1,5 und 31,9 oder in Prov 25,1 sowie in Höraufrufen wie Am 5,1 und Jes 1,10. Auch mit einem Demonstrativum allein, d. h. ohne zusätzliche Sprechaktbezeichnung kann metakommunikativ auf Redepassagen kleineren Umfangs verwiesen werden, wie z. B. in Mi 3,9. Ferner ist die sog. Botenformel zu nennen (NN כה אמר, so spricht NN), durch die mit der deiktischen Partikel כה (so) auf die unmittelbar folgende Botenrede und das genaue Wie ihres Wortlauts hingewiesen wird.

4.2.2 Überschriften und Einführungen der wörtlichen Rede

Auch ohne textdeiktisch explizite Markierung haben *Überschriften oder Einführungen von wörtlichen Reden* insofern eine metakommunikative Funktion, als sie die nachfolgenden Texte mittels sprechaktbezeichnender Ausdrücke näher charakterisieren oder eingeführte Reden auf der Rahmenebene in ihrem Handlungscharakter genauer spezifizieren.

Beispiele für Überschriften dieses Typus sind häufig am Anfang bzw. innerhalb von Prophetenbüchern wie z. B. in Jer 1,1; 7,1; 11,1 u. ö. oder Am 1,1; Jes 1,1; 2,1 oder 13,1 u. ö. zu finden. In diesen Fällen wird der folgende Text meist völlig unspezifisch als דבר (Wort, außer z. B. Jes 1,1 חזון) eingeführt, weil es in diesen Überschriften primär um die Verumständung des Wortereignisses (nach Autor, Zeit etc.) geht und nicht – wie z. B. in Jes 1,10 – um die Art der Rede. Deshalb genügt zur Bezeichnung der folgenden Textkommunikation das ganz allgemeine und semantisch unspezifische Wort דבר, das überdies im Hebräischen zugleich auch die »Sache« meinen kann, die unserem Bewusstsein ohnehin nur in kommunizierter, d. h. sprachlich verfasster Form zugänglich ist. Andererseits gibt es zur unmittelbaren Spezifizierung von eingeführten Reden eine Vielzahl von Verben, um sie näher zu qualifizieren: als Frage (שׁאל) oder Antwort (ענה), als Nachricht (נגד hif.) oder Leistung von Eiden (שׁבע) und Gelübden (נדר)[113], als Gebet (פלל hitp.) und Segnung (ברך) oder als Klageschrei (זעק /צעק), um häufigere Beispiele zu nennen. In diesen Fällen wird der folgende Redevollzug dann in der Regel mit einer Form von אמר unmittelbar eingeleitet (meistens לאמר).

113. Zu ausgeführten Gelübde-Versprechen vgl. z. B. Gen 28,20f. oder Jdc 11,30f. Neben den oben genannten allgemeineren und auch häufigeren Vorkommen von metakommunikativen Rede-Charakterisierungen stößt man mit Hilfe der Computerkonkordanz und geeigneten Suchanfragen auch auf seltene und so interessante Fälle, wie Sarah beispielsweise die Verheißung der Boten lächerlich macht (Gen 18,12f.) und anschließend ihr ungläubiges Lachen ableugnet (18,15), ferner wie Befürchtungen ausgesprochen werden (Gen 26,7), wie verbal gestritten wird (Gen 26,20) und Erschütterungen zur Sprache kommen (Ex 42,28), wie gemurrt (Ex 15,24) und geprahlt (Jdc 7,2), gehöhnt (Jdc 8,15) und verführt (Dtn 13,14) oder (angeblich) getäuscht wird (Jos 9,22; II Reg 18,32).

4.2.3 Demonstrativa in textdeiktischer Funktion

Indirekter kommen metakommunikative Handlungskomponenten in Fällen zum Ausdruck, in welchen mit *textdeiktischen Demonstrativa* nicht in erster Linie auf die kommunikative Handlung als solche verwiesen wird, sondern eher auf die darin verhandelte Thematik, auch wenn man beides nicht scharf voneinander trennen kann.

Zum einen können sich insbesondere verschiedenartige Kommentare oder wertende Zusatzbemerkungen allein durch Demonstrativpronomina als metakommunikative Textsequenzen ausweisen, wobei damit textdeiktisch primär auf das in den benachbarten Textsequenzen Kommunizierte gezeigt wird (vgl. z.B. Hi 1,22 und 2,10b oder Mi 1,8 und Jes 5,25b; 9,11b.16b.20b und 10,4b) und nicht – wie oben 4.2.1 erörtert – auf die darin textförmig vollzogene Kommunikation. Ähnlich verhält es sich bei der Formulierung von Bedingungen mit בזאת (vgl. z.B. Gen 34,15.22 oder I Sam 11,2).

4.2.4 Implizite Formen der Metakommunikation – metanarrative Textsequenzen

Neben den bisher erörterten Fällen, in denen sprechaktbezeichnende Ausdrücke und/oder Demonstrativpronomina als texturrelevante Sprachsignale die metakommunikative Handlungskomponente anzeigen, ist als Letztes auf gänzlich implizite Beispiele für metakommunikative Textsequenzen – insbesondere in der Erzählkommunikation – hinzuweisen. Es handelt sich um die häufige Erscheinung, dass – besonders in den orientierenden Anfangspassagen von Erzählungen oder Berichten – das Basisthema in wenigen Erzählsätzen zusammengefasst wird, die man als *metanarrative Textsequenz* bezeichnen kann.

Ein einschlägiges Beispiel dafür ist Gen 22,1: »Und es geschah nach diesen Begebenheiten: Gott versuchte Abraham«, wobei mit dem Folgesatz »Und er sprach zu ihm« die erzählerische Entfaltung übergangslos auch schon anfängt. Dabei hat diese vorweggenommene Zusammenfassung nicht die Funktion, die nachfolgende Entfaltung zu ersetzen, sondern im Gegenteil, die Adressaten ins Bild zu setzen, worum es im Folgenden geht. Damit werden Erwartungshorizonte abgesteckt und die Neugier der Zuhörerschaft für die folgende Erzählung stimuliert.[114]

Solche orientierenden Erzählsequenzen – meist im Anfangsbereich von Erzählungen – können somit den Ausdrucksformen der metakommunikativen Handlungskomponente zugeordnet werden, auch wenn jegliche texturrelevanten Sprachsignale in der Textspur fehlen, die die metanarrative Funktion

114. Vgl. dazu z.B. die Erzählanfänge in Gen 16,1; I Sam 1,1f. oder elaboriertere Formen in Ruth 1,1-6 oder Hi 1,1-5.

dieser Erzählsätze explizit anzeigen.[115] Denn der metakommunikative Charakter solcher Textsequenzen kann nur auf dem Hintergrund von narratologischem Expertenwissen über Grundfunktionen der Erzählkommunikation erfasst werden, zu der die (metakommunikative) Orientierung der Leserinnen- und Zuhörerschaft über diverse Voraussetzungen des Erzählten gehört (vgl. oben 3.5.2.1 und III 2.2).

4.3 Die interaktive Handlungskomponente und ihre texturanzeigenden Signale

Als Nächstes sind die interaktiven Aspekte der Textur als Teilhandlungskomponente zu umreißen und die dazugehörigen texturanzeigenden Sprachsignale zu benennen. Unter der *interaktiven Texturkomponente* sind all jene Handlungszüge in der Textkommunikation zu verstehen, die etwas mit der textförmig angelegten Interaktion zwischen Sprecherin und Zuhörerschaft oder Autor und Leserinnenpublikum zu tun haben. Weil dabei im Rahmen des kommunikativen Handlungsspiels die Kommunikationspartnerinnen und -partner als textexterne Bezugsgrößen im Spiel sind (vgl. II Abschn. 2.2.4), hat ein Autor seine Textkommunikation stets darauf auszurichten, indem er sich in textdeiktischer Hinsicht am imaginären Fadenkreuz der Sprecher-Origo orientiert (vgl. oben 3.5.1.2 und II 2.2.4.2.1). Um diese interaktive Komponente in der Textspur sprachlich anzuzeigen, stehen eine Vielfalt von Sprachsignalen zur Verfügung, von denen hier nur die wichtigsten zu nennen sind.

4.3.1 Personaldeiktische Signale

Allen voran stehen die sog. *personalen Deiktika*, d. h. alle Formen der ersten und zweiten Person: sei es als selbständige Pronomina oder Suffixe, sei es in den finiten Verbformen (vgl. oben 3.5.1.2 a. und II 2.3.2.3).

Jedes Auftreten dieser Signale in der Textspur löst im Lese- oder Hörprozess kaum registrierte Reflexe auf die Kommunizierenden aus und steuert – natürlich aus der Sprecher- bzw. Auto-

115. Einzig die Häufung von invertierten Verbalsätzen (vgl. dazu die in Anm. 114 genannten Beispiele), die nicht die konsequente Abfolge der erzählten Ereignisse und Handlungen in den Vordergrund rücken (wie das bei Impf.-*consecutiv*-Ketten der Fall ist, vgl. dazu unten 4.6.4.2), sondern im Satzanfang die Personen, die Zeit oder andere Verumständungen ins Rampenlicht rücken, lässt die metakommunikative Funktion solcher orientierender Textsequenzen erkennen.

rinnenperspektive – unwillkürlich die wechselseitige Bezugnahme aufeinander. Nur wenn die Kommunizierenden auf eingebetteten Ebenen der Kommunikation als wörtlich Redende zueinander in Beziehung gebracht und auf der Rahmenebene explizit eingeführt werden, unterbleiben diese reflexartigen Bezugnahmen, solange das Bewusstsein aufrechterhalten bleibt, dass es sich z. B. um erzählte Figuren handelt, die da miteinander reden und nicht die Autorin zum Leserpublikum.

Wichtig an diesen personaldeiktischen Signalen ist es, dass sie mit Ausnahme der selbständigen Pronomina in dialogischen Passagen rekurrent, d. h. immer wieder auftreten und deshalb zugleich zur Gruppe der Kontinuitätssignale gehören (vgl. oben 3.5.1.3),[116] die in der Bildung von Minimalsequenzen eine zentrale Rolle spielen (vgl. unten 4.9.2).

4.3.2 Appellative und expressive Modi der Sprechhandlung

Daneben stehen Sprachsignale, die spezifische Aspekte der textförmigen Interaktion zwischen den Kommunizierenden anzeigen und deshalb nur vereinzelt bzw. von Fall zu Fall in der Textspur zu beobachten sind. Dazu gehören zunächst die Möglichkeiten, Prädikate bzw. Satzarten in kommunikationspragmatischer Hinsicht zu modifizieren (Aktionsarten und Satzmodi)[117], und zwar:

- als Aufforderungen und Befehle mit den Formen des Jussivs und Imperativs bzw. Adhortativs,[118]

116. Als Kontinuitätssignale sind auch die Vorkommen von selbständigen Personalpronomina in Nominalsätzen zu werten, weil sie darin mangels finiter Verbform den Träger (= das Subjekt) von (Verhaltens-)Eigenschaften anzeigen, die mit dem Nominalsatz am Anfang, innerhalb oder am Ende einer interaktiven Textsequenz zum Ausdruck gebracht werden (vgl. z. B. Dtn 2,4 am Anfang von V. 4b-6, ferner 4.4f. innerhalb von V. 1-8 oder 4,12.14.22 innerhalb des Abschnittes von 4,11-24).

117. Zum hier vorausgesetzten Satzverständnis im Modell der Dependenzgrammatik vgl. II 3.2.1.

118. Da es im Hebräischen paradigmatisch ausgeschlossen ist, eine Imperativ-Form mit den Negationspartikeln לא oder אל zu verbinden, um Verbote, d. h. Vetitive mit einer solchen Wortverbindung zum Ausdruck zu bringen, werden Vetitive als aktuelle, d. h. performativ vollzogene Verbote bekanntlich in der Verbindung von אל mit Jussiv-Formen artikuliert. Deshalb sind Jussive und Imperative als *morphologische Kategorien*, d. h. als Imperativ- sowie Jussiv-*Formen* (in Gestalt der Kurzformen in der Präformativkonjugation) streng zu unterscheiden von den *semantischen Kategorien* »Imperativ« und »Jussiv«, um unzulässige Äquivokationen zu vermeiden. In instruktionssemantischer Hinsicht sind Imperative aktuelle, performativ vollzogene Aufforderungen, Befehle oder Anweisungen, deren Erfüllung unmittelbar erwartet wird. Demgegenüber sind unter Jussiven als semantische Kategorie Aufforderungen, Anweisungen oder Gebote zu verstehen, die auf Dauer gelten sollen und nicht (nur) unmittelbar zu erfüllen oder sofort und unbedingt auszuführen sind. Aufgrund dieser kategorialen Unterscheidung ergeben sich für das Verhältnis zwischen diesen instruktionssemantischen Unterschei-

- als Satzfragen mit der Fragepartikel ה (Doppelfragen mit אם ... ה) und als Teilfragen mit den Fragepronomina מה und מי auch in allen möglichen Verbindungen mit Präpositionen (z.B. למה, warum? oder למי, wem?) sowie
- als Wünsche mit den entsprechenden Partikeln לו/ לולא oder enklitisch angefügtem נא, das sich nicht nur an Verbalformen, sondern auch an Konjunktionen wie אם, die Negation אל sowie an die Partikel הנה oder das Fragepronomen איה (Ps 115,2) anschließen kann (vgl. auch unten 4.3.4).

Dabei haben diese Modifikationen von Prädikaten und Satzarten nur dann eine interaktive Wirkung, wenn sie zugleich auch durch personaldeiktische Signale der zweiten Person an die Adressaten gerichtet sind.[119] In nicht-adressierter Form vor allem der dritten Person haben sie nur eine indirekt appellative Funktion, wie z.B. bei rhetorischen Fragen.[120] Oder es schwingt

dungen und der Art und Weise, wie aktuelle Aufforderungen oder Dauergebote und ihre Verneinungen morphosyntaktisch zum Ausdruck kommen, die folgenden Äquivalenzpaare:

semantisch	morphologisch affirmativ	morphologisch verneint
Imperativ als performativ vollzogene aktuelle Aufforderung verneint = unbedingtes, aktuelles Verbot	Imperativ-Formen	אל + Jussiv-Formen (= PK Kurzformen)
Jussiv als auf Dauer angelegte (An-)Weisung, verneint = Dauerverbot	Jussiv-Formen (und in Folge AK-consecutiv Formen)	לא + PK-Langformen

119. Das ist zwar bei den Imperativ-Formen unmittelbar gegeben, weil sie überhaupt nur in der zweiten Person konjugierbar sind. Aber in allen übrigen Fällen sind interaktiv ausgerichtete, weil durch die 2. Person markierte Formulierungen von nicht-gerichteten Vorkommen zu unterscheiden, die auch in der 3. oder 1. Person formuliert werden können, wobei diese Ausdrucksweise z.B. als rhetorische Frage ins Allgemeine zielen oder sich auf Dritte beziehen kann. – Da es im Hebräischen morphologisch keine Vokativ-Formen gibt und Namen sowie Personenbezeichnungen nur in Verbindung mit personaldeiktischen Kontinuitätssignalen und/oder anderen appellativen Partikeln eine Anredefunktion bekommen, sei dieses sprachliche Mittel hier nur anmerkungsweise als weiteres texturrelevantes Sprachsignal der interaktiven Handlungskomponente erwähnt, zumal es etwa im Griechischen oder Lateinischen als Sonderform durchaus zur Verfügung steht.

120. Während allgemeine bzw. rhetorische Fragen, die nicht explizit durch Personaldeiktika der zweiten Person an die Adressatenschaft gerichtet sind, nicht weiter erläutert werden müssen und der Hinweis auf Beispiele wie Am 3,3-6 oder Jer 8,4 genügt, ist die Verbindung der Negation אל mit Jussiv- bzw. PK-Kurzformen interessanter. Denn auch diese Negation unterscheidet sich von ihrem Pendant לא dadurch, dass sie die Unbedingtheit der Verneinung mit Emphase unterstreicht (vgl. dazu unten 4.3.4 und Anm. 123 zu נא), wie aus Belegen hervorgeht, in denen אל überhaupt nicht in Verbindung steht mit einer Jussiv-Form oder der häufig verstärkenden enklitischen Partikel נא (vgl. die Bei-

ein expressives Moment des emotionalen Selbstausdrucks mit, wie es insbesondere in den Klagen und ihren Formen (vgl. z. B. איכה, אהה) der Fall ist (vgl. unten 4.3.5).

4.3.3 Aufmerksamkeits-lenkende Partikeln

Des Weiteren sind unter den interaktiven Sprachsignalen, die in der Textspur nur vereinzelt auftreten, Partikeln zu nennen, die im Gebrauch – direkt oder indirekt – appellativ wirken. Dazu gehört vor allem die Partikel הנה (da! schau an! pass auf! siehe!), mit der die Aufmerksamkeit auf Personen, Gegenstände und Sachverhalte gelenkt wird. Dabei ist auch auf Grenzfälle wie הס (still! Ruhe!) oder הב (gib! auf! wohlan!) hinzuweisen,[121] ohne hier Vollständigkeit anzustreben. Demgegenüber werden explizite Aufmerksamkeitsforderungen mit Imperativ-Formen der Verben des Hörens (שׁמע, אזן hif. u. a.) und Sehens (meist ראה, oft auch in Vebindung mit ידע), d. h. den *verba sentiendi* gebildet und fallen deshalb unter die Kategorie 4.3.2.

4.3.4 Emphasebildung

Ein interaktives Moment der kommunikationspragmatischen Einflussnahme auf Zuhörerinnen und Adressaten tragen auch alle Formen der Betonung, der Hervorhebung und der *Emphase* an sich, soweit sie sich auch morphosyntaktisch in der Textspur niederschlagen und sich nicht nur auf die mündlich realisierbare Intonation des Wortlauts, d. h. auf die Prosodie und auf Suprasegmentalia der Melodieführung beschränken.[122] Als lexikalisches Signal ist die enklitische Partikel נא im Anschluss an die unter 4.3.2 und 4.3.3 genannten Formen zu erwähnen, um einer Bitte oder einem

spiele in II Reg 3,13 und Ruth 1,13 sowie I Sam 1,21 und Prov 31,4). Daraus erklären sich auch die recht häufigen Verbindungen von אל mit Jussiv-Formen der 3. Person, die die strikte Unbedingtheit von allgemeinen oder nur für Dritte gültigen Verboten unterstreichen (vgl. u. a. die Beispiele in Ex 16,19.29; 19,24; 34,3 und I Sam 21,3), aber nicht interaktiv ausgerichtet sind.

121. Es ist insofern von Grenzfällen zu sprechen, als es sich bei הס und הב morphologisch zwar um Imperative handelt (von הסה pi. bzw. יהב qal, Aphärese-Bildung), die damit der Kategorie nach 4.3.2 zuzuordnen sind. Doch weil diese Verballexeme nur in diesen Imperativ-Formen belegt sind (für הסה vgl. noch die hif.-Form in Num 13,30), werden sie in den Wörterbüchern und Grammatiken unterschiedlich erklärt und oft den Interjektionen zugerechnet.

122. Zum prosodischen und suprasegmentalen Aspekt der mündlichen Textäußerung vgl. C. Hardmeier (Texttheorie 1978, 185ff.).

Wunsch besonderen Nachdruck zu verleihen.[123] Auch die Formen des Adhortativs und Suffixbildungen mit dem sog. נ-energicum dienen möglicherweise der emphatischen Verstärkung.[124] Der emphatischen Hervorhebung dient im Hebräischen jedoch vor allem das sehr einfache Mittel der Wortwiederholung.

Auf folgende Phänomene ist besonders aufmerksam zu machen:
a. Neben dem grammatisch notwendigen Gebrauch des selbständigen Personalpronomens im Nominalsatz (vgl. oben Anm. 116) gibt es den fakultativen Gebrauch des Pronomens der zweiten Person in Ergänzung der entsprechenden Verbform, die der besonderen Hervorhebung der angesprochenen Person(en) dient (vgl. z. B. Gen 4,7; Dtn 3,24; 31,7; Jes 3,14). Um die spezifische Funktion der Hervorhebung zu erfassen, empfiehlt es sich, auch in der Übersetzung zunächst die Wiederholung als solche wiederzugeben (»du, du hast/bist ...«), um dann aus dem weiteren Kontext die besondere interaktive Nuance der Emphase zu erschließen.
b. Gleiches gilt für das zweite häufige Vorkommen von Wortwiederholungen in der sog. *figura etymologica*, d. h. entweder in der Form von sog. inneren Objekten (z. B. Gen 12,17: »heftige Schläge schlagen«) oder noch häufiger in der Wiederholung des Verballexems einer finiten Verbform im *Status absolutus*. Auch in diesen Fällen empfiehlt sich als Erstes eine wörtliche Übersetzung der Wiederholung als solcher (z. B. Gen 31,30 »gegangen, gegangen bist du«), um dann die emphatische Nuance im Deutschen durch ein passendes Adverb (im Falle von Gen 31,30 z. B. mit »nun ... eben«) zu übertragen.
c. Ein drittes Phänomen der Hervorhebung durch Wiederholung ist auf textpragmatischer Ebene in der Renominalisierung zu sehen, wenn nicht andere kommunikationsnotwendige Gründe – z. B. ein Wechsel in der Personenkonstellation – für eine namentliche oder substantivische Wiedererwähnung von Personen und Sachverhalten sprechen.[125]

123. Dass die Negation אל als solche – im Unterschied zum neutralen לא – einer Negation den besonderen Nachdruck der Unmittelbarkeit und Unbedingtheit verleiht (vgl. oben Anm. 120) zeigt sich auch daran, dass sie häufig (zwanzigmal im Tanach) direkt mit der Partikel נא verbunden belegt ist. Die Verbindung unterstreicht die Wünschbarkeit, dass etwas auf gar keinen Fall geschehen oder getan werden soll. Die Emphase, mit der die Nachdrücklichkeit von אל durch נא unterstrichen werden kann, spricht auch deshalb für das semantische Moment der Unbedingtheit, das in der Negation mitschwingt, weil die Gegenprobe mit der Computerkonkordanz für die Verbindung von נא im Anschluss an die affektiv neutrale Negation לא keine Belege liefert.

124. Obschon die traditionelle Grammatik der Infixsilbe *-ān-* diese verstärkende Funktion beimisst, stimmen entsprechende Suffixanfügungen z. B. an die Nominalsatzpartikeln אין oder עוד eher skeptisch und werfen die Frage auf, ob es sich dabei nicht neben der vokalischen Anfügung von Suffixen möglicherweise um ein simples Allomorph, d. h. eine semantisch neutrale Alternative der Suffixanfügung handelt.

125. Hinzuweisen ist in diesem Zusammenhang auf weitere nicht unmittelbar grammatikalisierte oder lexikalisch fassbare Phänomene der Hervorhebung auf Textebene, wie die szenische Detaillierung (vgl. oben 3.5.2.2), die Verwendung von wörtlichen Reden zur besonderen Darstellung von Redehandlungen (vgl. oben 3.5.2.5) oder die Wiederholung z. B. von persönlichen Attributen der *dramatis personae*, die nicht der Erstinformation oder der Orientierung dienen (vgl. zu derartigen Hervorhebungen der Jerusalemer Funktionseliten im Austausch zwischen dem assyrischen General Rabschake vor den Mauern der belagerten Stadt und dem judäischen König Hiskija II Reg 18,37 und

4.3.5 Markierungsformen der Sprecherinnen- bzw. der Autorseite

Ein weiterer Aspekt der interaktiven Handlungskomponente und ihrer texturrelevanten Sprachsignale sind alle sprachlichen Mittel, die die Person des Autors oder der Sprecherin im Vollzug einer Textkommunikation auf die eine oder andere Weise besonders ins Spiel bringen und sich damit interaktiv auswirken. Als Erstes ist dabei auf die Benutzung der Wir-Form zu achten, die über ihren sachgemäßen Konstatierungscharakter hinaus sehr unterschiedliche Funktionen haben und z.B. der Solidaritätsbezeugung, aber auch der Vereinnahmung dienen kann. Im Übrigen haben alle unter 4.3.2 bis 4.3.4 genannten Aspekte ihre Entsprechung auch auf der Autorseite und dienen der prononcierten Selbstrepräsentation im kommunikationspragmatischen Gegenüber zu den Angesprochenen oder den literarisch anvisierten Adressatinnen.

Dem Adhortativ mit der Zusatzendung *-ah* im Imperativ (vgl. 4.3.2) entsprechen die Kohortativ-Bildungen der ersten Person und Wunschverstärkungen mit der enklitischen Partikel נא (vgl. 4.3.4 und die Beispiele in Gen 18,21; Dtn 3,25; Jdc 6,39; Jes 5,1; Ruth 2,2). Auch die fakultative Wiederholung des selbständigen Personalpronomens der ersten Person hat dieselbe Funktion der Hervorhebung und Emphasebildung, wie unter 4.3.4 für die Pronomina der zweiten Person dargelegt. Mit הנה und dem Suffix der ersten Person (übrigens allomorph sowohl mit Infixsilbe *-än-* [z.B. Gen 22,7 הִנֶּנִּי] als auch vokalisch angeschlossen [z. B. Gen 22,1 in pausa הִנֵּנִי oder Gen 6,17 הִנְנִי]) hebt der Sprecher entweder sich selbst hervor (z.B. in Num 14,4 auch im Plural) oder signalisiert wie in Jes 6,8 seine Präsenz (vgl. 4.3.3).

Hinzu kommen emotional-affektive Selbstkundgaben, die mit entsprechenden Interjektionen wie u.a. אהה (ach!), אוי (o weh! au!), אנה (ach!) und האח (haha! ei!) oder der klagenden Frage איכה/איך zum Ausdruck gebracht und wie im Falle von אוי (in Jer 4,31; 45,3 und Thr 5,16) auch mit enklitischem נא verstärkt werden können.[126] Alle diese besonders markierten Selbstkundgaben lenken auf irgendeine Weise die Aufmerksamkeit auf das Ich der Sprecherin oder des Autors und auf ihre Befindlichkeiten, so dass mit ihrem Gebrauch in der Textspur indirekt auch ein appellativer Impuls erzeugt und eine affektive Kontaktnahme erwartet wird.

19,2 und dazu C. Hardmeier, Prophetie 1990a, 414ff.). Zum Ganzen vgl. ferner auch unten Abschn. III 3.3.

126. Vgl. zum Komplex der emotional-affektiven Partikeln C. Hardmeier (Texttheorie 1978) 188-202 (Abschn. 3.2.2).

4.3.6 Neutralisierung des Origo-Bezugs durch Distanz- und Differenzsignale der dritten Person

Als Letztes ist in diesem Zusammenhang auf die Negativfolie in der Textkommunikation hinzuweisen, die sich als nicht-deiktisch markierter Bereich von Gegenständen, Sachverhalten oder Personen mit den pronominalen Formen der dritten Person von den interaktiv gebundenen und personaldeiktisch markierten Bereichen abhebt. Man könnte deshalb von einer negativen Deixis sprechen, die den Origo-Bezug neutralisiert, ja geradezu negiert. Diese Negativ-Markierung des neutralisierten Origo-Bezugs wird in der Textspur mit allen Formen der dritten Person angezeigt – sei es mit Suffixen, sei es mit selbständigen Personalpronomina oder finiten Verbformen. Der Gebrauch dieser Kontinuitätssignale macht im Gegensatz zu den unter 4.3.1 genannten Signalen im Kommunikationsprozess permanent deutlich, dass die damit markierten Personen, Handlungen und Ereignisse ebenso wie die so gekennzeichneten Gegenstände und Sachverhalte nicht zum interaktiven Handlungszusammenhang gehören und aus dem deiktischen Bezugsrahmen der Kommunizierenden ausgeklammert werden. Wenn z. B. von Personen in der dritten Person die Rede ist, wird unweigerlich über sie, statt mit ihnen geredet, was im Falle ihrer Anwesenheit besonders heikel, ja verächtlich bis beleidigend wirken kann.

Man könnte diesen Flexionsbereich der dritten Person deshalb auch als *Differenz- oder Distanzsignale* bestimmen, die den Origo-Bezug neutralisieren und die Nicht-Zugehörigkeit des Kommunizierten zum interpersonellen Kommunikationszusammenhang anzeigen. In den personalen Flexionsbereichen sowohl des finiten Verbs als auch im Bereich der Pronominalbildung zeigt sich somit in kommunikationspragmatischer Hinsicht eine Basisopposition: Auf der einen Seite bildet der Teilbereich der ersten und zweiten Person eine Gruppe von Sprachsignalen, die für die interaktive Handlungskomponente der Textur relevant sind. In Opposition dazu steht der Flexionsbereich der dritten Person, der als Sprachmittel zur Verfügung steht, um den Nicht-Bezug auf die Sprecher-Origo anzuzeigen und die Differenz bzw. die Distanz zum interpersonellen Bezugsrahmen der Kommunizierenden zu markieren.[127] Diese drittpersonale Gruppe könnte man somit auch als Signale der personaldeiktischen Distanzierung bezeichnen.

127. Auf diese Basisopposition weist möglicherweise auch die ganze Formbildung der personalen Flexion der Pronomina und des finiten Verbs im Hebräischen. Es ist kaum zufällig, dass im Paradigma des selbständigen Pronomens die Bildungen der ersten und zweiten Person mit א beginnen, während die dritte Person demgegenüber mit anfangsständigem ה gebildet wird. Zur Subdifferenzierung der ersten und zweiten Person innerhalb der א-Bildung wird für die erste Person der Konsonant נ eingesetzt (אנכי, אנחנו

4.4 Die temporale Orientierungskomponente der sprachlichen Handlung und ihre texturanzeigenden Signale

Im KHS ist die Redekommunikation nicht nur permanent auf die Interaktion und die Beziehung der Kommunizierenden zueinander ausgerichtet. Zugleich muss die Redekommunikation je nach Umständen auch mehr oder weniger explizit im Zeit- und Raumgefüge des KHS verankert werden, um verständlich zu sein und zu bleiben (vgl. II 2.2.3 und Abschn. 2.2.4.2). Auch in dieser situativen Hinsicht richtet eine Sprecherin die Textkommunikation stets am imaginären Fadenkreuz der Autor-Origo aus (vgl. oben 3.5.1.2 und II 2.2.4.2.1). In methodischer Hinsicht ist deshalb von einer weiteren, situationsorientierenden Handlungskomponente zu sprechen, die die Orientierung im Raum-Zeitgefüge textförmig steuert. Dabei ist die temporale Komponente der Situationsorientierung von der lokalen zu unterscheiden, wobei wir uns zuerst der *temporalen Orientierungskomponente* zuwenden. Zur sprachlichen Markierung auch dieser Komponente in der Textspur stehen eine Reihe von Sprachsignalen zur Verfügung, die kurz zu beleuchten sind.

4.4.1 Temporaldeiktische Signale

Als Erstes sind die temporalen Deiktika zu nennen, mit denen der situative Zeit-Raum in Relation zur Sprecher-Origo abgesteckt werden kann. Die Jetzt-Zeit der Sprechsituation wird im Hebräischen hauptsächlich mit עתה (jetzt)[128] oder היום (heute)[129] markiert, was z.B. in der umfangreichen Tora-Rede von Dtn 1-30 in ihrer idealtypischen Konzentration auf den letzten Tag im Leben des Mose und am Vorabend zum Jordan-Übertritt eine grundlegende Rolle spielt.[130]

und Nebenformen), für die zweiten Personen das ת (אתה, את, אתם, אתן), wobei die systematischen Korrespondenzen auf der Lautebene auch zwischen dem selbständigen Personalpronomen und den Suffix- sowie den Afformativ- und Präformativbildungen hier nicht weiter verfolgt werden können.

128. In unspezifischer Weise kann auch כה (so) in Verbindung mit Präpositionen die Jetzt-Zeit markieren, vgl. z.B. Ex 7,16 und Jos 17,14. Ferner ist auf כהיום (wie der jetzige Tag = eben jetzt) hinzuweisen, vgl. I Sam 9,13. Ein seltenes Beispiel für temporaldeiktisches »nachher« (אחר) findet sich in Gen 18,5.

129. Der Artikel vor יום hat eine situationsdeiktische Funktion: היום heißt übersetzt »der Tag«, womit der aus der Situation bekannte und damit jetzige bzw. heutige Tag angezeigt wird. Deiktisch kann היום durch das attributive Demonstrativum הזה verstärkt werden, um dem Verweis auf die Jetzt-Zeit emphatisch Nachdruck zu verleihen und die Bedeutsamkeit des aktuellen Geschehens hervorzuheben, vgl. z.B. Dtn 2,25; 26,16 und 27,9 oder I Sam 25,32f.; II Sam 18,20 und I Reg 1,30.

130. Allein היום, ohne mit einer Präposition verbunden zu sein, begegnet im Deuterono-

Bezogen auf diese Jetzt-Zeit und damit relativ zur Sprecherinnen-Origo operieren weitere temporale Deiktika, die den situativen Zeit-Raum als Zeige-Raum in das Vorher und Nachher ausweiten. Dazu gehören Tageszeit-Bezeichnungen wie בקר, מחר (Morgen), ערב (Abend), לילה (Nacht) im zeitadverbiellen Gebrauch in Verbindung mit dem Artikel ה oder Zeitadverbien wie (א)תמול (gestern) und שלשום (vorgestern). Was die Belege dieser Zeitbezeichnungen in temporaldeiktischer Funktion betrifft, handelt es sich allerdings um ein kleines Feld von Vorkommen. Denn diese Deiktika finden sich *per definitionem* lediglich innerhalb von wörtlichen Reden, in denen nicht nur ein detailliertes Tagesgeschehen zur Debatte steht, sondern zudem auch auf verschiedene Tageszeiten verwiesen wird. Obschon die Mose-Rede in Dtn 1-30 ein solches Tagesgeschehen breit, ja geradezu idealtypisch entfaltet, ist sie an einer weiteren tageszeitlichen Differenzierung nicht interessiert, so dass als anschauliches Beispiel nur auf I Sam 14,36 verwiesen werden kann.[131]

4.4.2 Temporale Distanzsignale

Neben der Jetzt-Zeit-Markierung verfügt das Hebräische – vergleichbar mit der negativen Deixis, die durch die Differenz- und Distanzsignale der dritten Person markiert wird (vgl. oben 4.3.6) – auch in temporaldeiktischer Hinsicht über ein entsprechendes Distanzsignal. Es handelt sich um die zeitadverbiale Partikel אז (damals, dann), die in zeitsemantischer Hinsicht das Gegenstück zu עתה und היום bildet. Sie verweist explizit auf eine Nicht-Jetzt-Zeit, verbietet den temporalen Origo-Bezug des Kommunizierten kategorisch und weist das damit markierte Geschehen als einen Ereigniszusammenhang der Vergangenheit oder Zukunft aus,[132] der durch eine Zeitlücke zum Origo-bezogenen Zeitkontinuum auf Distanz gesetzt wird. – In die gleiche Richtung, die Nicht-Jetzt-Zeit bzw. diese zeitliche Distanz und Diffe-

mium über 40-mal als Zeitmarke. Zu עתה vgl. z.B. Dtn 4,1 und 10,12 und zur temporaldeiktischen Situierung der Rede im Deuteronomium C. Hardmeier (Sch^{e}ma' 2000b) 72-75.

131. Vgl. ferner z.B. Gen 19,34; Num 22,8; Jos 2,2; Jdc 9,32; Jer 6,4 oder Ps 5,4 und 55,18, auch wenn wir es bei den Psalmen mit situationsabstrakten Verallgemeinerungen im Konkreten zu tun haben (vgl. oben S. 56). Besonders hinzuweisen ist deshalb auch auf die epigraphischen Belege bei J. Renz (Morphologie 2003) 67f., da es sich dabei um alltagskommunikative Textzeugnisse handelt.

132. Das Entscheidende an der Partikel ist diese explizit markierte Zurückweisung eines Origo-Bezugs, was sich daran zeigt, dass אז sowohl vergangenheitliche (damals, einst) als auch zukünftige Geschehenszusammenhänge (dann, dereinst) einleiten kann. Genauer zu klären wäre, warum vergangenheitliche Bezüge sowohl mit Perfekt-Formen nach אז wie z.B. in II Reg 14,8 als auch mit Imperfekt-Formen wie in Ex 15,1; Num 21,17; Dtn 4,41 oder II Reg 16,5 weitergeführt werden können (vgl. P. Joüon/T. Muraoka, 1991, § 113i), auch wenn man für das biblisch-hebräische Tempussystem nicht von Zeitstufen sondern von einem Aspektsystem auszugehen hat (vgl. unten 4.4.3). Hingegen werden Zukunftsbezüge in der Regel mit Imperfekt-Formen weitergeführt (vgl. z.B. Lev 26,34ff. oder Jes 58,8ff.), auch wenn sich z.B. in Jes 33,23 eine Perfekt-Form findet.

renz zu markieren, zielen Zeitangaben, die mit dem attributiven Personalpronomen der dritten Person wie in בעת ההיא oder in בימים ההם/ביום ההוא verbunden sind[133] und sich auf vergangene wie zukünftige Geschehenszusammenhänge beziehen können. Auch sie können den temporaldeiktischen Distanzsignalen zugerechnet werden.

4.4.3 Temporale Deixis und das System der Afformativ- und Präformativkonjugation – zum perfektiven und imperfektiven Aspekt sowie zur durativen Aktionsart der Ereignisdarstellung im Hebräischen

Von anderen Sprachen her gedacht, könnte man annehmen, dass auch das hebräische Tempussystem der Afformativ- und Präformativkonjugation temporaldeiktisch angelegt ist und deshalb Zeitstufen anzeigt, indem die Gegenwart, die Vergangenheit oder die Zukunft von Ereignissen als Präsens, Präteritum oder Futurum markiert werden. Jedoch handelt es sich bei der Afformativ- und Präformativkonjugation um ein binäres Aspektsystem[134] mit der Konsequenz, dass der zeitliche Rückbezug der Rede auf die Sprecher-Origo durch die beiden Konjugationen nur indirekt signalisiert wird. Denn diese Konjugationen haben nicht primär die Funktion, die Handlungsdarstellung temporaldeiktisch nach Zeitstufen zu differenzieren. Vielmehr unterscheiden sie in zeitsemantischer Hinsicht zwei spezifische Verlaufsqualitäten des dargestellten Geschehens unter einem polaren Gesichtspunkt: Entweder wird in der Textkommunikation ein Ereignis perfektiv als ein abgeschlossenes, vollendetes oder zumindest als ein gewisses und feststehendes Geschehen ins Auge gefasst. Dafür stehen die Formen der Afformativkonjugation (AK bzw. »Perfekt«) zur Verfügung. Oder Handlungen und Ereignisse werden imperfektiv mit den Formen der Präformativkonjugation (PK bzw. »Imperfekt«) als ein nicht abgeschlossenes, noch in irgendeiner Weise offenes, weiterlaufendes, mögliches und noch nicht feststehendes Geschehen in Betracht gezogen.

Neben dieser finiten Formbildung verbaler Prädikate gibt es jedoch im Hebräischen noch ein weiteres Teilsystem der Prädikatsbildung, das in der

133. Gleiches gilt für weitere Zeit-Bezeichnungen mit entsprechender attributiver Näherbestimmung wie בלילה ההוא (vgl. z. B. Gen 32,14.22). Sehr pointiert ist die metakommunikative, d. h. textdeiktische (vgl. oben 4.2.1) Zeitmarke בעצם היום הזה in Dtn 32,48, die für die priesterlich inspirierte nachdeuteronomistische Pentateuch-Formation sowie für Ezechiel charakteristisch ist (vgl. Gen 7,13; 17,23.26; Ex 12,17.41.51; Lev 23,21.28.29.30; Dtn 32,48; Jos 5,11; Ez 24,2; 40,1).

134. Zur kategorialen Differenzierung von »Zeitstufe« und »Aspekt« vgl. II 3.2.2 die Hinweise in Anm. 207.

Geschehensdarstellung einer dritten zeitspezifischen Differenzierung nach quantitativen Verlaufsqualitäten Rechnung trägt. Es sind die Bildungsformen von nominalen Prädikaten mit Partizipien oder mit Adjektiven und Substantiven im sog. Nominalsatz (vgl. II 3.2.2). Die temporale – wenn auch keinesfalls temporaldeiktische – Verlaufsqualität, die durch solche nominalen Prädikatsbildungen signalisiert wird, besteht in der Dauer eines Geschehens oder im Umstand, dass Ereignisse als Verlauf bzw. als ein im Gang befindliches Geschehen in Betracht gezogen werden.[135] Diese durative Aktionsart umfasst auch Zustandsaussagen, wenn es z. B. um die Feststellung von Eigenschaften (meist adjektivische und partizipiale Prädikate), von Zugehörigkeiten (mit ל gebildete prädikative Präpositionalphrasen) oder um Klassifizierungen (meist mit substantivischen Prädikaten) geht.

Auf den Spezialfall eines *Futurum instans* sei hier nur hingewiesen, das mit הנה + Partizip gebildet wird, wobei diese Verbindung als solche auf ein bereits im Gange befindliches Geschehen hinweist (vgl. im Erzählzusammenhang z. B. Gen 24,30 und 26,8b oder im Redekontext II Sam 16,3; Jer 40,16). Wird das Syntagma jedoch in der origo-bezogenen Redekommunikation eingesetzt und auf ein Geschehen bezogen, was situativ noch nicht im Gange ist, signalisiert diese Verbindung mit dem partizipialen Prädikat, dass es zwar einerseits als ein eigentlich schon im Gange befindliches Geschehen zur Darstellung kommt, auf das aber andererseits mit הנה erst jetzt und unmittelbar hingewiesen wird. In der Konsequenz heißt das, dass dieses Geschehen als ein Ereignis zur Sprache kommt, das spätestens jetzt mit dem Akt der Äußerung beginnt oder in seiner weiteren Erstreckung alsbald bevorsteht (vor allem in Verheißungen: vgl. z. B. Gen 48,4; II Sam 12,11; I Reg 20,36; II Reg 19,7; 20,5; 21,12; 22,16 oder Jer 2,35; 34,17.22 und häufig).

Zusammengefasst heißt das Folgendes: 1. Mit der perfektiven Afformativkonjugation (AK) kommen im Hebräischen Ereignisse unter dem elementaren Blickwinkel ihrer Abgeschlossenheit zur Darstellung, während 2. mit der imperfektiven Präformativkonjugation (PK) ihre Unabgeschlossenheit signalisiert wird, und 3. stellen durative Prädikatsbildungen mit nominalen Formen entweder Zustände dar oder zeigen ein Geschehen im Gange, in seinem Verlauf und seinem Andauern an oder in Verbindung mit הנה auch in seinem unmittelbaren Bevorstehen.

Dabei ist im Blick auf die temporale Orientierungskomponente und ihre texturanzeigenden Signale vor allem die negative Konsequenz wichtig: Weder die Konjugationsformen der Afformativ- oder Präformativkonjugation noch die nominalen Prädikatsbildungen tragen kommunikationspragmatisch unmittelbar dazu bei, die temporale Orientierung in der Textkommunikation zu steuern. Zwar handelt es sich dabei durchaus um temporale

135. Die iterative Aktionsart (wiederholtes Geschehen), die auch zu den quantitativen Formen der Verlaufsspezifizierung gehört (vgl. II 3.2.2 Anm. 207), wird im Hebräischen ausdrucksformal durch Flexionsformen abgedeckt, die den imperfektiven Aspekt anzeigen (PK- und AK-*consecutivum*-Formen).

Spezifikationen der Ereignisdarstellung, indem damit – wie gezeigt – unterschiedliche Verlaufsqualitäten des Geschehens angezeigt werden können. Aber es handelt sich nicht um temporaldeiktische und damit nicht um texturanzeigende Sprachsignale, die den temporalen Aspekt der Orientierung am situativen Zeitkontinuum bzw. an der Sprecher-Origo in der Textspur unmittelbar markieren. Allerdings muss ergänzt werden, dass diese AK- und PK-Formen durchaus *in*direkt die Zeitstufen der Vergangenheit oder Zukunft anzeigen können. Denn Ereignisse und Handlungen, die im perfektiven Aspekt als ein abgeschlossenes Geschehen zur Darstellung kommen, liegen im Horizont des normal Erwartbaren in der Vergangenheit, und umgekehrt hat der imperfektive Aspekt des noch Offenen und Unabgeschlossenen eine Affinität zur Zukunft, sofern nicht andere Signale diese Normalerwartung durchbrechen.

4.4.4 Die funktionale Differenz zwischen der personaldeiktisch notwendigen und der temporal- bzw. lokaldeiktisch fakultativen Markierung von Texturkomponenten

In textempirischer Hinsicht ist auf den fundamentalen Unterschied hinzuweisen in der Art, wie die interaktive Texturkomponente (4.3) auf vielfältigste Weise in der Textspur markiert wird, gegenüber der sparsamen Art, wie die temporale Orientierungskomponente temporaldeiktisch angezeigt wird. Denn einerseits verfügt das biblische Hebräisch – wie wir gesehen haben – weder über ein temporaldeiktisches Konjugationssystem, das die Zeitstufen von Vergangenheit, Gegenwart oder Zukunft anzeigt, noch sind die wenigen temporaldeiktischen Signale, die wir unter 4.4.1 und 4.4.2 beschrieben haben, in kommunikationspragmatischer Hinsicht unbedingt notwendig, um in der Textkommunikation Ereigniszusammenhänge explizit als ein Geschehen der Vergangenheit oder der Zukunft einzuführen, geschweige denn den Origo-Bezug einer in der Jetzt-Zeit ablaufenden Rede explizit zu markieren.[136] Demgegenüber steht für die interaktive Handlungskomponente nicht nur ein reiches Inventar von Möglichkeiten der sprachlichen Signalisierung zur Verfügung, sondern es muss und wird auch jede Prädikation durch personaldeiktische Kontinuitätssignale markiert, wenn man die drittpersonalen Formen als personaldeiktische Distanzsignale miteinbezieht.

Diese Differenz sowohl in der Vielfalt der Mittel als auch in der kontinu-

136. Die Zeitmarke (ו)עתה zeigt innerhalb von direkten Reden auf das Jetzt des Redevollzugs und markiert häufig im Anschluss an retrospektive Hinführungen den Punkt, an dem die Rede aktuell zur Sache kommt, um die es im Ganzen geht (vgl. z.B. Gen 12,19; 24,49 oder Dtn 4,1 und 10,12).

ierlichen Notwendigkeit, die beiden Texturkomponenten in der Textspur zu markieren, hat einen einfachen, kommunikationspragmatischen Grund: Im Vollzug einer effektiven Textkommunikation muss nämlich einerseits kontinuierlich klargestellt werden, in welcher Beziehung die Personen, Gegenstände und Sachverhalte, die zur Sprache kommen, zu den Kommunizierenden stehen und gesehen werden. Satz für Satz muss klar sein, ob über sachweltliche Zusammenhänge »da draußen« geredet und von anderen Zeiten erzählt wird oder ob es um »meine« Geschichte und »deine« Dinge geht. Ebenso muss stets signalisiert werden, ob über Dritte gehandelt oder zwischen dem Ich und dem Du der Kommunizierenden direkt etwas ausgehandelt wird. Denn das kommunikative Beziehungsgeschehen würde schnell zusammenbrechen, wenn nicht mehr klar ist, worüber gesprochen wird, in welcher Weise das Besprochene die Kommunizierenden betrifft oder ob sie direkt herausgefordert werden. Zur Sicherung dieser Klarheit im Textprozess stehen die personaldeiktischen Sprachsignale der ersten und zweiten Person sowie kontrastiv dazu die Distanzsignale der dritten Person zur Verfügung, die als Kontinuitätssignale die interaktive Bezugsperspektive mit jeder Satzprädikation bestätigen müssen oder ebensogut auch verändern können.

Im Unterschied dazu bedarf die temporale Ausrichtung der Textkommunikation keineswegs einer permanenten Markierung. Im Gegenteil, keine Person muss explizit deutlich machen, wenn sie zu reden anfängt, dass sie hier, heute und jetzt zu reden beginnt, weil dieses Hier und Jetzt durch die personale Präsenz im Redevollzug bereits gegeben ist. Insofern ist und wird temporaldeiktisch nicht markierte Rede unwillkürlich auf die Jetzt-Zeit des Redevollzugs bezogen.[137] D.h. im Gegensatz zur pragmatischen Notwendigkeit, die Textkommunikation im Verhältnis zur Sprecher-Origo personaldeiktisch oder mit Distanzsignalen kontinuierlich zu markieren, bleibt der temporale Origo-Bezug im Normalfall der Redekommunikation unmarkiert, weil sich dieser Bezug im Zeitverlauf der Rede selbst vollzieht und voraussetzt. Während somit der interpersonale (1. und 2. Person) oder nichtpersonale Bezug (3. Person) einer verhandelten Thematik stets signalisiert werden muss, um die Beziehung der kommunizierten Vorgänge, Gegenstände und Sachverhalte zu den kommunizierenden Personen von Satz zu Satz anzuzeigen, besteht diese Notwendigkeit für die temporale Ausrichtung der Redehandlung überhaupt nicht. Denn der temporale Origo-Bezug ist

137. Deshalb sind Nominalsätze ohne finite Prädikatsanteile als gleichzeitig zur Zeit-Ebene ihrer kontextuellen Umgebung zu verstehen, d.h. innerhalb narrativer Kontexte als Durativ in der Vergangenheit und in prospektiven Zusammenhängen als zukünftige Zuständlichkeit. Nur wenn die Kopula היה hinzutritt, wird durch die entsprechende Flexionsform auch die Zeitdifferenz – sei es zur Sprechsituation, sei es zur textförmig etablierten Zeitebene – explizit markiert (vgl. dazu II 3.2.2).

im Zeitverlauf des Redevollzugs dadurch gegeben, dass sich Redekommunikation als jetzt-zeitliches Geschehen selbst in diesem Zeitverlauf abspielt und deshalb keiner besonderen Markierung bedarf.

Nur wenn es besondere rhetorisch-argumentative Gründe gibt, wie z. B. in der Tora-Rede des Mose in Dtn 1-30, wird dieses Jetzt und Heute besonders hervorgehoben. Aber selbst im Falle eines origo-differenten Zeitbezugs auf die Vergangenheit oder Zukunft ist eine explizite Markierung durch temporaldeiktische Differenzsignale wie אז oder בעת ההיא u. a. verzichtbar, wenn sich ein zeitlicher Perspektivenwechsel implizit oder indirekt aus dem näheren Kontext ergibt.

In Dtn 1,6 z. B. geht der Vergangenheitsbezug des ins Gespräch gebrachten Geschehens spätestens aus der Lokalisierung »am Horeb« hervor. Aber bereits der perfektive Aspekt, unter dem das Reden JHWHs angesprochen wird (דִּבֶּר), stellt dieses Ereignis als ein abgeschlossenes dar, so dass sich schon daraus indirekt ein Vergangenheitsbezug nahelegt, ohne dass er damit im temporaldeiktischen Sinne explizit markiert wird. Denn natürlich hat der perfektive Aspekt der Handlungsdarstellung eine Affinität zur Vergangenheit, weil Sachverhalte der Vergangenheit, die erinnert werden, in der Regel auch als abgeschlossen gelten und dementsprechend dargestellt werden können, was umgekehrt auch für den imperfektiven Aspekt und seine Affinität zur Zukunft gilt.

In textempirischer Hinsicht heißt das zweierlei. Einerseits ist die temporale Orientierungskomponente der sprachlichen Handlung in der Regel schwach oder gar nicht und eher nur indirekt in der Textspur markiert. Insbesondere können die Konjugationsformen des finiten Verbs nicht als Sprachsignale ausgewertet werden, die diese Komponente direkt anzeigen. Andererseits ist den wenigen texturanzeigenden Sprachsignalen der temporalen Deixis dann eine umso größere Aufmerksamkeit zu schenken, wenn sie dennoch in Texten begegnen. Denn dabei handelt es sich um Markierungen, die ja funktional für die temporale Orientierung der Textkommunikation in der Regel verzichtbar sind im Gegensatz zur Notwendigkeit, die interaktive Texturkomponente kontinuierlich zu markieren. Deshalb sind diese fakultativen Markierungen des »Jetzt« und »Heute« oder des temporalen Zeigeraums von »Gestern« und »Morgen« in diagnostischer Hinsicht besonders zu beachten, weil sie diesen, an sich nicht markierungsbedürftigen zeitlichen Aspekt der Kommunikation z. B. aus rhetorischen Gründen besonders hervorheben, wie es als Emphase an Dtn 5,3 beobachtet werden kann.[138]

Insgesamt muss die Gegenwartsemphase in der ganzen Mose-Rede ab Dtn 4 in ihrem Kontrast zu den diversen Rückblenden in Kap. 1-3 sowie in Dtn 5,4ff.; 9,7ff. und 18,16 sowohl konsequent beschrieben als auch in Korrelation zu allen anderen Elementen der temporalen Orientierungskomponente systematisch ausgewertet und interpretiert werden.[139] Denn ei-

138. Vgl. C. Hardmeier (Sch^e^ma' 2000b) 72-75 und oben 4.4.1 sowie die Anm. 129 und 130.
139. Allerdings ist darauf hinzuweisen, dass die Tora-Rede mit ihrer durchgängigen Gegen-

nerseits blickt Mose in Dtn 1,6-3,29 im Lehrgespräch auf die gemeinsamen Erfahrungen am Horeb (Dtn 1,6-18) sowie auf die Zeit zwischen dem Aufbruch von dort (Dtn 1,19) bis zur Ankunft in der Gegend von Bet Peor, im Lande Moab (3,29) zurück und hebt dabei mit der Zeitmarke בָּעֵת הַהִוא wiederholt besondere Ereignisse heraus, die sich »in jener Zeit« zugetragen haben und besonders erwähnenswert sind (vgl. 1,9.16.18; 2,34; 3,4.8.12.18.21.23). Andererseits betont er – wie wir oben Anm. 130 festgestellt haben – besonders ab Dtn 4 immer wieder mit besonderem Nachdruck das Heute (היום) und Jetzt (ועתה, vgl. bes. 4,1 und 10,12) seiner Lehrrede, auch wenn er dann in Dtn 4,(9)10-14; 5,4-31; 9,7-10,11 und 18,16-20 erneut auf die Ereignisse am Horeb zurückkommt (zur Zeitmarke בָּעֵת הַהִוא in diesen weiteren Horeb-Reminiszenzen vgl. Dtn 4,14; 5,5; 9,20; 10,1.8). Somit lässt diese auffällige Markierung der temporalen Texturkomponente in Dtn 1-30 die besondere kommunikationspragmatische Gesamtanlage der Mose-Rede als performativen Erinnerungsvollzug erkennen, der insbesondere auch in den erinnerungspädagogischen Weisungen in Dtn 4,9.23.31; 5,15; 6,12; 7,18; 8,2.11.18; 9,7; 15,15; 16,12; 24,9.18.22; 25,17 explizit eingeschärft wird.[140]

Auf den Spezialfall der Erzählkommunikation, in der die Zeitdistanz zur Origo in der Regel auch durch entsprechende Distanzsignale markiert werden muss, ist unten in Abschnitt 4.6 zurückzukommen.

4.5 Die lokale Orientierungskomponente der sprachlichen Handlung und ihre texturanzeigenden Signale

Was für die temporale Orientierungskomponente der sprachlichen Handlung gilt, trifft weitgehend auch auf die lokale Komponente zu, so dass wir uns kurz fassen können. Auch die lokale Orientierung innerhalb einer Redehandlung bleibt in ihrem Bezug zur Hier-Origo in der Regel unmarkiert, weil auch der Raum, innerhalb dessen kommuniziert wird, situativ vorausgesetzt und der Bezug darauf für die Orientierung der Textkommunikation als solcher nicht notwendig ist (vgl. oben 4.4.4). Nur im Bedarfsfall, wenn innerhalb der Rede auf Ereignisse, Gegenstände und Sachverhalte gezeigt werden soll oder das »Hier« aus situativen Gründen angesprochen werden

wartsemphase ab Dtn 4 eine große Ausnahme bildet, was die Basisfunktion performativer Tora-Lehre unterstreicht. Sie besteht im aktualisierenden Erinnern der fluch- und segensträchtigen JHWH-Beziehung (vgl. bes. Dtn 9,1ff. und 7ff.), um sich darin auch auf Zukunft hin des unverfügbaren Gottessegens immer wieder gewiss zu werden. Doch kann sich dieser Segen ohne die tätige Befolgung der Gebote in den Fluch Gottes verkehren, wenn in der Gebotsbefolgung nicht immer aufs Neue zugleich der Respekt gegenüber ihm bezeugt wird und darin die heilsame Selbstrelativierung alles Menschlichen bewusst gehalten bleibt (vgl. Dtn 8,7-18a, bes. V. 17.18a). Denn diese lebenspraktische Aktualisierung der Gottesbeziehung ist das Entscheidende, was Menschen vor Verhältnis- und Maßlosigkeit immer wieder bewahren und vom Wahn des Totalen und Absoluten immer neu befreien kann, womit sie sich zumeist mit den besten Absichten und den humansten Programmen in immer neue Katastrophen zu stürzen pflegen.

140. Vgl. dazu C. Hardmeier (Weisheit 2003b) 236-242 und 250-252.

muss, stehen im Hebräischen die entsprechenden Lokaldeiktika zur Verfügung.

4.5.1 Lokaldeiktische Signale

Ähnlich wie das temporaldeiktische Gegensatzpaar von עתה, כה (jetzt) gegenüber אז (einst) als Differenz- und Distanzsignal (vgl. oben 4.4.2), gibt es im Hebräischen auch das lokaldeiktische Oppositionspaar פה (hier)[141] und שם, שמה (da, dort[hin]).[142] Hinzu kommen Ortsbezeichnungen in Verbindung mit dem attributiven Demonstrativum זה/ זאת wie z. B. in den lokaldeiktischen Wendungen המקום הזה und העיר הזאת, sofern damit nicht textdeiktisch auf erwähnte Lokalitäten verwiesen wird.[143] – Ein Sonderphänomen der lokalen Deixis ist der sog. Richtungskasus. Er wird mit ה-lokale gebildet und kann an Ortsnamen sowie andere Raum- oder Richtungsbezeichnungen angefügt werden,[144] um die Richtung anzuzeigen, in die sich etwas bewegt oder zu bewegen hat. Eine lokaldeiktische Funktion hat dieser Richtungskasus jedoch nur dann, wenn innerhalb von wörtlichen Reden ein Origo-Bezug gegeben ist, von dem aus der Sprecher in eine Richtung weist.

141. Schöne Beispiele für situativ bedingte Verweise auf das »Hier« finden sich in Num 22,8; Jdc 4,20; 18,3 oder 19,9, während das bereits öfter erwähnte Beispiel von Dtn 5,3 und 29,14 der Gegenwarts- und Aktualisierungsemphase gegenüber den Angesprochenen dient.

142. Das lokative Adverb שמ[ה] kann situationsdeiktisch gebraucht werden, um in wörtlichen Reden auf entfernter liegende Vorgänge, Gegenstände oder Sachverhalte innerhalb des kommunikativen Zeige-Raums zu verweisen, wobei dafür einigermaßen klare Belege wie Jes 28,10 selten sind. Überwiegend wird das Adverb jedoch wie die Pronominalformen der 3. Person textdeiktisch bzw. als Pro-Form verwendet, um auf bereits erwähnte Orte Bezug zu nehmen (vgl. z. B. Gen 12,7f.10 oder 18,28-30 und unten 4.5.2).

143. Beispiele für deiktischen Gebrauch innerhalb der Rede finden sich in Gen 19,13.14.20.25; 28,16f.; Dtn 9,7; 11,5; I Sam 9,6 und Zeph 1,4 (!) sowie häufig im Jeremiabuch (vgl. bes. Jer 37,8.10 und 38,2-4.17f.23). Im textdeiktischen Sinne (d. h. als erwähnte Größen, auf die gezeigt wird) werden die Wendungen natürlich im Plural z. B. in Num 21,25; 35,15; Dtn 4,42; 19,5.11 oder I Sam 7,16 verwendet, aber in speziellen Fällen wie z. B. I Reg 8,29f.35 oder II Reg 23,27 auch im Singular.

144. Vgl. neben Verbindungen mit Ortsnamen z. B. die Wendungen הביתה (nach Hause, ins Haus), האהלה (ins Zelt), השערה (zum Tor hin, torwärts), החוצה ([zur Gasse] hinaus, draussen) oder geographische Richtungsanzeigen wie z. B. Gen 13,14 (Norden, Süden, Osten, Westen).

4.5.2 Lokale Distanzsignale

Wie im Falle der Zeitbezeichnungen mit attributiven Personalpronomina der 3. Person ist dieser Gebrauch auch in Verbindung mit Lokalbezeichnungen Ausdruck einer negativen Deixis, die Distanz zur Hier-Origo anzeigt. Dazu wird auch häufig das Lokaladverb שָׁם, שָׁמָּה benutzt, das als lokales Pro-Adverb – ähnlich wie ein Pronomen der 3. Person – bereits erwähnte Örtlichkeiten aufnehmen kann und deshalb mit den Kontinuitätssignalen der Pronominalbildung zusammen zu sehen ist. Dementsprechend spielen diese negativ-deiktischen Adverbialbildungen, die eine lokale Distanz und Differenz zur Hier-Origo markieren auch eine besondere Rolle in der Erzählkommunikation, um das Raum-Zeit-Gefüge von erzählten Welten im Kontrast zur Sprecher-Origo der Erzählerin aufzubauen und den erzählten Raum vom Raum der Erzählsituation abzuheben, in welcher aktuell erzählt wird.

4.6 Die narrative Handlungskomponente im Rahmen der Erzählkommunikation und ihre texturanzeigenden Signale

Für das Folgende sind sowohl die Ausführungen zum Spezialfall der Erzählkommunikation in Abschnitt 3.5.2 in Erinnerung zu rufen als auch die Ausführungen zu den Sprachsignalen der Distanz und der Differenz zur Origo heranzuziehen, auf die wir als Phänomen einer negativen Deixis bereits im Rahmen der interaktiven Texturkomponente (vgl. oben 4.3.6) sowie im Zusammenhang mit den temporalen und lokalen Orientierungskomponenten gestoßen sind (4.4.2 und 4.5.2). Wie in Abschnitt 3.5.2 ausgeführt, besteht das wesentliche Merkmal der narrativen Kommunikation darin, dass im Erzählen eine erzählte Welt aufgebaut und darin ein Ereignis- und Handlungsgefüge entfaltet wird, das als erzählter Zeitverlauf kategorisch von der Jetzt-Zeit abgesetzt wird. Dabei unterscheiden sich in der Regel auch die Schauplätze des erzählten Geschehens sowie die *dramatis personae*, die in der erzählten Welt eine Rolle spielen, ganz oder teilweise von der Erzählsituation und von den Personen, die als Erzählerin und Zuhörerpublikum oder Leserschaft aktuell an der Erzählkommunikation beteiligt sind. Um diese Distanz bzw. Differenz zu signalisieren, stehen für die narrative Texturkomponente vor allem die Distanzsignale der negativen Deixis zur Verfügung, auf die hier unter dem Gesichtspunkt zurückzukommen ist, was sie als texturrelevante Sprachsignale zur Konstitution von Erzählkommunikation in der Textspur beitragen.

4.6.1 Die Rolle der personalen und lokalen Distanzsignale

Die lokalen und personalen Distanzsignale der negativen Deixis, die wir bereits oben im Rahmen der Texturkomponenten der Redekommunikation behandelt haben (vgl. oben 4.3.6 und 4.5.2), haben auch im Spezialfall der Erzählkommunikation dieselbe Funktion der wegverweisenden Distanzierung wie in der Redekommunikation: sei es, dass damit unter Negation des Origo-Bezugs auf Redegegenstände, sei es auf erwähnte Personen oder genannte Orte verwiesen wird. Denn eine erzählte Welt wird als Ganze, also auch – von Spezialfällen abgesehen – in personal- und lokaldeiktischer Hinsicht in Distanz zur Origo aufgebaut.[145] Jedoch ist das einzig Wesentliche, worin sich der Spezialfall der Erzählkommunikation von der Redekommunikation kategorial unterscheidet, die Zeitdistanz, mit der die erzählte Welt vom Jetzt-Zeit-Kontinuum des Erzählens abgehoben wird (vgl. oben S. 64f.). Dabei stehen der Erzählkommunikation zur temporalen Organisation und Strukturierung einer erzählten Welt in den meisten Sprachen besondere sprachliche Mittel zur Verfügung, die man im spezifischen Sinne als texturrelevant für den Spezialfall der Narration bezeichnen kann (vgl. dazu III 4.2). Deshalb können wir uns im Folgenden auf diese erzählspezifischen Mittel zur Signalisierung der narrativen Texturkomponente beschränken.

4.6.2 Absolute Zeitmarken und temporale Distanzsignale

Als Erstes und Wichtigstes ist die besondere Art zu beleuchten, wie die erzählte Zeit und das darin ablaufende Geschehen in erkennbarer Unterscheidung und Distanz zur Erzählzeit signalisiert und strukturiert werden kann. Allem voran sind es die Zeitmarken, die das Zeitkontinuum einer erzählten Welt maßgeblich strukturieren (vgl. dazu III 3.1.2). Aus der Vielzahl von möglichen adverbiellen Angaben der Zeit seien hier nur zwei wichtige Typen genannt:

145. In personal- oder lokaldeiktischer Hinsicht liegen Spezialfälle dann vor, wenn die Lokalität, an der erzählt wird und die das Zeigfeld der Erzählerin bestimmt, identisch ist mit den Lokalitäten, die in der Erzählung angesprochen werden, was leicht nachvollziehbar ist an Erzählungen, in denen z. B. bei einer historischen Stadtführung die Vergangenheit von Sehenswürdigkeiten vergegenwärtigt wird. In diesen Fällen kann in der Erzählsituation auf die Größen der erzählten Vergangenheit gezeigt werden, was auch bei Ätiologien der Fall ist. Ein weiterer Spezialfall kann z. B. in den Horeb-Reminiszenzen des Deuteronomiums beobachtet werden (vgl. C. Hardmeier, Sch^{e}ma' 2000b, 63-67). Darin bringt Mose in der Du-/Ihr-Anrede das Horeb-Geschehen als selbst erlebte und gemeinsam erfahrene Geschichte ins Gespräch, indem die *dramatis personae* der Vergangenheit mit den aktuell Angesprochenen identifiziert werden.

a. Mit Datierungen und Synchronismen werden erzählte Welten zum historischen Bewusstsein und kulturellen Gedächtnis[146] der Kommunizierenden in Beziehung gesetzt, wie es z. B. in II Reg 18,9 und 13 oder in Jer 25,1; 32,1; 36,1 und 9 der Fall ist. Es handelt sich um explizite textexterne Zeitbezüge, die auf das Weltwissen der Kommunizierenden zurückgreifen und deshalb als *absolute Zeitmarken* bezeichnet werden können.[147] Auch die Datierungen in Am 1,1 (»zwei Jahre vor dem Erdbeben«) oder Jes 6,1 (»im Todesjahr des Königs Ussija«) beziehen sich auf ein solches textexternes Wissen, allerdings aus dem kommunikativen Gedächtnis der Zeitgenossen (vgl. Anm. 146). In vielen Fällen, in denen es jedoch auf solche historische Verortungen nicht ankommt, bleibt das Ganze einer erzählten Welt in temporaler Hinsicht unmarkiert (z. B. in Hi 1,1-5). Oder der Zeitraum wird mehr oder weniger unbestimmt bzw. ganz formal eingeführt (vgl. z. B. Ruth 1,1 oder Gen 22,1). Absolute Zeitmarken sind somit zwar möglich, aber keineswegs notwendig zur Markierung narrativer Zeitdistanz.
b. Für die Binnenorganisation des erzählten Zeitkontinuums sind dann vor allem Zeitmarken wichtig, die sich als Folgesignale auf die z. B. am Erzählanfang vorausgesetzte oder explizit eingeführte Zeit der erzählten Welt beziehen. Dazu stehen die in 4.4.2 genannten Distanzsignale wie אז sowie Zeitangaben in Verbindung mit attributiven Personalpronomina der 3. Person (z. B. ביום ההוא und בעת ההיא), aber auch mit textdeiktischem Demonstrativpronomen (vgl. z. B. בעצם היום הזה in Dtn 32,48 u. ö., vgl. oben Anm. 133) zur Verfügung.

Die zuletzt erörterte Art der adverbiellen Zeitmarkierung bezieht sich als Distanzsignal negativ auf die Origo des Erzählers, von der sie das Erzählte in zeitlicher Hinsicht abhebt. Im Kontrast dazu stehen ereignis- und handlungsrelative Zeitmarkierungen, die das Zeitgefüge innerhalb einer erzählten Welt ohne einen negativen Origo-Bezug strukturieren. Sie sind deshalb im strengen Sinne spezifisch und exklusiv für Kommunikationszusammenhänge, in denen – wie insbesondere in der Erzählkommunikation – als Bezugsrahmen eine Nicht-Jetzt-Zeit vorausgesetzt, thematisiert oder erzählerisch entfaltet wird. Auf diese Mittel ist im Folgenden näher einzugehen.

4.6.3 Erzählimmanente Strukturierungen von Zeiträumen in tages-, monats- oder jahreszeitlichen Größenordnungen

Innerhalb von Erzählungen begegnet häufig das Phänomen, dass ein Jahres-, Monats- oder Tagesgeschehen als zeitlicher Geschehensrahmen etabliert wird, ohne dass diese kalendarischen Größen unbedingt auf einen textexternen historischen Wissenshintergrund bezogen sein müssen. Dabei bewegt sich das zeitliche Gerüst oft im Horizont von Tageszeiten (Morgen, Mittag, Abend) oder von wenigen Tagen, deren zeitlicher Abstand zueinander numerisch angezeigt wird (vgl. z. B. Gen 22,4 »am dritten Tag« oder Jdc 14,15a.17b »am siebten Tag«).

146. Zur Unterscheidung von »kommunikativem« und »kulturellem« Gedächtnis vgl. J. Assmann (^{4}2002) 50-52.
147. Zur Referenz auf das textexterne Weltwissen der Kommunizierenden vgl. II 2.2.4.2.2 und die Graphik in II 2.2.5.2.

4.6.4 Ereignis- und handlungsrelative Zeitmarkierungen mit temporalen Konjunktionen

Wie bereits festgestellt, zeichnet sich Narrativität[148] dadurch aus, dass in der Erzählkommunikation ein eigenständiges Ereigniskontinuum aufgebaut wird. Aufgrund dieser Besonderheit eröffnen sich für die Erzählkommunikation spezifische sprachliche Möglichkeiten, die erzählte Zeit auch verlaufsimmanent zu organisieren und zu strukturieren. Dabei werden der Zeitverlauf des erzählten Geschehens selbst und das immanente Vorher-Nachher der erzählten Handlungen und Ereignisse zum Bezugspunkt gemacht, um erzählte Geschehensverläufe temporal aufeinander zu beziehen. Im Deutschen sind es Zeitkonjunktionen wie »nachdem«, »bevor«, »während«, »immer wenn« u.a., mit denen sich Ereignis- und Handlungsabläufe innerhalb der erzählten Zeit korrelativ zueinander ins Verhältnis setzen lassen, und zwar gemäß der folgenden Zeitlogik: Nachdem/Bevor/Während/Immer wenn eine Handlung A vollzogen wurde, ereignete sich Vorgang B. Diese temporalen Konjunktionen kann man deshalb als ereignis- und handlungsrelative Zeitmarken bezeichnen (vgl. dazu III 4.2). Teilweise im Unterschied zum Deutschen macht das Hebräische in zweifacher Hinsicht von den sprachlichen Möglichkeiten der ereignis- und handlungsrelativen Zeitmarkierung Gebrauch: einerseits in Gestalt der kontinuierlichen Und-Verknüpfung (4.6.4.1), andererseits in der Bildung von temporalen Nebensätzen (4.6.4.3).

4.6.4.1 Das narrative Kontinuitätssignal der Und-Verknüpfung

Unter dem Gesichtspunkt der sprachlichen Mittel, die die narrative Handlungskomponente der Textkommunikation anzeigen, ist ausführlicher auf das universale Phänomen der Und-Verknüpfung zurückzukommen, das wir oben in 3.5.2.4 erörtert haben. Genau genommen ist es allein das Kontinuitätssignal ו (»und«), das in konsequenter Verwendung an jedem Satzanfang auf die denkbar einfachste Weise ein Folgeverhältnis zum zuvor erwähnten Geschehen anzeigt.[149] Dass es sich dabei um ein zeitliches Folgeverhältnis handelt und nicht nur um eine additive Verknüpfung von Ereignissen, liegt

148. Es muss hier betont werden, dass wir »erzählen« und Narrativität in einem weiten Sinne verstehen (vgl. dazu III 3, S. 217f.), der auch das Berichten und jede Art von nicht-jetzt-bezogenem Reden einschließt. Insofern ist dabei auch das Reden über Zukunft in Anweisungen, Ankündigungen und Verheißungen in text- und kommunikationstheoretischer Hinsicht miteingeschlossen, auch wenn es den Begriff des Narrativen im üblichen Sinne sprengt.

149. Vgl. dazu IV 4.2.3.1.1 und dort zu den strukturellen Parallelen des »Und dann« in der Kindersprache und in alemannischen (und anderen) Dialekten.

jedoch nicht an irgendeiner Sonderbedeutung von ו (»und«), sondern an der elementaren Erfahrungstatsache, dass Handlungen und Ereignisse in der Regel im zeitlichen Nacheinander ablaufen und deshalb aufeinander folgen, es sei denn, diese Normalerwartung wird durch irgendein Signal durchbrochen. Wird somit innerhalb einer erzählten Welt eine Kette von Ereignissen und Handlungen konsequent mit ו (»und«) verknüpft, so liegt die temporale Zusatzfunktion des ו-*consecutivum* allein an der kontextbedingten Besonderheit des damit Verknüpften. Denn Handlungen und Ereignisse laufen erfahrungsgemäß in einem zeitlichen Nacheinander ab, so dass das »und« lediglich die Kohärenz dieses Folgeverhältnisses signalisiert und damit ein Kontinuum von erzählter Zeit als Ereignis- und Handlungskontinuum etabliert, das in eben dieser Zeit abläuft. Dabei differenziert das biblische Hebräisch in der Darstellung von Folgehandlungen zwischen Ereignisketten, die – in Distanz zur Sprecher-Origo und im Anschluss an Erst-Sätze – entweder mit AK- bzw. Perf.-*consecutivum*-Formen zukünftige Geschehenszusammenhänge ausbauen oder mit PK- bzw. Impf.-*consecutivum*-Formen vergangenheitliche Ereignis- und Handlungsabläufe weiter entfalten.[150]

4.6.4.2 Exkurs zu den Satzarten innerhalb der retro- und prospektiven Und-Verknüpfung – Satzperspektive, Thema-Rhema-Struktur und die Unterscheidung von Verbalsätzen (VS) und invertierten Verbalsätzen (iVS)

Im Rückbezug auf die Ausführungen zum perfektiven und imperfektiven Aspekt sowie zur durativen Aktionsart (vgl. oben 4.4.3) ist kurz zu erörtern, wie diese zeitlichen Aspekte und Verlaufsqualitäten von Ereignissen und Handlungen in der Erzählkommunikation signalisiert und damit innerhalb von textpragmatischen Zusammenhängen der kontinuierlichen Und-Verknüpfung angezeigt werden. Dazu muss jedoch ein weiteres Instrument der Perspektivenbildung erläutert werden, nämlich die funktionelle Satzperspektive, die beim Aufbau von erzählten Welten eine wichtige Rolle spielt und instruktionssemantisch mit unterschiedlichen Typen der Wortstellung innerhalb von Sätzen arbeitet (vgl. dazu II 2.3.1.2 und dort Anm. 171 sowie III 3.2.1.1 und dort bes. Anm. 88). Aufgrund der Linearität der Textkommunikation einerseits und der – auch im Hebräischen gegebenen – Möglichkeiten andererseits, die Reihenfolge und Stellung von Worten oder Satzteilen innerhalb von Satzperioden nahezu frei wählen und variieren zu können,[151] bietet sich in kommunikationstechnischer Hinsicht die

150. Zu den in temporaler Hinsicht äquivalenten Paaren *w^e^* + X + *katab* = *wajjiktob* + X (vergangenheitlich) und *w^e^* + X + *jiktob* = *w^e^katab* + X (prospektiv) vgl. IV 4.2.3.1.1 sowie zum Unterschied von *er*zählenden und *auf*zählenden Handlungsdarstellungen, die mit *w^e^* + AK-Formen zum Ausdruck kommen, C. Hardmeier (Joschija 2000a) 124f., Anm. 65 und 138f.
151. Obligatorische Regeln der Wortstellung kennt das Hebräische nur bei der Bildung von Attributen, sei es, dass in *Status-constructus*-Verbindungen das *nomen regens* im *Status constructus* nur den unmittelbaren Nachbereich auf seine attributive Funktion festlegen kann (vgl. dazu IV 1, S. 248f.), sei es, dass der attributive Gebrauch von Adjektiven

Möglichkeit, den Fokus einer Satzaussage zu bestimmen und damit die Satzperspektive einer Prädikation festzulegen. Denn das, was in einer satzförmigen Äußerungseinheit am Anfang steht, ist relativ zu den folgenden Satzteilen insofern auch das Primäre und Wichtigere, als es innerhalb einer Satzperiode zuerst angesprochen wird und damit den Ausgangspunkt und die Perspektive einer Satzaussage bestimmt, die dann nachfolgend im Satzganzen zur Entfaltung kommt. In der Terminologie der Prager Schule ist der Satzanfang – völlig unabhängig davon, um welche Satzkomponente es sich konkret handelt (ob Prädikat, adverbielle Angabe oder ein Aktant) – das Thema eines Satzes (und in der älteren Grammatik das *subjectum*),[152] dem als Rhema die übrigen konstitutiven Teile des Satzes folgen, wobei durch diese weiteren Aussageteile (= Rhemata) das anfangsständige Thema spezifiziert wird.

Angesichts der statistisch signifikanten Häufigkeit, mit der in der hebräischen Bibel Sätze – abgesehen von der Konjunktion ו (»und«) – mit verbalen Prädikaten beginnen, ist es sinnvoll, solche Sätze nach dem Kriterium der Wort- und Satzanfangsstellung als Verbalsätze (VS) zu bezeichnen im Unterschied zu allen anderen Satztypen, in denen irgendeine andere, nichtverbale Satzkomponente den Satzanfang bildet. Dieser seltenere, aber variationsreiche Satztyp ist unter dem Sammelbegriff des invertierten Verbalsatzes (iVS) zusammenzufassen.[153] Mit invertierten Verbalsätzen wird die primäre Orientierung an der Ereignisfolge im Erzählverlauf (Progress), die durch Verbalsatzketten zum Ausdruck kommt, zugunsten desjenigen Satzelements durchbrochen, das den invertierten Erzählsatz eröffnet:[154] z. B. eine Person, ein Ort oder ein Zeitpunkt. Damit werden erzählerisch – besonders in Kombination mit Renominalisierungen (vgl. oben 3.5.1.3) – Perspektivenwechsel und besondere Fokussierungen gestaltet.

4.6.4.3 Temporale Nebensätze

Eine zweite Möglichkeit, im Erzählkontinuum die Zeit ereignis- und handlungsrelativ zu markieren, besteht – wie auch im Deutschen – in der Bildung von temporalen Nebensätzen, um erzählte Ereignis- und Handlungsverläufe korrelativ zueinander ins Verhältnis zu setzen. Temporale Nebensätze werden im Hebräischen einerseits hauptsächlich mit den Konjunktionen כי oder כאשר (sowie בטרם) und einer finiten Verbform gebildet und andererseits mit den Präpositionen כ oder ב mit folgender *Infinitiv constructus*-Form oder mit (ב)עוד und Partizip. Im Unterschied zu adverbiellen Zeitangaben wie Datierungen oder mit temporalen Deiktika (vgl. oben 4.6.2)

oder Partizipien nur dann gegeben ist, wenn sich diese Nominalformen ihrem Bezugsnomen anschließen und mit diesem in Genus, Numerus und Determination übereinstimmen.

152. Vgl. III 3.2.1.1 Anm. 88 und die Verweise dort. Auch jene Definition von Nominalsätzen im Hebräischen, die einfache von zusammengesetzten Nominalsätzen nach dem Kriterium unterscheidet, ob sie mit verbalem Prädikat formuliert sind (= zusammengesetzte NSe) oder ohne (= einfache NSe, vgl. z. B. W. Schneider, [5]1982, §§ 44.3 und 44.4), orientiert sich am Hauptkriterium, dass Nominalsätze mit einer nominalen Satzkomponente beginnen, während Verbalsätze im Unterschied dazu mit einer finiten Verbform anfangen (vgl. dazu auch II 3.2.2 Anm. 206).
153. Vgl. dazu auch H.-P. Stähli (1984) 72f.
154. Zur Inversion des Konjugationsgebrauchs in invertierten Verbalsätzen gegenüber narrativen Verbalsätzen vgl. oben Anm. 150.

handelt es sich bei diesen nebensatzförmigen Zeitmarkierungen aus dem folgenden Grund um ereignis- und handlungsrelative Angaben: In Gestalt der finiten bzw. infiniten Verben, die mit den entsprechenden Konjunktionen oder Präpositionen verbunden sind, wird einerseits dem im Verb angesprochenen Geschehensmoment eine Sonderstellung im Fluss des erzählten Handlungskontinuums zugewiesen, weil es nicht einfach im kontinuierlichen *Consecutiv*-Modus forterzählt oder -gedacht wird. Andererseits zeigt die dabei verwendete Konjunktion oder Präposition die zeitliche Beziehung, d.h. die Vor-, Nach- oder Gleichzeitigkeit des Geschehensmoments an, die dem temporal markierten Ereignismoment im Verhältnis zum konsekutiv entfalteten Geschehenszusammenhang im Vor- oder Nachbereich zukommt. Deshalb ist von ereignis- und handlungsrelativen Zeitmarkierungen zu sprechen, was an einem Beispiel von Parallelen der szenischen Gliederung veranschaulicht werden soll.

In II Reg 18,37 und 22,10 wird erzählt, dass dem jeweiligen König – und in Jer 36,15, dass den vor Baruch versammelten Herrschaftseliten (V. 12ff. bzw. 14) – der Inhalt einer wichtigen Botschaft mitgeteilt (II Reg 18f.) oder ein brisantes Schriftstück (II Reg 22 und Jer 36) vorgelesen wurde. In allen Fällen wird als Folgeereignis das Hören der Adressaten berichtet, jedoch in der besonderen Form eines temporalen Nebensatzes (ויהי כשמע המלך II Reg 19,1 und 22,11 bzw. ויהי כשמעם Jer 36,16), um dann im nachfolgenden Hauptsatz weiter zu erzählen, welche Konsequenzen die Angesprochenen aus dem Gehörten gezogen haben.[155] Mit diesem Nebensatz wird eine ereignisrelative Zeitmarke gesetzt, indem der Hörvorgang temporal explizit mit »nachdem« ins Verhältnis gesetzt wird zum erzählten Folgeereignis der gezogenen Konsequenzen. Was den Informationsgehalt betrifft, hätte dieser Hörvorgang erzählerisch genau so gut unmarkiert mit einem וישמע(ו) an den erzählten Mitteilungs- bzw. Lesevorgang angeschlossen und mit der Weitererzählung der gezogenen Konsequenzen fortgeführt werden können, ohne dass sich irgendein Unterschied in der thematischen Entfaltung ergeben hätte. D.h. einerseits, dass ereignis- und handlungsrelative Zeitmarken in erzähltechnischer Hinsicht prinzipiell mit bzw. bei jedem Einzelereignis innerhalb eines erzählten Geschehens gesetzt werden können, ohne die Logik der thematischen Entfaltung zu berühren. Umso eindeutiger handelt es sich deshalb andererseits um ein rein narratives Gestaltungsmittel, mit dem die erzählte Zeit organisiert bzw. gegliedert werden kann. Somit ist in der temporalen Nebensatzbildung ein weiteres Sprachmittel zu sehen, das die Kontur der narrativen Texturkomponente anzeigen und zur Strukturierung der erzählten Welt, d.h. v.a. zur Fokussierung der Erzählperspektive auf bestimmte Ereignisse frei eingesetzt werden kann. – Das bestätigt auch das weitere Beispiel in Dtn 2,16 (mit ויהי כאשר). Zum einen wird dort das bereits in V. 15 erzählte Ereignis (die vollständige Auslöschung der ersten Generation von

155. Es kann hier nur darauf hingewiesen werden, dass es sich bei den drei Erzählzusammenhängen in II Reg 18f.; 22 und Jer 36 um einen spezifischen Typus von »historischen Tendenzerzählungen« handelt (vgl. N. Lohfink, 1991 und C. Hardmeier, Prophetie 1990a, 460-462), in welchen das Bekanntwerden einer brisanten Botschaft oder Schrift im Jerusalemer Herrschaftsmilieu (Führungseliten und König) und die Reaktionen sowie Konsequenzen im Mittelpunkt stehen, die daraus gezogen worden sind. Zum literaturgeschichtlichen Verhältnis dieser Erzählungen zueinander vgl. einerseits C. Hardmeier (Prophetie 1990a) 346-352 (zu II Reg 18f. und Jer 36) und andererseits ders. (Joschija 2000a) 113-115.

Kriegsleuten עד תמם) im Temporalsatz noch einmal aufgenommen (ויהי כאשר תמו). Zum anderen handelt es sich dabei neben den anknüpfenden Zeitangaben mit בָּעֵת הַהִוא in 1,16; 3,8.18.21.23 um die einzige ereignisrelative Zeitmarke überhaupt im ganzen Erzählzusammenhang von 1,6 bis 3,29, was auch hier für die Gesamtinterpretation der Kapitel von entscheidender Bedeutung ist.[156]

Temporale Nebensätze haben jedoch nur dann die narratologische Funktion, eine erzählte Welt ereignisrelativ zu strukturieren, wenn sie innerhalb der Satzperiode dem Hauptsatz vorangestellt sind. Denn nur dann ist im Rahmen der Thema-Rhema-Struktur die Satzperspektive primär auf den temporalen Gesichtspunkt ausgerichtet (vgl. oben Exkurs 4.6.4.2), unter dem das weitere, im nachfolgenden Hauptsatz erzählte Geschehen mit dem im Temporalsatz hervorgehobenen Vorgang ereignisrelativ korreliert wird. Um (temporale) Nebensätzen im Rahmen von narrativen Textsequenzen voranzustellen, bedient sich das Hebräische einer besonderen syntaktischen Konstruktion. Denn sofern Temporalsätze einem Hauptsatz nachgestellt werden, bedarf es zu seiner Einleitung lediglich der entsprechenden Konjunktion.[157] Wird jedoch im (narrativen) Rahmen der Und-Verknüpfung der Nebensatz dem Hauptsatz als Thema der Satzperiode vorangestellt, so muss er mit dem Pro-Verb היה »sein, sich ereignen« eingeführt werden:[158] entweder im Impf. (ויהי) oder im Perf. *consecutivum* (והיה). Dabei übernimmt die semantisch leere Ereignisanzeige durch das Pro-Verb היה eine Stellvertreterfunktion für den nachfolgenden Hauptsatz, so dass damit einerseits der kontinuierliche Fluss der pro- oder retrospektiven Ereignisdarstellung als solcher formal aufrecht erhalten bleibt. Andererseits macht die semantisch leere Ereignisanzeige deutlich, dass ihre Füllung erst im Nachbereich zu erwarten ist, so dass die narrative Kontinuität der Ereignisdarstellung dadurch erheblich gestört wird. Allerdings hebt der vorangestellte (Temporal-)Satz damit zugleich ein spezifisches Moment der Geschehensdarstellung heraus und gestaltet es zur ereignisrelativen Zeitmarke aus, wie die oben genannten Beispiele von II Reg 19,1; 22,11; Jer 36,16 und Dtn 2,16

156. Zur narratologischen Bedeutung dieser Zeitmarke in Dtn 2,16 vgl. C. Hardmeier (Geschichten 2003a).

157. Mit der Computerkonkordanz lassen sich die folgenden Beispiele unter der Voraussetzung schnell finden, dass man ויהי als Wortform unmittelbar vor der Konjunktion oder Präposition ausschließt, mit der temporale Nebensätze anfangen, um die sehr große Zahl von Temporalsätzen auszublenden, die mit ויהי/והיה eingeleitet und ihrem Hauptsatz vorangestellt werden: vgl. mit כאשר z.B. Gen 18,33; 32,3; Jos 2,7; Jdc 16,22 oder I Sam 1,24, mit ב + Inf.cs. Gen 18,1; Ex 31,18 (insgesamt seltener) und häufig mit ב + Inf.cs. z.B. Gen 12,4; 16,16; 19,29b.

158. Zu den Pro-Formen in der Textkommunikation, die als grammatische Kategorie zwar den Hauptfall der Pronominal-Bildung einschließen, jedoch als Phänomen der Stellvertretung auch für andere Wortarten zutreffen, vgl. II 2.3.2.3 und R.-A. de Beaugrande/W. Dressler (1981) 64-71 und zum Pro-Verb a.a.O. 67.

zeigen.[159] Diese ereignisrelativen Zeitmarkierungen durch vorangestellte temporale Nebensätze sind wichtige texturrelevante Signale der Erzählkommunikation und verleihen dem Zeitgefüge der erzählten Welt eine besondere szenische Kontur und ein spezifisches Profil, das bis zur nächsten Zeitmarke auch alle folgenden Satzperioden mitbestimmt.[160]

Andererseits geht unter dem Thema-Rhema-Gesichtspunkt den nachgestellten Temporalsätzen diese erzählpragmatische Hervorhebung des Zeitaspektes in der Geschehensentfaltung gänzlich ab. Denn als nachgeordneter Rhema-Teil im Anschluss an den Hauptsatz haben solche Nebensätze allein die Funktion, das im Hauptsatz zuvor genannte Geschehen durch den temporalen Adverbialsatz zu modifizieren, ohne das szenische Profil auch der nachfolgenden Hauptkette der Ereignisdarstellung zu berühren. Dabei brauchen sich diese nachgeordneten Nebensätze ereignisrelativ nicht einmal unmittelbar auf den Vor- oder Nachbereich der Erzählfolge zu beziehen, wie etwa die Beispiele von Gen 12,4; 16,16; 19,29b zeigen.

Somit spielt die Positionierung von temporalen Nebensätzen im Verhältnis zum Kern einer Satzperiode die entscheidende Rolle. Zusammengefasst heißt das: Temporale Nebensätze wirken sich nur dann als texturrelevante Signale der Erzählkommunikation aus, wenn sie sowohl in der Anfangsposition von Satzperioden stehen als auch mit der stellvertretenden Pro-Verbform ויהי oder והיה eingeleitet werden, zumal sie ohnehin im Rahmen von Textsequenzen stehen, die mit dem Kontinuitätsignal »und« verknüpft sind. In solchen Darstellungszusammenhängen einer Nicht-Jetzt-Zeit wirken sie in dieser Anfangsposition als texturanzeigendes Signal, das die erzählte oder ins Auge gefasste Zeit strukturiert und der dargestellten Nicht-Jetzt-Zeit mit anderen Zeitmarken zusammen ihr besonderes szenisches Profil verleiht. – Auf das weitere Phänomen, dass es auch hauptsatzwertige Temporalsätze gibt, sei nur anhangsweise hingewiesen.[161] Da in solchen Hauptsätzen Zeitpunkte oder Zeiträume mit absoluten oder chronologischen Zeitangaben bzw. mit temporalen Distanzanzeigen als solche prädikativ zum Ausdruck kommen (vgl. z. B. ויהי ביום השביעי, Jdc 14,15 und oben 4.6.3), haben sie gegenüber den ereignisrelativen Nebensätzen eine noch stärkere Gliederungsfunktion, indem sie die erzählte oder ins Auge gefasste Zeit selbst und als solche thematisieren.

159. Vgl. dazu auch unten 4.9.1. Im Tanach begegnen nach Ausweis der Computerkonkordanz Vorkommen von ויהי mit ב + Inf.cs. 42-mal, mit כ + Inf.cs. 98-mal, mit כאשר 35-mal und mit כי 38-mal sowie Vorkommen von והיה mit ב + Inf.cs. 16-mal, mit כ + Inf.cs. 98-mal, mit כאשר 10-mal und mit כי 38-mal.

160. Zu diesen Zeitmarken und ihrer Gliederungsfunktion vgl. III 4.2.

161. Vgl. z. B. Gen 21,22; 26,32; 29,23.25; Jos 6,15; Jdc 14,15.17; I Reg 18,27 und häufig. Singulär ist der Fall in Gen 22,4, wo konsequenterweise auch ein ויהי zu erwarten wäre. Deshalb ist die Angabe möglicherweise als metanarrative Bemerkung zu verstehen, die von außen auf die erzählte Welt und ihre – ohnehin »zeitlose« (vgl. 22,1) – Zeitstruktur blickt.

4.7 Die argumentative Handlungskomponente im Rahmen der Redekommunikation und ihre texturanzeigenden Signale

Wie wir gesehen haben, wird innerhalb der Erzählkommunikation eine erzählte Welt aufgebaut, die sich zumindest in zeitlicher Hinsicht nicht auf die Erzähler-Origo bezieht und im Sinne einer negativen Deixis den Zeithorizont einer Nicht-Jetzt-Zeit etabliert (vgl. oben Abschn. 3.5.2). In textpragmatischer Hinsicht wird auf diese Weise ein spezifisches Bündel von Sprech- und Redehandlungen vollzogen, das wir unter dem Oberbegriff des Erzählens bzw. der Narration zusammengefasst haben, auch wenn darunter strukturell alle möglichen Formen von vergangenheits- oder zukunftsbezogenem Reden fallen wie z. B. das Berichten über etwas oder das Beschreiben von Sachverhalten einer vergangenen und die Vorschau auf eine erwartete Welt (vgl. oben Anm. 148). Demgegenüber gibt es einen großen Reichtum von Sprechhandlungen, die nicht dem Spezialfall der Erzählkommunikation mit ihrer spezifischen Distanz zur Jetzt-Zeit-Origo zuzuordnen sind. Wir fassen diese textförmigen Sprechhandlungen unter dem Oberbegriff der argumentativen Handlungskomponente im Rahmen der Redekommunikation zusammen (vgl. oben Abschn. 3.5.1). Dabei geht es um die textpragmatischen Formen, wie eine besprochene Welt in der Redekommunikation verhandelt wird im Unterschied zur erzählten Welt in der Erzählkommunikation (vgl. H. Weinrich, Tempus ²1971). Während eine Erzählhandlung im Wesentlichen darin besteht, dass ein Geschehenszusammenhang eigener Art aufgebaut und im Erzählvollzug entfaltet wird, wird die Redekommunikation – abgesehen von ihrem Origo-Bezug (vgl. oben 3.5.1.2 sowie 4.3.1; 4.4.1; 4.5.1) – in textpragmatischer Hinsicht vor allem durch die Abfolge von unterschiedlichen Argumentationssequenzen strukturiert.

Die texturrelevanten Sprachsignale, die in der Textspur die argumentative Handlungskomponente anzeigen, beschränken sich deshalb im Wesentlichen auf die sprachlichen Möglichkeiten, einerseits die Satzmodi und damit den Modus von Prädikationen zu differenzieren und andererseits die Satzarten in der Redekommunikation durch diverse Konjunktionen in ihrer argumentationslogischen Funktion zu präzisieren. Dabei haben wir auf die appellativen Möglichkeiten der Modifikation als Frage, Wunsch oder Aufforderung ebenso wie auf expressive Modi der Differenzierung bereits im Rahmen der interaktiven Texturkomponente hingewiesen (vgl. oben 4.3.2). Ein weiteres, bisher nur unter dem Aspekt der temporalen Orientierung angesprochenes Mittel zur Modifizierung der argumentativen Rede sind die Hauptsatzkonjunktionen, mit denen nicht nur temporale Signale vor allem in der Erzählkommunikation gesetzt werden können (z. B. durch אָז). Satzkonjunktionen wie כי, יען כי, לכן, על כן oder אם sowie כאשר ... כן in Anfangsstellung von Hauptsätzen modifizieren diese Sätze – und häufig auch die sich anschließende Satzfolge – in ihrer argumentationslogischen Funktion und ihrem sprechaktspezifischen Charakter. Mit כי oder יען כי können beispielsweise Begründungsakte eingeleitet und mit כי zudem Zukunftshorizonte als Wenn-Dann-Relation eröffnet werden, mit אם oder auch mit כי werden Bedingungen aufgestellt und mit כאשר ... כן Vergleiche angestellt. Die Konjunktionen לכן und על כן leiten Textteile ein, die anaphorisch das bisher Gesagte zum Grund oder Anlass dessen modifizieren, was im Nachbereich der Konjunktionen ausgesagt wird.

Allerdings kann hier weder Vollständigkeit angestrebt, noch eine instruktionssemantische Detailanalyse dieser Konjunktionen vorgelegt werden. Nur auf eine Implikation dieser texturanzeigenden Mittel ist noch hinzuweisen: Die Formulierung einer Bedingung oder die Protasis einer Wenn-Dann-Relation können u. U. umfangreicher und recht komplex sein, wie die Beispiele von Gen 28,20b-22a; Ex 21,18f. oder Dtn 6,10f. und 8,7-10 zeigen. Ähnliches gilt für umfangreichere Begründungszusammenhänge und daraus gezogene Folgerungen besonders in der Schriftprophetie (vgl. z.B. Am 6,1-6 im Verhältnis zu V.7 [לכן] oder die komplexe Argumentationsstruktur in Jes 5,1-7, die in V.3-6 mit unterschiedlichen Satzmodi arbeitet und in V.7 eine Begründung anschließt). Deshalb muss in der Textanalyse stets auch die Reichweite einer Haupt- oder Nebensatzkonjunktion bestimmt werden, die den argumentativen Modus nicht nur von Einzelsätzen, sondern u.U. auch von folgenden Satzperioden bestimmen kann und damit auch umfangreichere Textsequenzen in ihrer argumentativen Funktion nicht nur festlegt, sondern auch zusammenbindet (vgl. unten 4.9.1).

4.8 Die Handlungskomponente der thematischen Entfaltung in der Textkommunikation und die sprachlichen Mittel ihrer Abbildung in der Textspur

In Anknüpfung an die Vorbemerkungen in 4.1.1 haben wir in den vorangehenden Teilabschnitten 4.2 bis 4.7 vorrangig jene Texturkomponenten erörtert, die das kommunikationspragmatische Wie einer textförmigen Sinnbildung betreffen. Es sind jene Komponenten der Textur, die im Wesentlichen die Art und Weise bestimmen, wie ein thematisches Was in der Textkommunikation erzählt oder verhandelt und im dazu erzeugten Text kommuniziert wird. Andererseits ist es eine – traditionellerweise nur allzu große – Selbstverständlichkeit, dass die Welt der Personen, der Gegenstände und der Sachverhalte, d.h. das Was der Textkommunikation und ihre Thematik, das Ganze einer textförmigen Sinnbildung ohne Zweifel entscheidend mitbestimmt. Denn es gibt nie ein Wie ohne auch ein Was.[162] Im Kategorienrahmen der Sprechakttheorie, die sich jedoch in ihrer klassischen Form (Austin/Searle) auf Satzaussagen beschränkt (vgl. II 2.1.1 und 2.1.2), handelt es sich bei der thematischen Texturkomponente um den propositionalen Gehalt der Textkommunikation, der auch als Mitteilungsgehalt von Texten bezeichnet werden kann. Dieser ist zu unterscheiden von der Illokution, die textgeleitet vollzogen wird und die wir als kommunikationspragmatischen Aspekt in den bisher genannten Komponenten näher betrachtet haben. Deshalb ist nun im Folgenden auch auf diese »inhaltliche« Komponente[163] und ihre texturrelevanten Sprachmittel näher einzugehen, mit denen der thematische Aspekt einer Textkommunikation realisiert wird.

Es bedarf keiner breiteren Erläuterung, dass und inwiefern zur Signalisierung von Personen, Gegenständen und Sachverhalten sowie von Ereignissen und Handlungen im Wesentlichen das Lexikon einer Sprache mit den gebräuchlichen Eigennamen, Substantiven, Adjektiven und Verben zur Verfügung steht, wobei nur von den Funktionswörtern abzusehen ist, die ihre instruktionssemantische Rolle in den oben genannten Texturkomponenten spielen. Allerdings ist auch hier weder der Ort, das weite und traditionsreiche Feld der Wortsemantik zu betreten, noch wäre es mir auch nur halbwegs möglich, dieses Feld kundig und kompetent zu durchmessen.[164] Auf zwei

162. Zum Grenzfall der phatischen Kommunikation, die sich – etwa unter alten Menschen – weitgehend auf die gegenseitige Fühlungnahme und Beziehungsvergewisserung reduziert, ohne dass irgendetwas Neues kommuniziert wird, vgl. III 2.5. In diesem Grenzfall von Kommunikation spielt das Was, bzw. spielen die kommunizierten »Inhalte« nahezu keine Rolle, weil sie alle längst bekannt und nur wiederholt werden. Phatische Kommunikation ist ein Typus von textförmiger Sinnbildung, die sich auf die gemeinschaftliche Selbstvergewisserung im Sprechen als solchem reduziert, ohne dass ein nennenswerter Mitteilungsgehalt ausgetauscht wird.

163. Wie wir oben 2.2.1.2 und 2.2.1.3 gesehen haben, unterscheidet das traditionelle Textverständnis und das entsprechend weitverbreitete Grammatikmodell mit größter Selbstverständlichkeit zwischen »Form« (= Syntax) und »Inhalt« (= Semantik) und klammert dabei die Pragmatik als sprachlich nicht richtig fassbare Größe mehr oder weniger aus. Um eine Brücke zu diesem Text- und Grammatikverständnis zu schlagen und für traditionell geschulte Ohren verständlich zu machen, worum es in diesem Abschnitt im Rahmen einer kommunikationspragmatischen Betrachtungsweise von Texten und unter instruktionssemantischen Gesichtspunkten der Wortarten geht, ist hier von der »inhaltlichen« Texturkomponente die Rede.

164. Vgl. dazu einiges, aber sicher auch Überholtes II 2.3.1.2, S. 91-97. Insbesondere ist das Konzept einer semantischen Texttiefenstruktur problematisch, weil es einerseits repräsentationssemantisch angelegt und unter dem Einfluss der Transformationsgrammatik (N. Chomsky) noch ganz auf Satzeinheiten ausgerichtet ist. Deshalb geht es zu statisch von »Satzbegriffen« aus, die stufenweise auf die Kommunikationssituation hin spezifiziert und dann im Textprozess in eine sprachliche Zeichenfolge überführt werden.

wichtige Unterscheidungen im Blick auf das Verhältnis von Wortbedeutungen und textexternen Größen – d. h. Personen, Gegenstände, Sachverhalte oder Ereignisse und Handlungen –, auf die mit Eigennamen, Substantiven oder Verben Bezug genommen werden kann, ist näher einzugehen.

4.8.1 Der sprachliche Sonderfall der Eigennamen und ihr textexterner Bezug

Die Wörter einer Sprache haben mit Ausnahme der Eigennamen und der origo-bezogenen Deiktika bekanntlich keinen direkten Bezug zur textexternen Erfahrungswelt. Insofern haben sie als Einträge in Wörterbüchern und Lexika nur eine virtuelle Bedeutung, ohne textexterne Größen der Erfahrungswelt konkret zu bezeichnen. Denn Verben und Substantive sind lediglich sprachliche Mittel, um damit im Rahmen einer Textkommunikation auf textexterne Personen und Objekte sowie Ereigniszusammenhänge lediglich indirekt Bezug nehmen zu können, ohne dass der isolierte Gebrauch dieser Wörter als solcher den textexternen Bezug unmittelbar und direkt herstellt. Nur Eigennamen haben dann eine kontextunabhängige Entspre-

Gleichwohl bleibt dieser Teil in satzgrammatischer und -theoretischer Hinsicht unverzichtbar wichtig, wenn man vom transformationsgrammatischen Stufenmodell absieht. Das damals von S.J. Schmidt übernommene Modell erschien mir als das beste, was die sprachliche Realisierung einer Mitteilungsabsicht plausibel machen konnte. Vgl. zur impliziten Abkehr von diesem Konzept Teil III Abschnitt 2. Die dort erörterte Unterscheidung von »kognitiven Figuren« bzw. »Strukturen« einerseits und »Gestaltungsverfahren« der Erzählkommunikation andererseits, verzichtet auf das Konzept von semantischen Texttiefenstrukturen und entspricht der hier getroffenen Unterscheidung zwischen kommunikationspragmatischen Komponenten (Abschn. 4.2 bis 4.7) und der thematischen Texturkomponente, die mit den »kognitiven Figuren« bzw. »Strukturen« der Erzählkommunikation vergleichbar ist. Dass hier jedoch statt von kognitiven Strukturen der Textkommunikation von ihrer thematischen Texturkomponente die Rede ist, liegt an dem hier entwickelten Theoriekonzept der Textur. Denn in der Textur von Texten sehen wir – wie oben 4.1.2 entfaltet – das Gesamtgefüge der kommunikativen Handlungszüge und ihrer Teilkomponenten, wie es sich als sprachförmige Spur im Geflecht aller texturrelevanten Sprachsignale eines Textes abzeichnet. Dieses radikal textpragmatisch gedachte Konzept verbietet deshalb jede Annahme von statischen Inhaltsstrukturen, die in den Texten als solche fassbar sind und/oder ihnen als semantische Tiefenstruktur zugrunde liegen. Vielmehr entfalten Texte als Partituren der Sinnbildung nur im Rezeptionsvollzug des Lesens oder Hörens ihren Sinn, wobei dieser weder in der materialen Zeichenspur von Wörtern und Sätzen als solcher liegt noch in einem semantisch-tiefenstrukturellen Konstrukt, das in eine sprachzeichenförmige Oberflächengestalt überführt wurde. Denn zumindest gespeicherte bzw. literale Texte sind die einzig materiale und objektivierbare Hinterlassenschaft vergangener Kommunikation, deren Sinn sich nur im textspurgeleiteten Nachvollzug dieser Kommunikation erschließt (vgl. oben 3.4.2).

chung in der textexternen Erfahrungswelt, wenn sie beispielsweise in einer Vorstellungsrunde den anwesenden Personen zugeordnet werden oder wenn die Namen von Neugeborenen durch den standesamtlichen Eintrag ins Geburtsregister und den Akt der Taufe festgelegt und bekannt gemacht werden. Diese eineindeutige Zuordnung von Namen und Personen, aber auch von Straßen-, Orts- und Landschaftsnamen zu den entsprechenden geographischen Größen, beruhen auf einer ein für alle Mal gültigen gesellschaftlichen Zuordnung. Sie kann sich auch ohne einen expliziten Akt der Vereinbarung als Benennung herausbilden, muss aber von jedem Mitglied einer Kommunikationsgemeinschaft auf irgendeine Weise gelernt werden.

4.8.2 Zur Bedeutung und zum textexternen Bezug von Substantiven und Verben

Komplexer ist das Referenzproblem im Falle von Substantiven und Verben im Verhältnis zu den damit benennbaren oder konkret bezeichneten Größen der textexternen Erfahrungswelt. Eineindeutige Zuordnungen müssen im Unterschied zu Eigennamen theoretisch immer neu abgeglichen und kommunikativ ausgehandelt werden. Die Eindeutigkeit von sprachlichen Begriffen ist nur in konkreten Kommunikationsprozessen erreichbar und muss kommunikativ immer neu eingeholt werden. Dabei ist das Sprachwissen der virtuellen Bedeutung eines Verbs oder Substantivs in möglichen Gebrauchszusammenhängen zu unterscheiden vom Erfahrungswissen, was damit textextern konkret gemeint sein kann. Im Gegensatz zu den Namen treten das Sprachwissen über das virtuelle Bedeutungspektrum von Wörtern und das Erfahrungswissen über die lebensweltlichen Zusammenhänge ihres Gebrauchs auseinander, auch wenn sie zugleich in einem unauflöslichen Wechselverhältnis zueinander stehen.

Am Beispiel des Wortes BAUM lässt sich dieses komplexe Wechselverhältnis veranschaulichen. Aus dem Gebrauch des Wortes in der Kommunikationsgemeinschaft gewinnt z. B. ein Kind im Spracherwerbsalter allmählich eine ungefähre Vorstellung davon, welche Gestaltmerkmale und Eigenschaften einer bestimmten, großwüchsigen Pflanzenart es sind, die die sprachlich kommunizierende Umgebung wiederholt mit der Lautfolge BAUM verbindet, etwa im Unterschied zum Gebrauch des Lautgebildes BLUME für kleinwüchsige Pflanzen, die im vorübergehenden Stadium der Blüte stehen. Sprachwissen als Wissen um die virtuelle Bedeutung von Lauteinheiten baut sich auf diese Weise sukzessiv im Wechselspiel mit konkreten Erfahrungen auf.[165] D. h. die Bedeutung des Wortes BAUM verdichtet sich fortschreitend zum sprachlichen Gebrauchswissen, das die Lautgestalt des Wortes BAUM (als *signifiant/res significans*) mit einem bestimmten Bündel von baumspezifischen Eigenschaften als

165. Zum Sprachwissen, das sich im Spracherwerbsalter im Wechselspiel zum Erfahrungswissen aufbaut, vgl. II 2.3.2.2 das Anm. 187 genannte Beispiel.

Bedeutung dieses Wortes (als *signifié/significatum*) verbindet, das jedoch gegenüber der Vorstellung von konkreten Bäumen abstrakt bleibt. D.h. die Bedeutung insbesondere von Substantiven und Verben reduziert sich auf ein abstrakt bleibendes Bündel von wenigen semantischen Merkmalen, die aus dem Gebrauch des Wortes im alltagsweltlichen Erfahrungsraum der Kommunikationsgemeinschaft herausgefiltert werden. Als Wortbedeutung bleibt sie dabei virtuell und kann deshalb in der Textkommunikation vielfältig eingesetzt werden.[166] Zudem zeichnet sich das Lexikon einer Sprache durch eine Vielzahl von mehr oder weniger ausdifferenzierten Wortfeldern aus, die einerseits aus Wortgruppen mit gemeinsamen semantischen Basismerkmalen bestehen (z. B. Eigenschaften, die allen Pflanzen im Unterschied zu Tieren und Menschen gemeinsam sind), wobei sich andererseits die einzelnen Worteinheiten innerhalb des Feldes durch zusätzliche Unterscheidungsmerkmale in ihrer Bedeutung gegeneinander abgrenzen (wie z. B. Bäume von Sträuchern oder Blumen).

M. a. W. heißt das: Auch wenn sich das Sprachwissen um Wortbedeutungen im alltagsweltlichen Erfahrungsraum aus dem Wortgebrauch aufbaut, bleibt der instruktionssemantische Bedeutungsgehalt von substantivischen oder verbalen Worteinheiten virtuell und abstrakt, indem vielfältigste Aspekte der Erfahrung mit Lebewesen, Gegenständen und Sachverhalten oder des Umgangs mit Ereignissen und Handlungen jeweils auf wenige semantische Merkmale reduziert werden, die als Gebrauchskonvention mit der spezifischen Lautgestalt eines Wortes (Lexems) verbunden sind. Deshalb kann auf Größen und Erfahrungsmomente der außersprachlichen bzw. textexternen Welt mit Substantiven oder Verben niemals isoliert und im Unterschied zu Eigennamen niemals unmittelbar Bezug genommen werden. Denn eine konkrete Bezeichnungsfunktion für Personen, Gegenstände, Sachverhalte und Ereignisse der außersprachlichen Erfahrungswelt – das sind die textextern bezeichneten Größen (*denotata*) – kommt den Verben und Substantiven nur im Rahmen der Textkommunikation zu, in welcher mit diesen sprachlichen Mitteln auf die Erfahrungswelt Bezug genommen, dabei aber stets und zugleich über sie kommunikativ ge- und verhandelt wird. Somit wird die Eindeutigkeit von sprachlichen Begriffen nur in konkreten Kommunikationsprozessen erreicht, und das textextern damit Gemeinte (= das *denotatum*) bedarf stets der kommunikationspragmatischen Vereindeutigung.

Zur Vereindeutigung des Gemeinten in Kommunikationsprozessen steht in jeder Sprache ein reiches Arsenal von Möglichkeiten zur Verfügung, z. B. attributive Näherbestimmungen zu gebrauchten Begriffen oder adverbiale Präzisierungen von Vorgangsdarstellungen zu bilden. Im Hebräischen können Attribute mit Adjektiven und Partizipien oder dem *Status constructus* gebildet werden sowie mit syndetischen (אשׁר/ שׁ) oder asyndetischen Attributsätzen. Dabei haben die Mittel der Attribuierung und der adverbiellen Näherbestimmung einerseits die textinterne Funktion, verwendete Substantive oder Verben in ihrer Bedeutung und Funktion auf den aktuellen Gebrauch hin zu spezifizieren und zu modifizieren, um andererseits damit das Gemeinte und seinen textexternen Bezug zu präzisieren und zu vereindeutigen. Jedoch ist es der textkommunikative Akt als ganzer, in welchem sowohl die außersprachliche Referenz hergestellt als auch auf die textexterne Erfah-

166. Das beliebte Teekessel-Spiel vermittelt einen Eindruck von der Abstraktheit von Wortbedeutungen, die unmittelbar mit einem sprachlichen Ausdruck verbunden sind, die dann aber durch ganz verschiedene Kontextualisierungen sehr unterschiedliche konkrete Bedeutungen annehmen können.

rungswelt Bezug genommen wird, während der Einzelwortgebrauch von Substantiven und Verben zur textexternen Referenz keinen unmittelbaren Beitrag leistet.

Die Notwendigkeit zur kommunikativen Vereindeutigung des jeweils Gemeinten zeigt der Spezialfall einer definitorischen Verständigung über den Gebrauch von Begriffen. In diesem speziellen Fall wird in einem metasprachlichen Verfahren explizit eine Übereinkunft über den Wortgebrauch getroffen, wie es für Wissenschafts- und Fachsprachen sowie vor allem für die Jurisprudenz üblich ist. Aber auch unterhalb dieser explizit definitorischen Schwelle drehen sich nicht unwesentliche Teile der Textkommunikation um das informelle Bemühen, den Wortgebrauch zwischen den Kommunizierenden zu erklären, zu erläutern oder abzugleichen, insbesondere wenn sich die Kommunikationspartnerinnen fremd sind und keine »gemeinsame Sprache« sprechen.

Auf alle Fälle hat zu gelten, dass Substantive und Verben nicht einfach außersprachliche Größen einer textexternen Welt als solche abbilden, sondern ihr textexterner Bezug nur im Rahmen einer textförmigen Kommunikation eindeutig wird. Ein Wort (Lexem) trägt mit seiner virtuellen Bedeutung nur in seiner kommunikationspragmatischen Einbindung spezifisch zur textförmigen Sinnbildung bei und kann nur aufgrund dieser textförmigen Ingebrauchnahme auf konkrete Größen der textexternen Erfahrungswelt verweisen oder diese bezeichnen. Dem entspricht die kategoriale Unterscheidung zwischen der Bedeutung eines Wortes, d.h. seines virtuellen instruktionssemantischen Gehalts (= das *significatum*), und dem, was ein Wort – wenn auch konkret nur im Kontext seiner textförmigen Verwendung – je und dann bezeichnen kann (= das *denotatum*).[167] Dabei ist für das je konkret gemeinte Was, d.h. für das *denotatum*, das kommunikationspragmatische Wie die unabdingbare Transformations- und Vermittlungsinstanz zwischen der virtuellen Bedeutung eines Wortes und der textexternen Erfahrungswirklichkeit, die mit diesem Wort angesprochen wird. Anders gesagt: die Bedeutung eines Wortes (Lexems), d.h. sein *significatum* ist das, was der Einsatz insbesondere von Verben und Substantiven virtuell in die Textkommunikation einbringt. Das jedoch, was damit textextern bezeichnet werden kann, d.h. das *denotatum*, sind zwar durchaus erfahrungsweltliche Personen, Gegenstände und Sachverhalte oder Ereignisse und Handlungen, die aber mit dem verwendeten Wort nur im Zuge einer Textkommunikation konkret gemeint, gezeigt oder benannt werden können. Das hat für die thematische Texturkomponente der Textkommunikation und für die Verfahren ihrer Beobachtung und Erfassung zwei weitreichende Konsequenzen.

167. Zur grundlegenden Unterscheidung zwischen der Bedeutung eines Wortes (= das *significatum*), und dem, was ein Wort bezeichnen kann (= das *denotatum*), vgl. II 2.3.2.3, S. 110-113 und Anm. 190.

4.8.3 Die Problematik der semantischen Worterschließung sowie von begriffsgeschichtlichen und statistischen Wortuntersuchungen

Die erste Konsequenz betrifft die Problematik, wie der Beitrag vor allem von Nominal- und Verballexemen zur textförmigen Sinnbildung mit Hilfe der üblichen Lexika und (auch theologischen) Wörterbücher im Einzelnen bestimmt werden kann. Damit hängt die weitere Problematik von wort- und begriffsgeschichtlichen Untersuchungen sowie von statistischen Verfahren in der biblischen Literaturwissenschaft zusammen. Die traditionellen lexikalischen Hilfsmittel treffen in der Regel aus guten praktischen Gründen der Handhabbarkeit keine trennscharfen Unterscheidungen zwischen dem virtuellen Bedeutungskern, den ein Lexem in die Textkommunikation einbringt, und den Bezeichnungsnuancen, die dieses Lexem in verschiedenen Gebrauchskontexten mitkonstituieren kann, ohne dass es dabei ausschließlicher Träger dieser Nuancen ist.

Zum Beispiel ist das Lexem פקד sehr bedeutungsoffen und vereinigt als Bedeutungsträger nur das semantische Kernmerkmal des genauen Hinschauens auf sich. Im Rahmen des Gebrauchs in unterschiedlichen Kontexten kann dieses Lexem dann aber für sehr verschiedene Bezeichnungsnuancen eingesetzt werden, die u. a. von der soldatischen Musterung, über die richterliche Ahndung bis zur fürsorglichen Betreuung reichen und in den Lexika (vgl. z. B. HAL) entsprechend ausgewiesen werden.

Im Interesse der praktischen Handhabung trägt sowohl die Differenzierung zwischen der Grundbedeutung eines Lexems (auch in verwandten semitischen Sprachen) und seinen Spezialbedeutungen als auch die Angabe von spezifischen Kontexten ihrer Realisierung diesem Umstand üblicherweise Rechnung.

Insbesondere die Diskussion von *Status-constructus*-Verbindungen oder die Differenzierung der Bedeutung von Verballexemen in Verbindung mit verschiedenen Präpositionen[168] berücksichtigt diese Unterscheidung, so dass die bestehenden lexikalischen Hilfsmittel für die Erschließung der thematischen Texturkomponente bei kritischer Benutzung gute Dienste leisten.

Jedoch ist auf diesem Hintergrund große Vorsicht geboten gegenüber wort- und begriffsgeschichtlichen Untersuchungen, weil sie dieser Basisunterscheidung von Kernbedeutung und kontextbedingten Modifikationen häufig

168. Hier ist auf eine Beobachtung im Sprachvergleich zwischen dem Hebräischen und dem Deutschen (sowie anderen modernen Sprachen) hinzuweisen. Während im Deutschen eine große Bildungsvielfalt von Verballexemen durch die Verbindung von Präpositionen mit Basislexemen zu beobachten ist (z. B. hin-, weg- auf-, über-, vor-, nach-SEHEN), erfolgt diese Differenzierung mit Präpositionen im Hebräischen ausschließlich so, dass die entsprechende Präposition dem Bezugsobjekt oder der entsprechenden Angabe vorgefügt wird.

nicht oder nur unzureichend Rechnung tragen. Weil dabei vom kommunikationspragmatischen Gebrauchskontext mehr oder weniger abstrahiert wird, kommt es schnell zur ungeprüften Eintragung von kontextuellen Bedeutungen aus fremden in andere Texte, ohne dass wir diese Problematik hier weiter verfolgen können. Noch größere Vorsicht ist aus diesen Gründen bei wortstatistischen Verfahren geboten, die gleichlautende Vorkommen von Worten oder Wendungen unter rein quantitativen Gesichtspunkten der Verteilungshäufigkeit gruppieren und daraus weitreichende literaturwissenschaftliche Schlüsse ziehen,[169] ohne die Kontextualität und kommunikationspragmatische Bedingtheit der Sinnbildung zu berücksichtigen. Denn dieser substanzielle Faktor wird durch die quantitative Abstraktion zwangsläufig ausgeblendet und nimmt statistischen Erhebungen deshalb weitgehend die Aussagekraft.

4.8.4 Die satzübergreifende Struktur der thematischen Entfaltung und ihre Problematik

Die zweite Konsequenz betrifft die Frage, wie die thematische Texturkomponente sachgemäß an der Textspur der Rede- und Erzählkommunikation erfasst werden kann. Denn der propositionale Gehalt, der textförmig kommuniziert wird, ist unmittelbar und allein an satzförmige Prädikationen gebunden und kommt vornehmlich in den verwendeten Nominal- und Verballexemen und ihren attributiven oder adverbiellen Erweiterungen zum Ausdruck. Deshalb kann der thematische Gehalt einer Textkommunikation ohnehin nicht isoliert an Einzelworten oder Schlüsselbegriffen – schon gar nicht rein statistisch! – erfasst werden. Andererseits lässt sich die thematische Texturkomponente angemessen und sachgemäß nur aus der Beobachtung der Gesamtanlage einer Textthematik, d.h. aus der satzübergreifenden Abfolge von Prädikationen erschließen. Weil Texte als Partituren der Rede- oder Erzählkommunikation prozedurale Größen sind, ist auch ihre Thematik kein statisches Etwas, was in Texten repräsentiert und abgebildet wird, sondern eine Handlungskomponente, die terminologisch als thematische Entfaltung innerhalb einer Textkommunikation zu bestimmen ist und dementsprechend analytisch beobachtet werden kann.

Somit lässt sich diese thematische Entfaltung einerseits nur satzweise an den Nomina und Verben sowie an ihren Erweiterungen unmittelbar erfassen. Andererseits geht das thematische Entfaltungsmoment der Textkommunikation erst und nur aus den Satzfolgen und Textsequenzen hervor, in

169. Vgl. J. Krispenz (2001) 59ff. und zur Kritik oben Anm. 65 und 107.

und mit denen aus der Perspektive einer Autorin ein sach- und handlungslogischer Zusammenhang aufgebaut wird, um für die angezielten Adressaten nachvollziehbar und plausibel zu werden. Um diesen Zusammenhang der erzählten oder besprochenen Welt als Texturkomponente im Speziellen zu erfassen und die Sach- und Handlungslogik des Dargestellten als solche zu bestimmen, kann methodisch von den kommunikationspragmatischen Aspekten (4.2 bis 4.7) abgesehen werden, die sich auf das Wie der sprachlichen Darstellung beziehen. Die Beobachtung ist ganz auf die im Text entfaltete Sachperspektive zu konzentrieren, um sie sowohl unter dem Gesichtspunkt der Folgerichtigkeit der Ereignisse zu erfassen, die zur Sprache kommen, als auch im Blick auf die sachlogische Plausibilität der Erfahrungswelt, die erzählt oder besprochen wird. Dabei sind zwei Aspekte der thematischen Entfaltung besonders zu beachten.

4.8.4.1 Teilstrukturen und Profile der thematischen Entfaltung und ihre Gestaltschließung

Bei einmal angesprochenen Personen, Gegenständen und Sachverhalten ist einerseits darauf zu achten, ob und wo sie – pro- und/oder renominalisiert – im Textzusammenhang argumentativ aufgenommen oder erzählerisch fortgeführt werden, und andererseits, ob und in welcher Weise ihre Erwähnung im Ganzen einer Rede- oder Erzählkommunikation eine nachvollziehbare Kontur und plausible Gesamtgestalt gewinnt. Gleiches gilt für die Plausibilität der Ereignisdarstellung. In der erzählkommunikativen Analyse geht es dabei um die Beobachtung der Verlaufs- und der kognitiven Strukturen einer thematischen Geschichte unter dem Gesichtspunkt, ob und wie diese Teilstrukturen als Teilgestalten der thematischen Entfaltung plausibel geschlossen werden (vgl. III 2.1 und 2.3). Für jede thematische Teilkomponente – seien es Personen oder Gegenstände, seien es Ereignisketten – lässt sich auf diese Weise ein Darstellungsprofil gewinnen, das sowohl auf seine Stimmigkeit in der sprachlichen Realisierung (Kennzeichnungsprofil) hin als auch auf die Plausibilität der Sach- oder Personenperspektive im Blick auf die Gestaltschließung überprüft werden kann (vgl. III Abschn. 3.3, bes. 3.3.1 und 3.3.3).

4.8.4.2 Detaillierungen und Kondensierungen der thematischen Teilstrukturen

Des Weiteren ist darauf zu achten, ob und wie die verschiedenen thematisierten Größen gekennzeichnet sind und durch Attribute näher charakterisiert werden, sowie darauf, ob und wie bestimmte Teilaspekte der erzählten oder besprochenen Welt im Verhältnis zu anderen Teilgestalten ganz ausführlich oder nur sehr knapp zur Darstellung kommen. Aus solchen systematischen Beobachtungen der thematischen Texturkomponente lassen sich dann spezifische Darstellungsprofile sowohl von Personen und Gruppen sowie von Gegenständen und Sachverhalten erschließen als auch von der Art und Weise, wie die Zeit oder die Lokalitäten in der Erzählkommunikation profiliert und ggf. attributiv charakterisiert werden. In analoger Weise ist bezüglich der Ereignisdarstellung zu beachten, wie minutiös (d.h. in der Zeitlupe) oder wie pauschal (d.h. durch Zeitraffung) Geschehensverläufe vor allem in Erzählungen entfaltet werden, wobei die wörtliche Rede als Eins-zu-Eins-Wiedergabe ein Höchstmaß an detaillierender Präsentation einer Redehandlung darstellt (vgl. oben 3.5.2.5; 4.2.2 sowie III 2.5; 3.1.1 und 4.1, ferner IV 4.2.3.2 und IV Abschn. 4.3). Aus den so erhobenen Einzelprofilen ergeben sich dann die Reliefs, wie das Ensemble der Ereignisträger oder die Verlaufszüge der Ereigniskette insgesamt angelegt sind (vgl. III Abschn. 3.3).

4.8.5 Akzentsetzung und Fokusbildung durch Detaillierung und Kondensierung

Bei diesen systematischen Beobachtungen der thematischen Texturkomponente geht es insgesamt darum, die Schwerpunkte einer detaillierten Ereignis-, Personen- und Sachverhaltsdarstellung innerhalb einer Textkommunikation im Kontrast zu denjenigen Passagen und Sequenzen zu erfassen, die sehr komprimiert und kondensiert zur Darstellung kommen.

In der erzählkommunikativen Analyse sind das die narrativen Zugzwänge der Detaillierung und der Kondensierung (vgl. III 2.3), die dementsprechend beobachtet werden können, auch wenn es sich bei diesen Gestaltungsverfahren nicht eigentlich um Zwänge handelt, sondern um adressatenorientierte Möglichkeiten, in der thematischen Entfaltung Perspektiven und Akzente zu setzen, um die Aufmerksamkeit der Zuhörerinnen- oder Leserschaft auf bestimmte Aspekte der erzählten oder besprochenen Welt zu lenken und andere auszublenden.

Insgesamt gilt es zu erfassen, welche kognitiven Teilstrukturen eines thematisierten Geschehenszusammenhangs und wo diese innerhalb einer Textkommunikation entweder detailliert, minutiös und ausführlich dargestellt oder nur sehr pauschal und zusammenfassend bzw. im Einzelnen überhaupt nicht ausgeführt werden. Ferner muss das graduelle Verhältnis von mehr oder weniger detaillierenden und kondensierenden Textsequenzen zueinander in den Blick genommen werden, um das Ganze der thematischen Texturkomponente in ihrer Proportionalität zu erfassen. Denn mit diesen detaillierenden oder kondensierenden Präsentationsweisen setzt ein Erzähler oder eine Sprecherin wesentliche Akzente, Perspektiven und Schwerpunkte, auf die es ihnen im Blick auf die Zuhörerinnen- und Adressatenschaft intentional ganz besonders, nur mehr oder weniger oder aber überhaupt nicht ankommt. Das Instrumentarium der Detaillierung und Kondensierung dient somit der Akzentsetzung und Fokusbildung im Rahmen der thematischen Entfaltung. Analytisch betrachtet, führt deshalb die sachgemäße systematische Beobachtung der thematischen Texturkomponente zur Aufdeckung der besonderen Profile und spezifischen sach- und handlungslogischen Zusammenhänge einer Textkommunikation. Damit wird die textimmanente Perspektive von Autorin oder Erzähler erfassbar, die als erzählte oder besprochene Welt gegenüber der angezielten Adressatenschaft im Kommunikationsvollzug aufgebaut wird.[170]

4.8.6 Zur Kontrollfunktion des Verfahrens gegenüber eisegetischen Deformationen

Dieses systematisch aufdeckende Verfahren vermag weitgehend auch zwei große eisegetische Gefahren zu bannen. Zum einen erschwert das Beobachtungsverfahren die Neigung, ohne Selbstkontrolle die Detaillierungslücken einer erzählten oder besprochenen Welt mit der eigenen Phantasie zu füllen und damit die Perspektivensetzung in der thematischen Texturkomponente zu deformieren. Zum anderen verbieten sich dadurch nicht nur unangemessene Fragen an die kommunizierte Welt, auf die die Textkommunikation weder eine Antwort geben kann noch will, sondern auch die Neigung, diese textimmanenten Lücken aus der eigenen Vorstellungswelt heraus zu füllen und an diesen Kondensierungen festzumachen. Für beide Gefahren gibt es zahllose Beispiele in der Auslegungsgeschichte.

4.9 Zur Sequenzbildung in der Textkommunikation – Abschnittgliederung und Minimalsequenzen

Mit dem Durchgang durch die einzelnen Texturkomponenten (Abschn. 4.2 bis 4.8) haben wir sowohl alle elementaren Handlungsaspekte der Textkommunikation beleuchtet als auch die wesentlichen sprachlichen Mittel und

170. Es würde zu weit führen, hier ein Beispiel zu entfalten, um die Erhebung von Darstellungsprofilen und -reliefs unter den Gesichtspunkten der Detaillierung, Kondensierung und Gestaltschließung zu veranschaulichen. Dazu ist auf die exemplarischen Studien bei C. Hardmeier (Prophetie 1990a) 126ff. und 174ff. zu verweisen.

Signale benannt, an denen sich diese Handlungszüge in einer konkret gegebenen Textspur beobachten und erfassen lassen. Bei all diesen Komponenten handelt es sich um kommunikationspragmatische Handlungsaspekte, die sich prinzipiell über das Ganze einer Textkommunikation erstrecken. Jedoch zeigt sich dieser übergreifende Charakter der einzelnen Komponenten in der Textspur nur zu einem geringen Teil an entsprechenden Kontinuitätssignalen, wie es konsequent etwa bei der interaktiven oder bei der narrativen Komponente der Fall ist (Pronominalisierung der 1. und 2. Person bzw. Und-Verknüpfung). Demgegenüber begegnen z. B. Zeit- oder Ortsmarken in der Erzählkommunikation eher selten, markieren aber dennoch in der Regel größere Szenenwechsel auf der Bühne der erzählten Welt. Sie gliedern auf diese Weise ihren Gesamtzusammenhang und überspannen somit u. U. umfangreiche Teilsequenzen einer narrativen Kommunikationseinheit. Die Sequenz- und Kohärenzbildung in der Textkommunikation und ihre Gliederung in kommunikationspragmatische Abschnitte lässt sich somit nur zu einem geringen Teil direkt – vorwiegend anhand von Kontinuitätssignalen – in der Textspur beobachten und muss deshalb auch komplementär dazu aus dem übergreifenden Zusammenspiel aller texturanzeigenden Signale der Texturkomponenten erschlossen werden.

4.9.1 Sequenzbildung und Abschnittgliederung im Zusammenspiel der Texturkomponenten – die Rolle von Sätzen, Satzsequenzen und Gliederungssignalen

Wie wir gesehen haben, bilden diese übergreifenden Komponenten in der Textkommunikation nur alle zusammen das integrale Geflecht von kommunikativen Handlungszügen, die sich durch ihre texturanzeigenden Sprachsignale auch in der Textspur abzeichnen. Darin kommt dieses kommunikationspragmatische Zusammenspiel als Textur zum Ausdruck in Gestalt eines integralen Geflechts von Satzfolgen. Denn wie jedes komplexere Handeln muss auch die Textkommunikation in größere Abschnitte und kleinere Handlungssequenzen gegliedert werden, um für die Kommunizierenden überschaubar und Schritt für Schritt nachvollziehbar zu bleiben. Dementsprechend schreitet die Textkommunikation satzweise voran, indem eine Folge von Sätzen aufgebaut wird, die Satz für Satz erzeugt und dementsprechend auch satzweise wieder rezipiert und abgearbeitet wird (vgl. auch II 2.3.1.2 und 2.3.1.3 sowie oben Anm. 164). Dabei besteht im Modell der Dependenzgrammatik jede Satzeinheit aus einem prädikativen Kern mit den zugehörigen Aktanten und Angaben, die ihrerseits attributiv erweitert und/oder zu entsprechenden Nebensätzen ausgebaut sein können.[171] Zwar kann dementsprechend der einzelne Satz oder eine komplexere Satzperiode mit ihren Nebensätzen als prädikative Minimaleinheit bestimmt werden. Damit aber ist weder die Frage beantwortet, wie in der Textkommunikation satzübergreifende Textsequenzen erzeugt und signalisiert werden, noch in welcher Weise eine umfangreichere Kommunikationshandlung in Abschnitte gegliedert und das Verhältnis verschiedener Textsequenzen zueinander strukturiert wird.

Angesichts des satzübergreifenden Charakters der oben beschriebenen Textur- und Handlungskomponenten, sind es zwar ihre texturanzeigenden Signale und Sprachmittel, die einerseits in der Satzfolge einer Textspur nur innerhalb von Einzelsätzen begegnen. Jedoch zeigen sie andererseits zugleich eben diese satzübergreifenden Zusammenhänge unter den jeweiligen Aspekten der signalisierten Komponente an und untergliedern auf diese Weise die Textkommunikation in Handlungsabschnitte und Teilsequenzen.

Zur Veranschaulichung dieses Sachverhalts ist auf das Beispiel der ereignisrelativen Zeitmarke (ויהי כשמע) in II Reg 19,1; 22,11 und Jer 36,16 zurückzukommen (vgl. oben 4.6.4.3). Diese Zeitmarken begegnen zwar als vorangestellte temporale Nebensätze innerhalb der Satzperiode, deren Kern im folgenden Hauptsatz liegt. Doch beschränkt sich ihre Funktion und Reichweite insbesondere aufgrund ihrer thematischen Anfangsstellung – wie gezeigt – nicht auf die zeitadverbiale Näherbestimmung nur der im nachfolgenden Hauptsatz erzählten Handlung. Denn dann müsste diese temporale Näherbestimmung dem Hauptsatz als Rhema nachgestellt werden (vgl. oben 4.6.4.2 und 4.6.4.3). Vielmehr funktioniert die Zeitmarke in satzperspektivischer Thema-Position als szenisches Gliederungsmerkmal, das den ganzen Folgeabschnitt bestimmt bis zur nächsten temporalen Zeitmarke. Durch diese zwar satzimmanente, in ihrer Reichweite aber satzübergreifende Funktion wird die erzählte Handlung in zwei Abschnitte gegliedert: in einen Ereigniszusammenhang, bevor der König bzw. die Beamten den genauen Wortlaut der brisanten Botschaft bzw. Schrift vernommen hatten (II Reg 18,17-37; 22,3-10; Jer 36,9-15), und einen Folgeabschnitt, der erzählt, was aus dem Gehörten folgte (II Reg 19,1aβ.b.2ff.; 22,11b.12ff.; Jer 36,16aβ.b.17ff.). – Auch an der argumentativen Texturkomponente der Redekommunikation kann man sich diesen Sachverhalt leicht an den Hauptsatzkonjunktionen in thematischer Anfangsstellung klar machen, die wie z. B. כי, אם oder לכן (vgl. oben 4.7) nicht nur die damit eingeleitete Satzperiode in argumentativer Hinsicht z. B. als Begründung oder Bedingung festlegen, sondern etwa in einem Konditionalgefüge u. U. eine längere Satzsequenz als Protasis ausweisen, bis mit der Apodosis die argumentative Konsequenz formuliert wird. Damit haben auch diese Signale der argumentativen Texturkomponente eine satzübergreifende Reichweite, auch wenn sie als Signale in der Textspur nur innerhalb einer Satzperiode auftreten.

Im Blick auf die Bildung von Abschnitten der Textkommunikation und satzübergreifenden Teilsequenzen durch texturanzeigende Sprachsignale heißt

171. Neben temporalen Nebensätzen, die eine expandierte temporale Angabe zum Kernprädikat darstellen (vgl. dazu oben 4.6.4.3) ist an sog. Subjekt- oder Objektsätze zu erinnern, die beispielsweise mit כי eingeleitet in Nebensatzform das Objekt zum Kernprädikat bilden (vgl. z. B. Jos 2,9, wo Rahab ihr Wissen in Form von drei Nebensätzen (כי ... וכי ... וכי) preisgibt, die vom Kernprädikat ידעתי abhängig sind. Zur Satzdefinition vgl. II 3.2.1).

das dann zum einen, dass die Bildung von Textsequenzen und von größeren Abschnitten weder allein an der Satzfolge als solcher noch am Wechselspiel der verschiedenen Satzarten in dieser Folge abgelesen werden kann. Zum anderen lässt sich die textübergreifende Strukturierung der Kommunikationshandlung auch nicht nur an bestimmten Einzelsignalen einschlägiger Texturkomponenten in der Textspur erfassen. Vielmehr sind es das komplexe Zusammenspiel aller kommunikationspragmatischen Komponenten und die zeichenförmige Vielfalt ihrer Signalisierungen, die das Ganze einer Textur ausmachen und demzufolge auch die Gliederung der daraus resultierenden Textspur bestimmen. Deshalb ist es die von Text zu Text sehr individuelle und spezifische Interdependenz der einzelnen Komponenten, aus der die je spezifische Gliederung einer Textkommunikation insgesamt hervorgeht.

In textempirischer Hinsicht heißt das, dass die Gliederung dieses Ganzen in der Textspur nur beobachtet und beschrieben werden kann auf der Grundlage der zuvor erfassten Einzelkomponenten (vgl. Abschn. 4.2 bis 4.8 sowie unten 5.3). Bei diesem zweiten Schritt der Textur-Erfassung (vgl. unten Abschn. 5.4) wird das primär Beobachtete in Gestalt der einzelnen Texturkomponenten selbst zum Gegenstand weiterer Beoachtungen. Es handelt sich somit um Beobachtungen zweiten Grades, die das Zusammenspiel der Teilkomponenten zum Gegenstand haben: sei es die Interdependenz der metakommunikativen, der interaktiven, der narrativen oder der argumentativen Texturkomponente, seien es die Korrelationen zwischen der temporalen und lokalen Orientierungskomponente sowie der thematischen Entfaltung. Auf diesen zweiten Schritt der Synthese texturspezifischer Primärbeobachtungen ist unten Abschnitt 5.4 zurückzukommen.

Im Blick auf den Status von sprachlichen Gliederungssignalen in der Textspur bleibt jedoch festzuhalten, dass die Textgliederung und Sequenzbildung in Texten primär durch kommunikative Erfordernisse und ihre Handlungslogik bestimmt wird. Deshalb kann sie nur in Abhängigkeit davon an den texturanzeigenden Sprachsignalen in der Textspur erfasst werden. Diese Signale gliedern somit nicht die Textspur als solche, sondern verweisen auf das kommunikative Handlungsgefüge, das als gliederndes Primärprinzip auch die Gliederung der Sprachgestalt von Texten bestimmt. Demzufolge kann von Gliederungssignalen in Texten nur dann angemessen die Rede sein, wenn das Missverständnis ausgeräumt bleibt, dass diese Signale die Sprachzeichenfolge *per se* strukturieren und damit das Sprachgebilde »Text« als solches gliedern. Gliederungssignale sind texturanzeigende Signale und haben ihre Gliederungsfunktion allein aufgrund des spezifischen Handlungsaspektes, den sie als Texturkomponente anzeigen. Sie gliedern nicht Texte als Sprachgebilde, sondern die damit vollzogene Textkommunikation in Gestalt von strukturierten Handlungsanweisungen der Sinnbildung, die in der Textpartitur niedergelegt sind.[172]

4.9.2 Die Beobachtung von Minimalsequenzen und komplexeren Teiltexten aufgrund von Kontinuitätssignalen

Allerdings gibt es eine Gruppe von texturanzeigenden Sprachmitteln, bei denen sich die Sequenzbildung auch in der Satzfolge kontinuierlich niederschlägt. Es sind dies die Kontinuitätssignale, die als texturanzeigende Mittel – z. B. zur personaldeiktischen Markierung der ersten und zweiten bzw. negativ der dritten Person – in jeder Satzperiode zumindest in der finiten Verbform des Hauptsatzkernes in Erscheinung treten (vgl. oben 3.5.1.3 sowie 4.3.1; 4.3.6 und 4.6.4.1). In diesen Fällen koinzidiert die Signalisierung der interaktiven, aber auch der narrativen Texturkomponente mit der Bildung von Textsequenzen, die auch in der Textspur als sprachzeichenförmige Kettensignale erscheinen und eine eng zusammenhängende Satzfolge anzeigen.

Zwar ist es in texttheoretischer Hinsicht irreführend, diese Kontinuitätssignale als textlinguistische Mittel der Sequenzbildung misszuverstehen, nur weil sie als Sprachsignale etwa der interaktiven und/oder der narrativen Texturkomponente in der Satzfolge kontinuierlich auftreten. Jedoch ist es in textanalytischer Hinsicht sinnvoll und methodisch hilfreich, solche Sequenzbildungen als Minimalsequenzen zu beschreiben oder als komplexere Textabschnitte zu erfassen. Minimalsequenzen der Textkommunikation liegen dann vor, wenn sich in einer Satzfolge gleichartige Kontinuitätssignale über zwei oder mehrere Satzperioden hinweg mit – im Falle von Pronominalisierungen – unverändertem Rückbezug finden und/oder wenn die Satzart und die Anknüpfungsformen in einer Satzfolge unverändert bleiben. Solche Sequenzen kann man als Minimalsequenzen bezeichnen, die unter den gleichen Gesichtspunkten auch zu komplexeren Textsequenzen verbunden sein können. Dabei hängen der Umfang und die Reichweite solcher Text-

172. Mit dieser Präzisierung des Begriffs der Gliederungssignale wird die Unterscheidung von textexternen und textinternen Gliederungssignalen hinfällig, die ich in (Prophetie 1990a) von E. Gülich/W. Raible (Textmodelle 1977) übernommen hatte (vgl. III 3.2.1). Sie beruht auf der Unterscheidung von sprachsystem- und geschichtenbezogenen Merkmalen, wobei im Rahmen der textlinguistischen Erweiterung der klassischen Linguistik auch für die Textkonstitution entsprechende sprachliche Mittel (wie z. B. die Anaphorika und Kataphorika) angenommen wurden (vgl. oben 2.2.1.3). Die Präzisierung zieht die Konsequenz aus dem instruktionssemantischen Status aller sprachlichen Zeichen (vgl. oben 2.2.1.2 und 3.4.4) und führt jene aufkeimende Skepsis zu Ende, die ich bereits damals gegenüber dieser Unterscheidung gehegt hatte.

sequenzen von der Art und der Zahl der gemeinsamen Signale ab, deren Kontinuität beobachtet wird.

Was mit dieser abstrakten Definition gemeint ist, lässt sich an Textbeispielen leicht veranschaulichen. In erzählkommunikativen Texten sind solche Sequenzbildungen häufig: z. B. beginnt in Gen 22,9aα_2 mit ויבן שׁם אברהם את המזבח (»Und es baute dort Abraham den Altar«) eine vierteilige Folge von Impf.-*consecutivum*-Sätzen, in denen im zweiten bis vierten Satz Abraham dann pronominalisiert wird. Sowohl die Satzart als auch der pronominale Rückbezug auf Abraham sind in dieser Satzfolge konstant, so dass man von einer Minimalsequenz sprechen kann. Eine weitere, zweigliedrige Minimalsequenz folgt in V. 10, wobei Abraham in 10aα renominalisiert wird, so dass sich diese zweite Sequenz von der ersten in V. 9 abhebt. Demgegenüber liegt in 9aα_1 eine Pluralform im Impf. *consecutivum* vor, mit der Isaak mitaufgenommen wird, so dass sich mit 9aα_2 der Fokus allein auf Abraham und sein Handeln verlagert (deshalb die Renominalisierung). Andererseits wird in V. 11 der Bote JHWHs als neuer Handlungsträger genannt, so dass Gen 22,9aα_2.b und 10 enger zusammengehören. Sieht man dabei von der Renominalisierung Abrahams in 10aα ab, kann man allein unter dem Gesichtspunkt der unveränderten Satzart (Impf. *consecutivum*) und der Konstanz im pronominalen Bezug der Verbformen auch Gen 22,9aα_2 bis 10 als komplexere Textsequenz zusammenfassen, die durch Konstanz der Kontinuitätssignale konstituiert wird und sich als ganze vom Kontext in 9aα_1 einerseits und V. 11 andererseits abhebt, jedoch aus zwei Minimalsequenzen besteht.

Auch in redekommunikativen Texten lassen sich minimale und/oder komplexere Textsequenzen insbesondere an der Kontinuität der ersten und/oder zweiten Person in den Redepassagen festmachen, wie Beispiele in Jer 2,18f.36.37a oder Thr 1,4f.13-15 zeigen, ohne dass darauf näher eingegangen werden kann.[173] – Eine weitere Art minimaler Sequenzbildung kann auch innerhalb von komplexeren Satzperioden beobachtet werden, wenn entweder einzelne Satzteile appositionell gereiht werden – wie z. B. in Jes 2,12-16 – oder eine umfangreichere Nebensatzkette aufgebaut wird, wie z. B. in Dtn 11,2-6; Jos 2,9; Jer 8,2 oder Am 8,5b.6a und 9,2-4.

Aus dem Umstand, dass die Textkommunikation durch Textsignale der verschiedenen Texturkomponenten strukturiert und in größere Abschnitte und kleinere Handlungssequenzen gegliedert wird, ergibt sich eine doppelte Konsequenz: Zum einen ist die Gliederung der Textkommunikation nicht oder nur in Spezialfällen unmittelbar mit der Satzabfolge verknüpft und an diese gebunden. Deshalb sind zum anderen Minimalsequenzen, die sich über mehrere Satzperioden erstrecken und diesen Spezialfall bilden, nicht lückenlos in der Textspur auszumachen. Nur wo kommunikationspragmatische Komponenten – insbesondere die interaktive und narrative Komponente – auch oder vor allem mit Kontinuitätssignalen (Pronominalisierung, Und-Verknüpfung) angezeigt werden, können streckenweise kohäsive Sequenzen auftreten, jedoch ohne dass eine kommunikationspragmatische Notwendigkeit zur lückenlosen Bildung solcher Textsequenzen besteht.[174]

173. Vgl. exemplarisch die Analyse von Jer 2-6 in C. Hardmeier (Redekomposition 1991).
174. Für diese Phänomene, an denen sich die Verkettung von Sätzen u. a. durch Pronominalisierung und/oder temporale Kontinuitätssignale unmittelbar abzeichnet, wird in der klassischen Textlinguistik der Begriff der Kohäsion verwendet; vgl. dazu de Beaugran-

4.9.3 Kontinuitätssignale und die Bildung von Großabschnitten der Textkommunikation

Hinzuweisen ist in diesem Zusammenhang auf den weiteren Umstand, dass die Beobachtung von Kontinuitätssignalen in ihrer Konstanz natürlich auch zur Erfassung von komplexeren Textsequenzen, größeren Abschnitten oder von ganzen Textteilen führen kann, insbesondere wenn man nur ganz wenige oder nur einen Signaltyp ins Auge fasst. Beschränkt man sich auf eine – sei es die interaktive, sei es die narrative – Texturkomponente und verallgemeinert man darin die Beobachtungsgesichtspunkte, dann kommen u. U. beachtliche Textsequenzen oder umfangreiche Teiltexte in den Blick.

Innerhalb der Mose-Rede in Dtn 1-30 lassen sich – allerdings unter Zuhilfenahme der Computerkonkordanz – auf diese Weise ganz leicht jene Redeteile identifizieren, in welchen Mose vor dem in Moab bei Bet-Pegor versammelten Volk auf die Vergangenheit zurückschaut. Hält man sich zunächst an das Leitmerkmal der Und-Verknüpfung (wesentlich für die narrative Texturkomponente) sowie an die erzählspezifischen Impf.-*consecutivum*-Formen, lassen sich damit die vergangenheitsbezogenen Redeteile in Dtn 1-30 im groben sehr leicht aufdecken. Nimmt man Leitmerkmale der interaktiven Texturkomponente hinzu, insbesondere das origo-bezogene Bündel aller Formen der 1. und 2. Person, dann ergeben sich fünf z. T. sehr umfangreiche Retrospektiven innerhalb der Rede, die ich als Horeb-Reminiszenzen identifiziert habe: Dtn 1,6-18 (+ 1,19-3,29 zwischen Horeb und Moab); 4,(9).10-14; 5,2.4-31; 9,7-10,11 und 18,16-20.[175] Sie zeichnen sich unter den narrativen Passagen durch zwei Besonderheiten aus: Zum einen bringt Mose diese Rückblicke insofern als selbst erlebte Geschichte ins Gespräch, als diese Vergangenheit durchgängig in der ersten und zweiten Person erinnert wird. Zum anderen zeichnen sich alle diese Reminiszenzen dadurch aus, dass ihnen die Bezugnahme auf Kernereignisse und Erfahrungen »am Horeb« gemeinsam ist (vgl. Dtn 1,6; 4,10; 5,4 [vgl. V.2]); 9,8 und 18,16). Ähnliche, wenn auch kleinräumigere Teiltextgliederungen lassen sich unter dem Gesichtspunkt unterschiedlicher Fokussierungen der Anrede und der Ich-

de/Dressler 50ff., zu den ana- und kataphorischen Pro-Formen bes. 65ff. sowie zur temporalen Kohäsion 74ff. Allerdings muss auch hier klargestellt werden, dass der textlinguistische Ansatz von de Beaugrande/Dressler dem transformationsgrammatischen Modell verpflichtet ist (vgl. dazu oben Anm. 164 und 172). Dieses geht von der planmäßigen Umsetzung von semantischen Text-Tiefenstrukturen in eine Textoberfläche aus und fragt – ausgehend vom Einzelsatz, d. h. *bottom up* – nach den textsyntaktischen Verknüpfungsbedingungen von Satzfolgen und der Bildung von größeren kohäsiven Textsequenzen. Demgegenüber gehen wir hier *top down* von den kommunikationspragmatischen Erfordernissen (= Texturkomponenten) aus, wie Textkommunikation unter Ingebrauchnahme sprachlicher Mittel zur Erzeugung einer Textspur angelegt sein muss, damit sie im Gegenüber zur ins Auge gefassten Adressatenschaft sinnbildend wirksam werden kann und damit die vom Sprecher angezielte Einflussnahme auf sein Gegenüber möglichst erfolgreich ist (vgl. dazu auch unten 4.9.4 und Anm. 178). Weil auch die Kontinuitätssignale nicht in erster Linie textsyntaktische sondern kommunikationspragmatische Größen sind, muss erst recht auf das Konzept und den Begriff der Distinuitätssignale (bzw. Diskontinuitätssignale) verzichtet werden, wie wir ihn nach IV 4.2.3.1 versuchsweise noch unter einer textlinguistischen Perspektive eingeführt hatten.

175. Vgl. C. Hardmeier (Schᵉma' 2000b) 63-67 sowie (Geschichten 2003a).

Rede im Wechsel zur beschreibenden Rede in der dritten Person in schriftprophetischen Diskurszusammenhängen oder in den Psalmen und Threni beobachten.[176]

4.9.4 Textkohärenz, Texturkomponenten und das textlinguistische Konzept der Kohäsion

Es ist noch einmal darauf zurückzukommen, dass in methodologischer Hinsicht sowohl minimale als auch komplexere Sequenzbildungen und Abschnittgliederungen der Textkommunikation durch Kontinuitätssignale nicht unter dem problematischen, wenn auch naheliegenden textlinguistischen Gesichtspunkt der Kohäsionsbildung betrachtet werden können (vgl. oben 4.9.2 und Anm. 174). Vielmehr sind sie als Spezialfälle der Art und Weise einzuordnen, wie insbesondere die interaktive oder narrative Texturkomponente u. a. auch durch Kontinuitätssignale zum Ausdruck kommen kann. Ferner entscheidet sich die Frage nach der Kohärenz einer Textkommunikation und ihrer Gliederung allein daran, ob und wie die im Einzelnen beobachtbaren Texturkomponenten in ihrem Zusammenspiel ein Ganzes bilden, das aus kommunikationspragmatischen Gründen mehr ist als die Summe seiner Teilkomponenten. Deshalb kann die Bildung von Textkohärenz nicht als weitere Teilkomponente der Textur betrachtet werden, zumal auch ihre Beschreibung und Bestimmung auf der Beobachtung dieses Zusammenspiels beruht. D. h. sie kann in methodischer Hinsicht ohnehin nur in einem zweiten Schritt der Beobachtung von Primärbeobachtungen erfasst werden (vgl. unten Abschn. 5.4).

Zudem kann die Kohärenzbildung von Texten auch deshalb nicht als weitere Teilkomponente der Textur aufgefasst werden, weil es keine texturanzeigenden sprachlichen Mittel gibt, die diese Sequenzbildung über die Satzgrenze hinaus *als solche* signalisieren.[177] Denn bei denjenigen Mitteln, die in der Textlinguistik als kohäsionsbildende Mittel der Textsyntax angesehen werden, handelt es sich – wie wir gesehen haben – um Kontinuitätssignale

176. Zu Jer 2-6 vgl. C. Hardmeier (Redekomposition 1991) sowie (Erfahrung 1996) 13-18 und zu den Redekonstellationen in Ps 30 (Tod 1988) 304ff. sowie zu den Zeitebenen (Theo-logie 1995b) 114-117.

177. Anders liegen die Verhältnisse innerhalb einer Satzperiode. Denn um Satzteile und Nebensätze in ihrer Beziehung zueinander zu koordinieren, steht – insbesondere bei der Bildung von Attributen, aber auch für die Nebensatzbildung – das Mittel der Kongruenz in Person, Genus und Numerus sowie der Determination und der Kasusbildung zur Verfügung, die innerhalb einer komplexen Satzperiode obligatorisch sind, während Kongruenz zur Bildung von Satzsequenzen zwar eingesetzt werden kann, aber nicht muss, und nur dann erforderlich ist, wenn aus kommunikationspragmatischen Gründen Satzsequenzen mit texturrelevanten Kontinuitätssignalen gebildet werden.

(vgl. 4.9.2), die – sei es die Pronominalisierung, sei es die *consecutio temporum* – Satzfolgen als solche nicht unabhängig von ihren texturanzeigenden Primärfunktionen konstituieren. Damit steht auch das textlinguistische Konzept der Kohäsionsbildung mittels Kontinuitätssignalen (vgl. oben Anm. 174) auf dem Spiel und verbietet sich von einer kommunikationspragmatischen Betrachtungsweise der Textkonstitution her. Denn es geht *bottom up* von der Frage nach den sprachlichen Mitteln aus, mit denen – wie es auf den ersten Blick scheint – Satzfolgen aus Einzelsätzen gebildet werden und deshalb als zusammenhängende Textsequenzen wahrgenommen werden können. Doch wird auf diese Weise den texturrelevanten Kontinuitätssignalen eine textsyntaktische Funktion unterstellt, die ihre kommunikationspragmatische Veranlassung eher verdeckt und damit den Blick für die textpragmatische Bedingtheit der Kohärenzbildung von Texten insgesamt verstellt.[178]

4.10 Zum Stellenwert von Stilbildungen in der Textspur

Im Schrifttum der Hebräischen Bibel gibt es mannigfaltige Stilerscheinungen, denen die Exegese schon immer viel Aufmerksamkeit geschenkt hat. Oben (3.6) haben wir Stilerscheinungen und phraseologische Stereotypen als Normierungen der Sprachverwendung näher bestimmt, wobei die text- und kommunikationspragmatischen Beweggründe für solche Normierungen sehr verschiedenartig sein können. M. a. W. beruhen Stilphänomene auf besonderen Modellierungen des Sprachgebrauchs in Texterzeugungsprozessen, wobei sie als Stereotypenbildung im Bereich der Sprachverwendung (*parole*) entweder textextern, d. h. soziokommunikativ bedingt sind oder textinterne kommunikationspragmatische Funktionen in der sprachlichen Sinnbildung haben können. Während die textexternen

178. Während – wie oben Anm. 177 erwähnt – für die Satzsyntax eine ganze Reihe von virtuellen, grammatikalisierten Sprachmitteln auf der Ebene der *langue* zur Verfügung stehen, gibt es aus den oben genannten Gründen auf der Ebene der *langue* keine virtuellen Mittel der *Text*syntax, die als solche zur Kohäsionsbildung eingesetzt werden können. Deshalb kann beim Spezialfall der Kontinuitätssignale nur in einem uneigentlichen Sinne von Mitteln der Textsyntax gesprochen werden. Denn diese zeigen nicht die Kohäsion von Satzfolgen an, sondern die Kontinuität von Texturkomponenten, die aus kommunikationspragmatischen Gründen satzweise angezeigt und kontinuierlich wiederholt werden müssen (vgl. oben 4.4.4). Deshalb ist – genau genommen – auch auf die Kategorie der Textsyntax ebenso wie auf das Konzept der Kohäsionsbildung (vgl. Anm. 174) – unbeschadet ihres hohen wissenschaftsgeschichtlichen Stellenwerts (vgl. oben 2.2.1.3) – zu verzichten.

Motivationshintergründe noch unten 5.5.1 anzusprechen sind, ist abschließend im Rahmen der Beobachtbarkeit von Texturkomponenten in der Textspur kurz auf die textinternen, funktionalen Aspekte von Stilbildungen einzugehen.

Bereits an der Bildung von Textsequenzen ist klar geworden, dass die Sequenzbildung für sich genommen kein kommunikationspragmatisches Erfordernis ist (4.9.1). Denn die Kohärenz einer Textkommunikation wird kommunikationspragmatisch durch das Zusammenspiel aller Texturkomponenten gewährleistet und kann in den Texten sachgemäß nur an den entsprechenden texturanzeigenden Spuren abgelesen werden. In vergleichbarer Weise lassen sich auch besondere Stilisierungen der Sprachverwendung und damit der eingesetzten texturanzeigenden Sprachmittel in der Textspur im Prinzip an allen Texturkomponenten beobachten (vgl. Abschn. 4.2 bis 4.8). Dabei bildet die Handlungskomponente der thematischen Entfaltung (Abschn. 4.8) zweifellos bei weitem das breiteste Feld von Möglichkeiten, eine spezifische Diktion auszubilden, wie sie z. B. vom priesterlichen Sprachgebrauch bekannt ist, oder phraseologische Stereotypen zu prägen, wie sie für den Deuteronomismus typisch sind. Dennoch lässt sich die Stilfrage nicht auf diese Handlungskomponente, geschweige denn auf die attributiven Erweiterungen einschränken, wie J. Krispenz es vorschlägt (vgl. dazu oben 3.6). Vielmehr ist stets auf Stilisierungen in den sprachlichen Realisierungen auch der anderen Komponenten zu achten, wie die folgenden Beispiele zeigen:

a. Für Stilisierungen im Bereich der metakommunikativen Komponente sind die deuterojeremianischen Überschriften im Jeremiabuch beispielhaft, die das JHWH-Wort nicht mit der geläufigen Wortereignisformel ויהי דבר יהוה אל, sondern als Wort (הדבר) einführen, »das an Jeremia מאת יהוה (von JHWH her) ergangen ist«. Dabei handelt es sich in phraseologischer Hinsicht um eine spezifische Überschriften-Bildung, die nur im Jeremiabuch begegnet (Jer 7,1; 11,1 etc.) und signifikant für die deuterojeremianische Komposition und Bearbeitung des Buches sein dürfte. – Auch die genaue Beobachtung unterschiedlicher Stereotypen von Redeeinleitungen in den Rahmentexten des Heiligkeitsgesetzes zeigen die textpragmatische Relevanz solcher Stilisierungen (A. Ruwe, 1999, 57ff.).

b. Ein Beispiel für die Stilisierung von Zeitmarken im Rahmen der narrativen Handlungskomponente bieten die unterschiedlichen Datierungsstile in den Königsbüchern (vgl. C. Hardmeier, Annalenwerk 1990c). Sie lassen Rückschlüsse auf unterschiedliche Formationsstufen der Königsbücher und/oder auf eine Datierungsweise zu, die den herangezogenen Quellen aus den königlichen Annalen eigentümlich gewesen sein könnte.

c. Auch im Bereich der argumentativen Handlungskomponente sind Stilisierungen zu beobachten, wie das Beispiel von stereotyp formulierten Warnungen im Deuteronomium zeigt. Die Warnung פן ... (+ 2. Person) השמר ל begegnet nach Ausweis der Computerkonkordanz in dieser charakteristischen Formulierung allein im Deuteronomium 10mal (4,9.15f.23; 6,12; 8,11; 11,16; 12,13.19.30 und 15,9), während sie sich im ganzen übrigen Tanach nur noch 3-mal und zudem verstreut findet (Gen 24,6; 31,24 und vom Deuteronomismus abhängig Ex 34,12 [vgl. noch Jos 6,18]). D. h. in dieser Stilisierung ist wahrscheinlich eine einschlägige didaktische Redefigur zu sehen, die den Tora-Diskurs im Deuteronomium besonders auszeichnet.[179] Ja sie scheint sogar auf die konkrete Praxis der Tora-Erteilung selbst zurückzugehen, die noch in Dtn 24,8 und 17,10-12 durchscheint.[180] – Auch beim Pattern der Begründung und Ankündigung von unheilvollen Konsequenzen in der Schriftprophetie dürfte es sich um eine Argumentationsfigur und damit um eine besondere Diskursart und Textsorte der kritischen Prophetie handeln, die allerdings in unterschiedlichen Stilisierungen belegt ist (vgl. dazu II 4.2.5 Anm. 313).

Daraus ergeben sich eine Reihe von Konsequenzen:

1. Weil Stilerscheinungen an allen Texturkomponenten und ihren sprachlichen Realisierungen beobachtet werden können, handelt es sich ebensowenig wie bei den Sequenzbildungen um eine eigene unmittelbar texturrelevante Größe.
2. Gerade deshalb sind Stilerscheinungen zunächst daraufhin zu prüfen, an welcher Komponente sie sich zeigen und welchen Aspekten der Textur sie deshalb zuzuordnen sind. Denn nur auf diese Weise lassen sie sich einerseits innerhalb einer Komponente mit anderen spezifischen Stilphänomenen adäquat vergleichen und können andererseits zu signifikanten Stilisierungen in anderen Komponenten kontrolliert ins Verhältnis gesetzt werden.
3. An der Komponentenspezifik von Stilisierungen entscheidet sich auch, welchen Stellenwert die Beobachtungen für die Analyse und Interpretation der Texte haben und welche Rückschlüsse auf textinterne Bedingtheiten und/oder textexterne Motivationshintergründe daraus gezogen werden können.
4. Nicht zuletzt ist die Beobachtung von stilistischer Homogenität, von phraseologischer Konsistenz und einheitlicher Diktion in unterschiedlichen Texturkomponenten ein starkes Argument für synchrone Textzusammenhänge, weil sich daran – besonders auch unwillkürliche – Sprachverwendungsweisen zeigen, die für spezifische Trägergruppen charakteristisch sein können (vgl. oben 2.2.5 zur objektbezogenen Synchronie).

Im Blick auf die Komponentenspezifik ist es ein Unterschied, ob wir es z. B. mit einem signifikanten Datierungsstil (vgl. oben b) oder einer eigentümlichen Argumentationspraxis

179. Das wird an den Warnungen in Dtn 6,12; 8,11 und 11,16 besonders deutlich, die zudem einerseits in 6,10f.; 8,7ff. und 11,13ff. konditional mit einer segensreichen Zukunftsperspektive eingeleitet werden und andererseits die konkrete Mahnung beinhalten, JHWH angesichts des künftigen Wohlstand nicht zu vergessen (vgl. 6,12f.; 8,11.[12-18a]) bzw. ihm nicht untreu zu werden (11,16 vgl. 12,30 sowie 4,9.16 und 23). Daran zeigt sich, dass und inwiefern dieser Stil der warnenden Vermahnung seine Rolle auch in komplexeren Argumentationsfiguren spielt, die ihrerseits typisch und charakteristisch sind für die Mose-Rede im Deuteronomium.

180. Vgl. dazu auch C. Hardmeier (Wahrhaftigkeit 2001c). Als Einzelanweisungen im Stile der konkreten Tora-Erteilung verstehen sich auch Dtn 12,13.19.30 und 15,9.

(vgl. oben c) zu tun haben oder ob das wiederholte Auftreten einer spezifischen Bildsprache und Wortwahl beobachtet wird. Im ersten Fall weisen die Stilphänomene auf eigentümliche kommunikationspragmatische Verfahrensweisen, die textextern motiviert und für bestimmte Textsorten bzw. Quellen – wie im Falle des Datierungsstils – oder für die Textpragmatik des Tora-Diskurses und für ein spezifisches Autoren-Milieu – wie im Falle der Warnfigur im Deuteronomium – typisch sein können. Im Falle einer spezifischen Bildsprache und Wortwahl im Rahmen der thematischen Komponente ist stets zu prüfen, ob textinterne, primär funktionale Veranlassungen z. B. für die Bildung von argumentativen Rahmenzusammenhängen oder Ringstrukturen zur Gestaltschließung vorliegen[181] oder ob für die Stilisierung der thematischen Entfaltung textexterne Gründe veranschlagt werden können oder müssen.[182]

Diese Beispiele machen jedoch lediglich klar, wie außerordentlich vielfältig Stilbildungen motiviert sein können. Methodisch lassen sie sich nur konkret am Textmaterial beobachten und beschreiben und sind analytisch zunächst auf jene Texturkomponente zu beziehen, an deren Sprachspur sie sich zeigen. Auf dieser analytischen Grundlage ist dann in weiteren synthetischen Schritten zu fragen, ob die beobachteten Stilisierungen textintern und/oder

181. Für die Diskurseinheit von Jer 2-6 ist es neben vielen anderen Beobachtungen z. B. signifikant, dass sowohl Jer 2,37b als auch 6,30b mit der gleichlautenden argumentativen Feststellung כי מאס יהוה ב ... schließen, wobei JHWH nach 2,37 das falsche Vertrauen Jerusalems auf ägyptische Hilfe (במבטחיך) missbilligt und nach 6,30b die korrumpierte Führungselite Jerusalems insgesamt aufgrund ihrer Fehlorientierung verwirft. Diese abschließende Verwerfung steht in Analogie zur gleichlautenden Verwerfung, die die Stadt Jerusalem nach Jer 4,30 als Prostituierte von ihren Freiern (עגבים = sexlüsterne Buhlen) erfährt, d. h. von den falschen Bundesgenossen, auf die die Stadt nach 2,37b ihr Vertrauen gesetzt hat (vgl. 3,1ff.). Alle übrigen Vorkommen der Wendung מאס ... ב im Tanach (nach Ausweis der Computerkonkordanz insgesamt 18-mal) stehen entweder in keinem erkennbaren Zusammenhang mit Jer 2-6 oder greifen (wie Jer 6,19 sowie 31,37 → II Reg 17,20) nachinterpretierend darauf zurück. – Ein ähnliches Beispiel einer argumentativen Rahmenbildung lässt sich in Jes 5,24b im Verhältnis zu 1,4bβ (vgl. 5,24bβ) und 10b (vgl. 5,24bα) erkennen, wobei innerhalb der möglicherweise vorexilischen Passagen von Jes 1-39 sowohl der Gebrauch des Verbes נאץ als auch der Begriff der תורה (abgesehen von Jes 8,16.20 und 30,9 [2,3 und 24,5 sind mit Sicherheit als exilisch-nachexilisch einzuordnen]) exklusiv gebraucht werden.

182. Ein Beispiel hierfür ist der gleichlautende Vorwurf, das »Joch zerbrochen« und die »Stricke zerrissen« zu haben, der in Jer 2,20 an Jerusalem gerichtet und in 5,5b den korrumpierten Führungseliten gemacht wird. Damit greift Jeremia einerseits mit einiger Wahrscheinlichkeit auf die zeitgenössische Kontroverse mit Hananja zurück, die in einer Symbolhandlung (Jer 27f.) ausgetragen wurde und damit textextern veranlasst ist (vgl. dazu C. Hardmeier, Erfahrung 1996, 27f. sowie ders., Wahrhaftigkeit 2001c, 128-130). Andererseits beziehen sich Jeremia und Hananja mit der Joch-Metaphorik wohl ihrerseits auf die frühjoschijanische Einschätzung in Jes 9,3 zurück, dass mit dem inthronisierten Kind-König (9,5 = Joschija) das Joch Assurs zerschmettert (חתת hif.) sei, auch wenn sie diesen Rückbezug im Blick auf die neubabylonische Vasallenabhängigkeit nach 597 gegensätzlich interpretieren; zur Joch-Metaphorik, ihrer herrschaftsideologischen Bedeutung in der Spätzeit des neuassyrischen Reiches und zur theopolitischen Rezeption der Metapher in der spät-vorexilischen Schriftprophetie vgl. A. Ruwe/U. Weise (2002).

textextern veranlasst sind, was jedoch a) nur unter Berücksichtigung der Komponentenspezifik, b) nur im Vergleich mit anderen Texten und c) nur auf dem Hintergrund von soziokommunikativen und soziohistorischen Kenntnissen beurteilt werden kann, die aus weiteren textunabhängigen Quellen zu erheben sind (vgl. dazu unten Abschn. 5.4 und 5.5).[183]

Mit diesen Erörterungen sind nicht nur die sprachphänomenologischen Aspekte der Stil- und Sequenzbildung (4.9) geklärt, die an der Textspur beobachtet werden können. Auch haben wir zuvor die wesentlichen Texturkomponenten beleuchtet (4.2. bis 4.8) und ihre Wahrnehmbarkeit an den texturanzeigenden Sprachsignalen deutlich gemacht. Damit ist die ganze Breite der Beobachtungsgrundlagen klargelegt, von denen eine empirische Textanalyse auszugehen hat, um die Kommunikationspragmatik einer textförmigen Sinnbildung zu erschließen. Als Letztes ist deshalb im folgenden Teil auf die verfahrenstechnischen Aspekte der Textempirie einzugehen.

183. Zur Quellenproblematik vgl. C. Hardmeier (Quellenevidenz 2001e) sowie den ganzen Band (Steine 2001d).

5. Verfahren, Instrumente und Erträge der Beobachtung der Textur und ihrer Komponenten

5.1 Voraussetzungen und Rahmenbedingungen des methodischen Verfahrens

Den methodischen Schritten (5.2) sind einige Rahmenüberlegungen zum analytischen Verfahren selbst vorauszuschicken. Wenn es im Folgenden darum geht, wie anhand der texturrelevanten Sprachsignale in konkreten Textvorkommen die Textur eines Textes und ihre Komponenten erschlossen werden können, ist noch einmal an das Verhältnis von Expertenwissen und Untersuchungspraxis zu erinnern. Das in Kapitel 3 entfaltete Expertenwissen ist – in Analogie zur Anatomie und Physiologie in der Medizin – als Hintergrundwissen für die textempirische Praxis in mehrfacher Hinsicht wichtig.

5.1.1 Expertenwissen und Untersuchungspraxis

Um die unter 4.1 definierte Textur von Texten und ihre Komponenten (Abschn. 4.2 bis 4.8) sowie Stilerscheinungen (Abschn. 4.10) und sprachförmige Sequenzbildungen (Abschn. 4.9) in überlieferten Texten sachgemäß analysieren und erfassen zu können, muss das notwendige Expertenwissen ein praktisches sein: Als handwerkliches Hintergrundwissen hat es das konkrete Beobachten und Beschreiben von Texten im analytischen Vollzug zu begleiten. Folgende Aspekte dieses Begleitwissens sind besonders wichtig:

a. Man muss mit den Grundaspekten der Texterzeugung und ihren kommunikationspragmatischen Bedingungen vertraut sein, wie sie in Abschnitt 3.4 entfaltet worden sind. Stets hat man sich vor Augen zu halten, dass Texte keine statischen Größen mit einer zu erhebenden Bedeutung sind, sondern Partituren einer Textkommunikation, die einerseits im zu analysierenden Text ihre Spuren hinterlassen hat und deshalb andererseits als kommunikationspragmatische Handlungseinheit aus dieser Textspur nachvollziehend erhoben werden kann. Dabei ist noch einmal ausdrücklich auf die Maximen einer Hermeneutik der Behutsamkeit und des textempirischen Fremdverstehens biblischer Texte zu verweisen (2.3.2.2). Vor allem sind das Prinzip der Datenzentrierung (2.3.2.2 a.) und die Leitlinien der Sequenzanalyse sowie der Kontextualität (2.3.2.2 g.) hervorzuheben, die der Prozesshaftigkeit textförmiger Sinnbildung besonders Rechnung tragen.

b. Um die einzelnen Texturkomponenten und ihre sprachlichen Markierungen in den Textvorkommen richtig einzuschätzen und im Einzelnen beurteilen zu können, ist es ferner notwendig, sowohl die Besonderheiten der Rede- und Erzählkommunikation als auch die sprachlichen Mittel genau zu kennen, mit denen diese Grundarten der Textkommunikation vollzogen werden (vgl. Abschn. 3.5). Im Einzelnen sind dazu die Erörterungen der Texturkomponenten (Abschn. 4.2 bis 4.8) zu Rate zu ziehen, um sich genauer im Klaren darüber zu sein, an welchen texturanzeigenden Sprachsignalen diese Komponenten in der Textspur erkennbar sind. Als handwerklicher Wissenshintergrund für die Textbeobachtung sind dabei auch die Überlegungen unverzichtbar, die wir in Abschnitt 4.9 zur Bildung von Minimalsequenzen und komplexeren Teiltextzusammenhängen sowie in 4.10 zum Stellenwert von Stilbeobachtungen angestellt haben.

c. Ebenso wichtig ist es, sich bei der Textanalyse über den unterschiedlichen Status von texturrelevanten Sprachsignalen im Klaren zu sein: Was in Textspuren beobachtet werden kann, sind Sprachvorkommen ersten Grades (*parole*, vgl. oben 3.4.5 und IV 2), nämlich die je konkret eingesetzten Signale, um die verschiedenen Texturkomponenten als spezifische Handlungszüge im textförmigen Kommunikationsprozess les- und hörbar zu machen. Demgegenüber sind Sprachzeichen, wie sie in Wörterbüchern als Lexeme und in Grammatiken als funktionale Sprachelemente beschrieben werden, Sprachzeichen zweiten Grades (*langue*) und haben den Status von virtuellen Zeichenelementen, die in einer gewissen funktionalen Bandbreite und in einem mehr oder weniger großen Spektrum von Bedeutungsmöglichkeiten eingesetzt werden können (vgl. dazu besonders oben 4.8.1 bis 4.8.3).

d. Auch muss man sich dabei über die Grundunterscheidung von Instruktions- und Repräsentationssemantik (vgl. oben 3.4.4.) im Klaren sein. Denn die texturrelevanten Sprachsignale repräsentieren oder bezeichnen nicht im Einzelnen bestimmte pragmatische Aspekte der kommunikativen Handlung (vgl. oben 4.1.2 und 4.1.2.1), sondern zeigen einzelne Vollzugsaspekte der Textkommunikation an, deren Bedeutung und Funktion nur im rezeptiven Textprozess eingelöst werden. Unter diesem instruktionssemantischen Gesichtspunkt sind auch die texturanzeigenden Sprachmittel in den Abschnitten 4.2 bis 4.8 im Einzelnen beleuchtet worden, um an ihrem Gebrauch in der Textspur erkennen zu können, welcher Handlungsaspekt der Textkommunikation damit im Lesen oder Hören nachzuvollziehen ist.

5.1.2 Signal- und komponentenorientierte Fragerichtung – *bottom up* und *top down*

Aus dem Doppelaspekt, unter dem die Textur eines Textes betrachtet werden kann – sei es von ihrer sprachzeichenförmigen Spur in Textvorkommen her, sei es unter dem Blickwinkel der Kommunikationspragmatik, die den Einsatz der texturrelevanten Sprachsignale in der Texterzeugung bestimmt –, ergibt sich auch im methodischen Verfahren eine doppelte Fragehinsicht: Entweder setzt man primär bei der sprachzeichenförmigen Textspur an und fragt nach dem Auftreten bestimmter texturrelevanter Signale in einem Textvorkommen. Oder man setzt in erster Linie bei den kommunikationspragmatischen Erfordernissen und damit bei bestimmten Texturkomponenten an: dabei ist vom Spektrum ihrer sprachlichen Signalisierungsmöglichkeiten auszugehen, um dann systematisch zu fragen, ob, und wenn ja, welche dieser komponentenspezifischen Sprachsignale im zu untersuchenden Text vorkommen und wie sie darin eingesetzt sind. Die zuerst genannte Fragerichtung kann als *signalorientiert* bezeichnet werden. Sie verfährt *bottom up*. Die zweite ist *komponentenorientiert* und verfährt *top down*. – Was die Verfahrensweise selbst betrifft (vgl. unten 5.3.1 und 5.3.2), ist es allein eine Frage der Zweckmäßigkeit, aus welchem Blickwinkel und in welche der beiden Richtungen die analytische Frage ansetzt. Oft genug ist es sinnvoll, sowohl *top down* als auch im Wechsel dazu *bottom up* zu fragen. Die Zweckmäßigkeit hängt vor allem davon ab, welcher Art die texturrelevanten Sprachsignale hinsichtlich ihrer grammatischen Form und der Häufigkeit ihres Auftretens sind.

Dieser Zweckmäßigkeitsaspekt soll kurz an den texturanzeigenden Sprachsignalen veranschaulicht werden, die für die interaktive Texturkomponente relevant sind (vgl. oben Abschn. 4.3). Um sich flächenübergreifend einen raschen Überblick über die Anredestrukturen in redekommunikativen Texten wie z. B. den Dialogen im Hiobbuch zu verschaffen, ist es sehr effektiv und zweckmäßig, mit der Computerkonkordanz (vgl. unten 5.3.3.1) sowohl alle Suffixformen als auch alle finiten Verbformen der 2. Person (inklusive Imperative) zu suchen. Verbindet man diese Suche mit dem weiteren Suchaspekt der Wir-Formen, so zeichnet sich alsbald ein recht klares Bild ab: erkennbar wird ein Basisunterschied von Redepassagen, in denen sich die jeweils als redend eingeführte Person direkt an ihre Adressaten wendet, im Unterschied zu Redepassagen, in denen allgemein und nicht adressiert – bei Hiob und seinen Freunden könnte man streckenweise sagen ins Leere – geredet wird. Bei solchen computergestützten Suchläufen wird eine signalorientierte Fragerichtung eingeschlagen, die an den Vorkommen bestimmter grammatischer Formen ansetzt. Sie ist dann besonders zweckmäßig, wenn es sich a) um Kontinuitätssignale handelt (vgl. oben 3.5.1.3), die aufgrund ihrer Funktion kontinuierlich und angesichts ihrer Satzgebundenheit häufig vorkommen (vgl. auch 4.9.2), und b) wenn es um Überblicke geht, die über umfangreichere Textzusammenhänge gewonnen werden sollen (vgl. 4.9.3).

Demgegenüber ist zur Vertiefung und für eine detailliertere Analyse von Anredepassagen komponentenorientiert und d. h. *top down* zu fragen, ob, und wenn ja, mit welchen speziellen Mitteln die Interaktion mit der Adressatenschaft gestaltet wird. Dabei ist innerhalb jeder Einzelpassage der analytische Blick speziell z. B. auf Fragesätze oder Aufforderungen (vgl. 4.3.2), auf verschiedene Aufmerksamkeits-heischende Partikeln (vgl. 4.3.3) oder Hervorhebungen der Anrede durch selbständige Personalpronomina (vgl. 4.3.4) zu richten, um das besondere Relief der interaktiven Texturkomponente herauszuarbeiten. Methodisch heißt das, dass die komponentenorientierte Fragerichtung a) sich besonders in Bezug auf texturrelevante Sprachsignale nahe legt, die im Gegensatz zu den Kontinuitätssignalen nur relativ selten und vereinzelt vorkommen, und b) sich vor allem für die Analyse begrenzter Textpassagen im Detail empfiehlt.

5.1.3 Beobachtungsrahmen und Textbasis

Eine weitere Vorfrage des Verfahrens betrifft die textliche Beobachtungsbasis und ihren Umfang. Ziel und Aufgabe einer textempirischen Literaturwissenschaft ist es, sich an die Textwelten der Bibel induktiv heranzutasten. Dabei sollen Primärtexte und rezeptive Formationsstufen innerhalb dieser Traditionsliteratur soweit in ihrer objektbezogenen Synchronie erschlossen werden, dass sie auch als pragmatische Einheiten der Textkommunikation je für sich und in je spezifischen soziohistorischen Verhältnissen plausibel werden können (vgl. oben 2.2.5). Bei dieser empirisch-induktiven Vorgehensweise muss allerdings auch die Textbasis bedacht werden, die systematisch untersucht werden soll. Zudem ist in Rechnung zu stellen, dass plausible Textgrenzen, d. h. der Anfang, die Gesamtgestalt und das Ende einer kommunikationspragmatischen Texteinheit sich erst in und durch das Verfahren selbst herauskristallisieren und sich nur auf der Basis einer textempirischen Analyse begründen lassen. Deshalb sind – was die zu untersuchende Textbasis betrifft – drei Vorkehrungen zu treffen:

a. Die Textbasis und ihr Umfang müssen explizit und bewusst gemacht werden. Dabei ist als Orientierungsrahmen das Modell der konzentrischen Kontextualisierung (C. Hardmeier, Quellenevidenz 2001e, 21f.) auch auf textimmanente sowie innerbiblische Literaturzusammenhänge anzuwenden. Es ist darüber Rechenschaft zu geben, in welcher Nähe oder Ferne – sei es in synchroner oder diachroner, sei es in literatursoziologischer oder kulturgeographischer Hinsicht – herangezogene Vergleichskontexte zum untersuchten Textzusammenhang stehen.

b. Im Zweifelsfall empfiehlt es sich, den textlichen Untersuchungs- und Bezugsrahmen eher zu groß als zu klein zu wählen, innerhalb dessen ein Primärtext oder eine rezeptive Vorstufe vermutet wird. Dabei sollte man sich an evidente Textgrenzen wie z. B. homogene Überschriftensysteme oder einschlägige Rahmenbildungen halten. Sie können als zuverlässige Fixpunkte und Teiltextgrenzen gelten, was jedoch stets konkret plausibel gemacht werden muss.[184]

184. Bei der Untersuchung von Vorstufen etwa im Jeremiabuch kann man sich für vordeu-

c. Auch wenn der methodische Textrahmen hinreichend breit gesetzt wird, ist darüber hinaus – insbesondere bei der Erhebung von spezifischen Stilbildungen, Parallelismen, Kennzeichnungsarten oder Wortfeldern – nach dem Prinzip der konzentrischen Kontextualisierung stets auch ein weiterer Kontextbereich bzw. der ganze Tanach ins Auge zu fassen, was sich besonders bei Untersuchungen mit der Computerkonkordanz (vgl. unten 5.3.3.1) empfiehlt.[185]

5.1.4 Experimentelle Vorgehensweise und Grenzen der Darstellung des Verfahrens

Als Letztes sind einige Hinweise zur Untersuchungspraxis und damit zur Funktion und zu den Grenzen der Darstellung von Verfahrensschritten zu beachten. Die Überlegungen verschränken sich unmittelbar mit den Maximen einer Hermeneutik der Behutsamkeit und des textempirischen Fremdverstehens biblischer Texte (vgl. oben 2.3.2.2), die als Leitlinien die Grund-

terojeremianische Primärtexte und Kleinformationen an das Überschriftensystem in Jer 7,1; 11,1 etc. halten (vgl. oben 4.2.2 und 4.10 a.). Demzufolge sind z. B. der sog. Königszyklus in Jer 21,11-23,5f.* und seine Formationsstufen zumindest im Textrahmen von Jer 21,1-24,10 zu untersuchen. Bei kleineren Büchern im Dodekapropheton wie z. B. Zephanja oder Nahum sollte man von vornherein das Buchganze in den Blick nehmen. In den Königsbüchern empfiehlt sich ab II Reg 12 der sog. Königsrahmen als Begrenzung für die Untersuchung von Binnenerzählungen wie z. B. II Reg 18f. innerhalb von 18,1ff. und 20,20f. (vgl. Prophetie 1990a, 88ff.). Im Deuteronomium oder in den Gesetzespassagen des Tetrateuch ist neben den Überschriften auf das bzw. die homogenen System(e) der narrativen Redeeinleitungen als Rahmensignale zu achten: Vgl. z. B. neben der Überschrift in Dtn 1,1 die Redeeinleitungen in 5,1; 27,9; 29,1; 31,1 und 32,45 (noch Jos 23,2), in denen Israel konsequent als כל ישׂראל bezeichnet wird, im Kontrast zum Über-/Unterschriftensystem in Num 36,13; 4,44.45; 28,69 und 33,1, wo die Israeliten als Adressaten durchgängig mit בני ישׂראל benannt werden (und darüber hinaus auch in den Rahmentexten des Deuteronomiums Kp. 1,3; 4,46; 10,6 sowie häufiger in Kp. 31-34, während in 27,1 und 11 vom Volk nur als העם gesprochen wird). Zur Relevanz der narrativen Redeeinleitungen im sog. Heiligkeitsgesetz vgl. A. Ruwe (1999) bes. 57ff. Im Buch der Sprüche oder der Psalmen sind es die Teilsammlungen, die als konzentrische Stufen der methodischen Rahmensetzung in Betracht zu ziehen sind.

185. Auf diese Weise kommen exklusive Textbeziehungen wie z. B. zwischen Hos 4,3; Zeph 1,2f. und Gen 6,7 in den Blick, die u. U. auf die Spur einer priesterlichen Interpretation der vorexilischen Unheilsprophetie und die *relecture* (einer älteren Vorstufe?) des Dodekapropheton führen könnten (vgl. parallel auch das Verhältnis von Am 8,2 und Gen 6,13). Andererseits kann sich auf diese Weise auch die Exklusivität einer besonderen Wortwendung innerhalb eines konzisen Textzusammenhangs zeigen, wie es auf den Leitbegriff גדל לבב in Jes 9,8 und 10,12 zutrifft, wobei es natürlich noch weiterer Indizien und Begründungen bedarf, um diese, im Rahmen des ganzen Tanach exklusiven Vorkommen als Wendungen mit Leitwortfunktion innerhalb eines synchron angelegten Diskurszusammenhangs zu interpretieren.

lage bilden und entsprechend zu Rate zu ziehen sind. Wie aber ist ihnen in der Untersuchungspraxis Rechnung zu tragen?

a. Wie im Falle der Fragerichtungen – signalorientiert (*bottom up*) oder komponentenorientiert (*top down*, vgl. oben 5.1.2) – ist eine starre Abarbeitung bestimmter Schritte in einer festen Reihenfolge unsachgemäß. Deshalb darf die folgende Darstellung (Abschn. 5.2 bis 5.4) nicht als starres Schema des Vorgehens missverstanden werden. Sie ist systematisch angelegt und stellt die Schrittfolge lediglich modellhaft vor. Primär sprachphänomenologisch und signalorientiert, gehen die Verfahrensschritte idealtypisch von der Beobachtung und Beschreibung der sprachförmigen Textgestalt aus und stoßen – komponentenorientiert – zu den Synthesen und Schlussfolgerungen vor, die aus diesen Primärbeobachtungen sowie aus der Beobachtung des Beobachteten (vgl. oben 4.9.1) zu ziehen sind.

b. Demzufolge sind die Schritte des Vorgehens nicht festgelegt, insbesondere können synthetische und komponentenorientierte Schlussfolgerungen erneut bestimmte signalorientierte Untersuchungen notwendig machen. Auch kann es geboten sein, die Verfahren als mehrstufige Durchgänge durch einen Textzusammenhang u. U. aufgrund von neu gewonnenen Gesichtspunkten zu wiederholen. Das ganze ist als offenes Probierverfahren anzulegen und gestaltet sich als »Prozess der *spiralförmigen Präzisierung*«.[186] Dabei ist noch einmal ausdrücklich auf zwei Maximen einer Lese-Hermeneutik der Behutsamkeit zu verweisen: zum einen auf das Prinzip der »Rekonstruktionshaltung« (vgl. 2.3.2.2 b. und c.), die als »suspensive Haltung« für eine Heuristik des Fremdverstehens biblischer Texte konstitutiv ist, und zum anderen auf die Leitlinie der »Zirkularität und Kohärenz« (vgl. h.), auf der in verfahrenstechnischer Hinsicht der textempirische Erkenntnisprozess der spiralförmigen Präzisierung beruht.

c. Vor allem ersetzt die Darstellung der Verfahrensweisen nicht das praktische Ausprobieren. Ja, richtig verstanden werden können diese Verfahren nur, wenn sie an Beispielen eingeführt, vordemonstriert und nachvollzogen werden, so wie man auch schwimmen lernt. Natürlich müssen einem Nicht-Schwimmer die wesentlichen Schwimmbewegungen zuerst erklärt und vorgeführt werden. Aber schwimmen – und bei den ersten Versuchen auch Wasser schlucken – muss eine Schwimmschülerin schon selbst, um es auch praktisch zu lernen. Somit kann die folgende Darstellung weder Seminare noch Übungen oder Workshops ersetzen, in denen die Verfahren praktisch anzueignen und einzuüben sind. Deshalb beschränken wir uns hier auf Leitlinien des praktischen Vorgehens, auf die in der Praxis immer wieder zurückgegriffen werden kann, um auf diese Weise lernend und lehrend die ei-

186. G. Lucius-Hoene/A. Deppermann (2002) 102, vgl. dazu ausführlich oben 2.3.2.2 h.

gene Kunstfertigkeit, Erfahrung und Routine – wie in der ärztlichen Untersuchungspraxis – trainieren und vertiefen zu können.

d. Insofern darf die folgende Verfahrensskizze auch nicht mit einem methodischen Leitfaden verwechselt werden. Ein Methodenhandbuch müsste sowohl die Verfahren selbst ausführlicher darstellen als auch ihre Anwendung anhand von zusammenhängenden Beispielen vordemonstrieren sowie verfahrenspraktische Aspekte berüchsichtigen. Das kann und soll in diesem Zusammenhang nicht geleistet werden. Jedoch kann das hier Entfaltete ein Grundgerüst für die methodische Praxis liefern und eine künftige Darstellung der Methoden einer textempirischen Literaturwissenschaft der Bibel von einer breiteren Darlegung ihrer text- und kommunikationstheoretischen Grundlagen entlasten.

e. Eine ähnliche Einschränkung ist im Blick auf eine funktionale Textgrammatik zu machen. Die texturanzeigenden Mittel, mit denen Texturkomponenten in der Sprachzeichenspur von Textprozessen signalisiert werden, konnten im Anschluss an Abschnitt 3.5 und in den Abschnitten 4.2 bis 4.8 nur in ihren Grundzügen genannt werden. Es wäre die Aufgabe einer funktionalen Textgrammatik, diese Mittel, aber auch die Gesamtheit der sprachlichen Mittel der biblischen Primärsprachen unter instruktionssemantischen und kommunikationspragmatischen Gesichtspunkten vollständig zu untersuchen und exakter zu erfassen. Auch dazu kann das hier Entfaltete nur die wesentlichen text- und kommunikationstheoretischen Kategorien sowie das grobe Koordinatennetz der pragmatischen Komponenten der Textkommunikation liefern.

5.2 Schritte des Verfahrens und zwei verfahrenspraktische Maximen der Textbeobachtung

Im Folgenden sind die wesentlichen Beobachtungsebenen anzusprechen, die aufeinander aufbauen und dementsprechend – idealtypisch betrachtet – eine Schrittfolge *bottom up* nahe legen. Anzusetzen ist bei der Sprachphänomenologie textförmiger Sinnbildung (Abschn. 5.3), um auf dieser Basis die Textkommunikation zu erschließen (Abschn. 5.4) und ihre textexternen Einbettungen in literatursoziologische und soziohistorische Kontexte zu erkunden (Abschn. 5.5). Von dieser idealtypischen Schrittfolge ist die verfahrenspraktische Notwendigkeit unberührt, immer wieder auch *top down* vorzugehen, d.h. von synthetischen Beobachtungsebenen u.U. bis auf die textempirische Basisebene der Sprachphänomenologie zurückzugehen, um Fragen und Erkenntnisse, die sich auf abstrakteren Ebenen ergeben, im Prozess der spiralförmigen Präzisierung mit der sprachphänomenologischen Ebene rückzukoppeln (vgl. oben 5.1.4 b.).

Zwei verfahrenspraktische Maximen, an denen der Erfolg textempirischer Untersuchungen und die Fruchtbarkeit von spiralförmigen Präzisierungen im Erkenntnisprozess entscheidend hängt (vgl. 5.1.4 b. und 2.3.2.2 b. c. und h.), sind besonders zu beachten, insbesondere angesichts der folgenden Tatsache: Bei den unten vorzustellenden Stufen des Vorgehens handelt es sich im Prinzip um rekursive Lesedurchgänge durch einen hinreichend breit angelegten Textzusammenhang (vgl. 5.1.3). Es handelt sich um spiralförmige Durchgänge, die jeweils unter spezifischen Beobachtungsgesichtspunkten der Texturrelevanz vorgenommen werden. Dabei bestimmen zwei verfahrensethische Grundsätze über den Erfolg oder Misserfolg dieser induktiven Vorgehensweise:

a. Die systematische Erhebung von texturrelevanten Spracherscheinungen im untersuchten Textbereich dient nicht einer aseptischen Scheinobjektivität, die den Text von außen als merkmalhaltiges Beobachtungsobjekt betrachtet und aus den Beobachtungsdaten kommunikationsabstrakte Schlüsse zieht. Vielmehr dient die systematische Sprachphänomenologie dazu, sich in wiederholten Lesedurchgängen unter texturspezifischen Gesichtspunkten in einen Textzusammenhang einzulesen. Demzufolge ist nicht aseptische Scheinobjektivität einer der Textpragmatik äußerlichen Betrachtungsweise das Ziel, sondern die Steigerung der Verstehens-Tiefe, indem sich im nachvollziehenden Beobachten der Eigensinn der Textkommunikation sukzessive erschließt, der in der beobachteten Textspur angelegt ist.

b. Damit hängt die zweite verfahrenspraktische Maxime zusammen, die aus der suspensiven Haltung resultiert (vgl. 2.3.2.2 b. c.) und der induktiven Offenheit des Verfahrens Rechnung trägt (vgl. 5.1.4 b.): Es ist zu vermeiden, dass sich die sprachphänomenologische Erhebung texturrelevanter Signale in der Textspur unter der Hand an der Bestätigung irgendeiner Struktur- oder Zusammenhangshypothese orientiert und auf (selbst-)kritische Gegenproben verzichtet. Zwar ist es unvermeidlich, ja geradezu der unschätzbare heuristische Effekt dieser beobachtenden Lesedurchgänge, dass daraus laufend eine Vielzahl von Ideen und Vermutungen resultieren: z. B. fruchtbare Arbeitshypothesen, wie der Textzusammenhang kommunikationspragmatisch insgesamt angelegt sein könnte, wie sich Teilaspekte seiner Textur zu einem Gesamtprofil fügen oder in welchen textexternen Bezugs- und Einbettungszusammenhängen der soziohistorischen Welt die Textkommunikation gestanden haben könnte. Doch ist dabei unbedingt darauf zu achten, dass in der Rückkoppelung zur sprachphänomenologischen Ebene nicht nur (noch) diejenigen Textindizien gesucht und gesammelt werden, die eine bestimmte Arbeitshypothese belegen und bestätigen, sondern vor allem jene

Anzeichen festgehalten und ernst genommen werden, die einer solchen Hypothese widersprechen oder diese in Frage stellen. Die induktiven Verfahren der Textempirie führen nur dann zum Erfolg des Fremdverstehens, wenn die Beobachtungsprozesse nicht beweis- und bestätigungsorientiert ausgerichtet sind, sondern überprüfungsorientiert einer (selbst-)kritischen Heuristik des nachvollziehenden Verstehens dienen.

5.3 Sprachphänomenologische Erhebungen und Textdurchgänge

5.3.1 Primär signalorientierte Textdurchgänge – tentativer Überblick über größere Textzusammenhänge

a. Die Sichtung von Überschriften oder anderen deutlich markierten metakommunikativen Textursignalen (vgl. 4.2.2) bringt in der Regel erste Struktureinblicke in Großzusammenhänge (vgl. 4.9.3 und 5.1.3 b.). Dabei ist auf stilistische Homogenitäten im Blick auf synchrone Formationszusammenhänge besonders zu achten (vgl. 4.10 Punkt 4 und 5.1.3 c.).

b. Hinzu kommt die systematische Erfassung aller eingebetteten Reden auf eingeführten Ebenen der Kommunikation, die nicht auf der Primärebene des autorseitigen Kommunikationsangebotes an eine Leserschaft liegen (vgl. 3.5.2.5; III 4.1 und IV 4.3.1). Dabei muss man sich klar machen, dass mit jeder Redeeinführung – meist mit אמר(ל) – auch die Origo festgelegt wird, die für die folgende wörtliche Rede als Bezugshorizont der präsentierten Redehandlung gilt (vgl. oben 3.5.1.2 und III 4.1). Dementsprechend kann auch rein formal der Umfang solcher Reden sowie der Grad ihrer Einbettung nach Maßgabe ihrer Abhängigkeit von ggf. ihrerseits einbettenden Reden bestimmt werden.[187] Diese analytische Vorarbeit ist unerlässlich und konsequent durchzuführen. Denn damit wird nicht nur der hervorstechende Sonderfall der Darstellung von Redehandlungen und ihrer multifunktionalen Signifikanz festgehalten. Auch können dadurch die weiteren Beobachtungen klar auf die unterschiedlichen Ebenen der Kommunikation bezogen werden.

187. Dementsprechend ist von der Primärebene des autorseitigen Kommunikationsangebotes als der ersten Ebene der Kommunikation (K1) auszugehen, und die Einbettungsgrade (K2, K3, K4 etc) bestimmen sich – wie im Bilde von russischen Matrioschka-Puppen – rein formal nach ihrem Inklusionsgrad im Verhältnis zur ersten bzw. zur Zahl der einbettenden Reden, die einer wörtlichen Rede übergeordnet sind.

c. Ferner empfiehlt es sich – insbesondere im Falle von größeren Textzusammenhängen wie z. B. der Mose-Rede in Dtn 1-30 (vgl. dazu oben 4.9.3) – bei den flächendeckenden Textursignalen anzusetzen. Vor allem anhand der Kontinuitätssignale (vgl. 3.5.1.3) kann man sich damit einen ersten Grobüberblick über interaktive Handlungsstrukturen (vgl. 4.3.1 und 4.9.2) sowie über narrative Passagen (vgl. 4.6.4.1) innerhalb von redekommunikativen Textzusammenhängen verschaffen. Damit kommen flächenübergreifende Sequenzbildungen wie z. B. die Horeb-Reminiszenzen (vgl. 4.9.3) oder die Interaktionsstrukturen in Jer 2-6* in den Blick (vgl. oben Anm. 176). Zur systematischen Erfassung dieser Kontinuitätssignale über große Textflächen ist die Lesehilfe von Computerkonkordanzen unentbehrlich (vgl. 5.3.3.1).

d. Als analytische Vorarbeit sind ferner einerseits die Minimalsequenzen (4.9.2) auszumachen, soweit sie sich unstreitig feststellen lassen. Auf diese Weise zeigen sich andererseits komplexere Übergangsbereiche, die sich durch textprozessuale Diskontinuitäten auszeichnen (z. B. Personen-, Satzarten-, Zeitebenenwechsel).[188]

e. Im Interesse einer flächenübergreifenden tentativen Großgliederung liegt auch die Identifizierung von Zeit- und Ortsmarkierungen – insbesondere, wenn es um narrative Textzusammenhänge geht (vgl. 4.5.2 und 4.6.2 bis 4.6.4). Bei redekommunikativen Texten kann man sich anhand von Hauptsatzkonjunktionen ein grobes Bild über Argumenationszusammenhänge verschaffen (vgl. 4.7 und 4.9.1).

In verfahrenspraktischer Hinsicht sind diese Beobachtungen auf geeignete Weise festzuhalten: entweder in Form von Inventar-Tabellen oder indem die beobachteten Merkmale der unterschiedlichen Texturkomponenten direkt in einer Kopie des Textes markiert werden (vgl. näheres unten 5.3.3.2).

Wichtig bei diesen signalorientierten Basisanalysen ist es, die oben 5.2 unter a. und b. genannten Maximen besonders zu beachten. Denn einerseits können uns diese Basisanalysen in der Regel nur ein sehr vorläufiges Bild der untersuchten Textzusammenhänge liefern und bleiben – außer im Falle der Identifikation von Redeeinbettungen und ihrer Hierarchie – tentativ. Deshalb sollte man sich davor hüten, aus solchen Durchgängen bereits feste Gliederungs- und Strukturerkenntnisse abzuleiten.

Andererseits aber sind solche Basisanalysen von unschätzbar hohem, vor allem heuristischem Wert. Denn im Zuge der skizzierten Basisdurchgänge durch einen Textzusammenhang, die immer mit einem überblicksartigen Lesen des ganzen Zusammenhangs verbunden sind, fallen viele weitere texturanzeigende Signale auf, die anschließend näher untersucht werden müssen. Solche Auffälligkeiten sind z. B. Emphasebildungen durch selbständige Personalpronomina der ersten und zweiten Person (vgl. 4.3.4) oder besondere Satzarten wie Imperativ- und Wunschsätze, wobei diese interaktiven Besonderheiten natürlich konsequent auf die jeweilige Kommunikationsebene zu beziehen sind, auf der sie sich finden. Auch die besondere Art und Stilisierung von Zeit- oder Ortsmarkierungen (4.5 und 4.6.2 bis 4.6.4.3)

188. Zum Verzicht auf die Kategorie der Distinuitätssignale (so IV 4.2.3.1, bzw. Diskontinuitätssignale) vgl. oben Anm. 174.

kann Anlass zu genaueren Untersuchungen geben, wobei dies ebenso für auffällige Kennzeichnungen von Personen, Gegenständen und Sachverhalten (Abschn. 4.8) gilt oder für besondere Aspekte der Argumentationskomponente (Abschn. 4.7).

Um den heuristischen Wert von Auffälligkeiten auszuschöpfen, die sich im Zuge von signalorientierten Basisdurchgängen zeigen, sind diese einerseits genauer zu klären. Andererseits ist die mehr zufällige Beobachtung von weiteren texturanzeigenden Signalen im Rahmen weiterer Basisdurchgänge systematisch zu vertiefen. Diesem Erfordernis trägt die nächste Verfahrensstufe Rechnung.

5.3.2 Komponentenorientierte Textdurchgänge – Vertiefung des Überblicks und Präzisierung der einzelnen Texturkomponenten

Als Kontrolloperation zu den tentativen Lesedurchgängen sind Textzusammenhänge jeweils unter dem Gesichtspunkt einer spezifischen Texturkomponente systematisch abzuschreiten. Auf dieser zweiten Stufe der rekursiven Textlektüre sind alle texturanzeigenden Signale einer jeweiligen Komponente systematisch aufzusuchen und zu erfassen (vgl. oben 5.1.2). Zwar sind auch diese Kontrolloperationen sprachphänomenologisch ausgerichtet und signalorientiert angelegt. Jedoch wird dabei die Textspur nicht unter dem Gesichtspunkt von texturanzeigenden Signalen als solchen beobachtet, die – wie z. B. die Kontinuitätssignale – aufgrund ihrer Beschaffenheit einen hohen Verbreitungsgrad aufweisen oder – wie z. B. Redeeinführungen mit (ל)אמר – eindeutig und unübersehbar sind.

Vielmehr ist bei diesen Kontroll- und Vertiefungsoperationen der Fokus der Textbeobachtung zum einen auf die einzelnen Texturkomponenten und ihre Realisierungsformen ausgerichtet, wie wir sie oben in den Abschnitten 4.2 bis 4.8 auch unter dem Aspekt der texturanzeigenden Mittel vorgestellt haben. Zum anderen ist dabei zugleich auf stilistische Auffälligkeiten und Besonderheiten zu achten, wie die einzelnen Texturkomponenten durch die texturanzeigenden Sprachsignale in der Textspur konkret zum Ausdruck kommen (vgl. 4.10). Wichtig ist dabei, dass jeweils alle texturanzeigenden Sprachsignale, die einer Komponente zugeordnet sind, in der Textspur eines Literaturzusammenhangs systematisch untersucht, identifiziert und festgehalten werden. In diese sytematische Erfassung der Texturkomponenten sind die Ergebnisse der tentativen Basisanalysen (vgl. 5.3.1) selbstverständlich zu integrieren, zumal es sich ja auch bei den komponentenorientierten Textdurchgängen um sprachphänomenologische Erkundungen und Leseoperationen handelt, die an spezifischen Einzelsignalen orientiert sind.

Der Hauptertrag dieser komponentenspezifischen Lesedurchgänge liegt in Folgendem: Sie erschließen uns in der Sache die wesentlichen Grundzüge der Textkommunikation, wie sie als autorseitiges Kommunikationsangebot in der untersuchten Textspur angelegt sind. Dabei handelt es sich um empirisch-systematische Leseoperationen, die konsequent sprachphänomenologisch ausgerichtet sind und ohne Zusatzhypothesen oder hermeneutische Vorentscheidungen auskommen. In methodischer Hinsicht bilden sie deshalb den empirischen Kern der induktiven Texterschließung. Ihr Ertrag liegt im Einzelnen darin, der kommunikationspragmatischen Sinnbildung und ihren wesentlichen Handlungszügen in den biblischen Texten auf die Spur zu kommen, indem systematisch und auf methodisch kontrollierte Weise Einblicke in die einzelnen Handlungsaspekte der Textkommunikation gewonnen werden.

Im Effekt kann damit insbesondere das Profil und die Folgerichtigkeit einer jeden Handlungskomponente der Rede- oder Erzählkommunikation nach ihrer sprachlichen Realisierung und besonderen Stilisierung in der Textspur erfasst werden. An Erzähltexten lässt sich auf diese Weise z. B. die temporale ebenso wie die lokale Organisation der erzählten Welt in ihrem erzähldynamischen Aufbau nachzeichnen (vgl. Abschn. 4.6). Gleiches gilt für die interaktiven Handlungszüge (vgl. Abschn. 4.3), den textintern angelegten Situationsbezug (vgl. Abschn. 4.4 und 4.5) sowie für den Argumentationsverlauf (vgl. Abschn. 4.7) in Redetexten. Vor allem aber ist in diesen komponentenspezifischen Durchgängen die Aufmerksamkeit auf die thematische Entfaltung zu richten (Abschn. 4.8), d. h. auf die Personen- und Sachwelt, wie sie argumentativ verhandelt oder narrativ entfaltet wird. Dabei sind Inventare anzulegen (vgl. 5.3.3.2) über die Kennzeichnungsformen der angeführten Ereignisträger oder angesprochenen Personen sowie über den erzählten Ereignisverlauf und die argumentativ entfalteten Sachverhalte.

Wenn die spezifischen Profile aller Handlungsaspekte der Textkommunikation auf diese Weise sprachphänomenologisch beobachtet und systematisch erfasst sind, lassen sich die Einzelprofile anschließend auch in ihrer Folgerichtigkeit und inneren Konsistenz näher bestimmen. Dabei ist die Logik und Gestaltschließung einer jeden Komponente anhand ihrer textförmigen Erscheinungsformen kritisch nachzuzeichnen und auf ihre textkommunikative Plausibilität und textinterne Folgerichtigkeit hin zu überprüfen. Insbesondere ist dabei auch auf stilistische Homogenitäten oder Inkonsistenzen zu achten (vgl. 4.10 Punkt 4). Was die textimmanente Logik der Handlungskomponenten betrifft, ist streng deskriptiv zu verfahren, um zu vermeiden, dass Plausibilitäten von außen, gar aus unserer Erfahrungswelt an die untersuchte Textwelt herangetragen oder textfremde Logiken unterstellt werden, die dann als nicht textgemäße Beurteilungsmaßstäbe die Textwahrnehmung trüben (vgl. oben 2.3.2.2 c. bis f. und 5.2 b.).

In dieser systematischen Erschließung von komponentenspezifischen Einzelprofilen der Textur liegt wiederum ein unschätzbares heuristisches Potenzial. Denn bei der Überprüfung der Folgerichtigkeit, der Plausibilität und Gestaltschließung der einzelnen Komponenten können sich auch manche Eigentümlichkeiten oder hervorstechende Auffälligkeiten zeigen oder es treten mehr oder weniger deutlich komponentenspezifische Inkonsistenzen, Lücken oder Abbrüche zu Tage, die die herkömmliche Literarkritik pauschal unter »Brüchen und Spannungen« zu verbuchen pflegt. Allerdings ist auch hier größte Vorsicht geboten, daraus voreilig irgendwelche Schlüsse zu ziehen, sei es auf Diachronie, sei es auf Fehler oder gar auf das Unvermögen der Autoren oder Tradenten.[189] Vielmehr können solche Divergenzbeobachtungen Anlass sein, die sprachphänomenologische Basis zu überprüfen oder die beobachtete Inkonsistenz als Indiz im Auge zu behalten, das – wie im Falle von Wiederholungen (= »Doppelungen« i. S. der herkömmlichen Literarkritik) – z. B. auf rhetorische oder narrative Besonderheiten hinweisen oder einen Verdacht auf Diachronie nahelegen kann. Enscheidend ist allein, dass man Divergenzbeobachtungen aufgrund von Durchgängen durch die texturrelevanten Einzelprofile nicht voreilig wegerklärt oder daraus weitreichende Schlüsse zieht, sondern die Divergenz genau beschreibt und als solche bestimmt, jedoch ihre Deutung allenfalls als Arbeitshypothese formuliert und prinzipiell offen lässt (vgl. 5.2 b.). Denn interpretative Synthesen sind erst auf der nächsten Stufe der spiralförmigen Präzisierung sinnvoll und angebracht (vgl. 5.4).

5.3.3 Instrumente und technische Hilfsmittel der sprachphänomenologischen Erhebung

5.3.3.1 Computerphilologische Instrumente

In den sprachphänomenologischen Lesedurchgängen (5.3.1 und 5.3.2) stellt sich unentwegt das Problem, einzelne oder spezifische Gruppen von texturanzeigenden Sprachsignalen u. U. über große Textflächen hinweg aufsuchen zu müssen – sei es wie bei den Kontinuitätssignalen als heuristische Primärsuche, sei es zur systematischen Überprüfung von relevanten Signalen oder spezifischen Stilisierungen einzelner Texturkomponenten, wie sie sich z. B. im charakteristischen Datierungsstil von Annalen-Exzerpten aus der Zidki-

189. Vgl. dazu exemplarisch C. Hardmeier (Konfusion 1990b).

ja-Zeit zeigen.[190] Für solche Suchoperationen und Textvergleiche, in welchen sowohl texturrelevante als auch begriffliche bzw. phraseologische Eigentümlichkeiten aufzusuchen oder auffällige syntaktische Verfahren der Vertextung auf Parallelen und den Grad ihrer Verbreitung im Tanach zu überprüfen sind, stehen moderne computerphilologische Instrumente zur Verfügung.[191] Damit lässt sich jede lexikalische und/oder morphosyntaktische Eigentümlichkeit in jeder Kombination mit anderen sprachphänomenologischen Spezifika sowie in beliebigen Abständen zueinander und in frei wählbaren Kontexten aufsuchen. D. h. jede textur- oder anderweitig relevante Sprachstruktur kann mit Hilfe der Computerkonkordanz in jeder beliebigen Stilisierung im Tanach gesucht werden. Insofern dient die elektronische Konkordanz als systematische Leselupe für jede denkbare oder beobachtbare sprachphänomenologische Eigentümlichkeit der Textspur, die auf ähnliche oder gleiche Parallelvorkommen untersucht werden soll (vgl. dazu IV Abschn. 3).

Diese computergestützte Sprachphänomenologie trägt zwei heuristische Potenziale in sich. Zum einen empfiehlt es sich, spezifische Sprachphänomene, die man für signifikant hält, weit über den untersuchten Textzusammenhang hinaus bzw. möglichst auf den ganzen Tanach bezogen zu suchen (vgl. oben 5.1.3 c.). Denn dann können sich entweder schlagende Exklusivitäten zeigen, wie z. B. die singuläre Formulierung der Herzensüberheblichkeit (גדל לבב) in Jes 9,8 und 10,12 (vgl. oben Anm. 185). Oder etwas, was in einem schmalen Textausschnitt auffällig erscheint, stellt sich als geläufige Wendung heraus mit einer unspezifischen Häufung oder als Charakteristikum einer verbreiteten Diktion, die sich unvermutet z. B. als typisch für bestimmte deuteronomistische oder priesterliche Formationsstufen erweisen kann.

Eine zweite Empfehlung betrifft die offene Suche. Eine Suchanfrage sollte nicht überdeterminiert angelegt werden, sondern sich besser auf wesentliche Merkmale beschränken, d. h. z. B. bei Lexemen auch partiell synonyme Ausdrücke einbeziehen und die Abstände zwischen Teilstrukturen eher großzügig und variabel halten. Damit erzielt man zwar einerseits auch Streubefunde, kann dadurch aber andererseits auf interessante Formulierungsvarianten stoßen, die bei einer überdeterminierten Abfrage ausgeblendet bleiben. Dabei kann eine zu offene Abfrage mit allzu vielen Streubefunden leicht durch Zusatzmerkmale spezifiziert oder durch Synonymen-Reduktion und Abstandsverringerung eingegrenzt werden. Der heuris-

190. Vgl. C. Hardmeier (Annalenwerk 1990c).

191. Vgl. z. B. die Produkte von Bible Works und demnächst die Stuttgarter Elektronische Studienbibel (SESB), die speziell auf die Bedürfnisse der hier vorgestellten Textempirie ausgerichtet ist.

tische Effekt, wenn eher offen und unterdeterminiert gefragt und eine eher zu große Kontextbreite gewählt wird, liegt in den unbeabsichtigten Nebenergebnissen: Während man einer bestimmten Frage nachgeht und nach einer entsprechenden sprachphänomenologischen Struktur sucht, können sich in den Ergebnissen unvermutet auch ganz andere Strukturen zeigen, die sich bei näherer Betrachtung auch als signifikant erweisen und u. U. auf ganz neue Spuren führen.

5.3.3.2 Tabellarische Inventare und die graphische Markierung von texturrelevanten Spracherscheinungen

Bei der Beobachtung der Textur und ihrer Komponenten stellt sich auch das Problem, wie anhand der texturrelevanten Signale ihre hohe Komplexität in der Textspur systematisch registriert und für rekursive Textdurchgänge so festgehalten werden können, dass die Texturkomponenten für die synthetische Zusammenschau und die Erfassung ihres Zusammenspiels (vgl. Abschn. 5.4) so weit wie möglich simultan präsent sind. Im Wesentlichen gibt es zwei Verfahren der Notation von texturrelevanten Sprachsignalen. Entweder werden sie in Inventarlisten systematisch erfasst, d. h. tabellarisch registriert. Oder man markiert die beobachteten Signale direkt in einer Textkopie und schöpft zur Unterscheidung verschiedener Texturkomponenten und Signalgruppen die Vielfalt von graphischen Möglichkeiten (Unterstreichungen, Rahmenbildungen, Schriftarten oder -größen sowie die ganze Palette der Farbgebung) aus, um die sprachzeichenförmige Realisierung der Textur und ihrer Komponenten zu visualisieren. Beide Verfahren – sei es die tabellarischen Erfassung, sei es die Visualisierung – haben ihre Vor- und Nachteile. Ihr Einsatz hängt deshalb ganz davon ab, für welche Art von texturrelevanten Signalen sie eingesetzt und auf welche Größenordnung von Textumfängen sie angewendet werden.

Eine tabellarische Erfassung von texturrelevanten Signalen hat zunächst die Nachteile, die alle Arten von Registern an sich haben. Denn in den rekursiven Lesedurchgängen muss in den Tabellen immer wieder nachgeschlagen werden, so dass man im wörtlichen Sinne aus dem Text gerät. Das ist der unschätzbare Vorteil einer graphischen Markierung der Signale im Text selbst. Denn durch solche Visualisierungen lässt sich ein Text stets als ganzer mit allen markierten Komponenten zugleich im Auge behalten, auch wenn man sich im rekursiven Durchgang auf je bestimmte Komponenten der Vertextung konzentriert. Gleichwohl hat die tabellarische Aufzeichnung in gewissen Fällen ihre besonderen Vorzüge. Tabellarische Notierungen empfehlen sich, wenn es einereits um Überblicke über umfangreichere Textzusammenhänge geht und andererseits um die Registrierung von Einzelsignalen wie Orts- und Zeitmarken oder interaktive Indikatoren mit Ausnahme der Kontinuitätssignale. Aber auch die Inventare der Ereignisträger in umfangreicheren Erzählzusammenhängen werden mit Vorteil tabellarisch festgehalten (vgl. oben 5.3.2). Denn auf diese Weise können die Kennzeichnungsprofile, d. h. die spezifische Art, wie nicht nur Ereignisträger sprachlich gezeichnet werden, sondern auch wie beispielsweise temporale Marken oder Lokalbezeichnungen sprachlich ausfallen, über große Zusammenhänge hinweg auf ihre stil- und profilspezifische Homogenität oder Inkonsistenz überprüft werden (vgl. oben 4.10 Punkt 4 und 5.1.3 c.). Zudem ist die tabellarische Notierung von Einzelsignalen in umfangreichen Textzusammenhängen hilfreich, um sie als Register zur Erfassung von texturspezifischen Makrozusammenhängen nutzen zu können.

Jedoch hat die Visualisierung von texturanzeigenden Signalen direkt im Text eine Reihe von unschätzbaren Vorteilen. Abgesehen von der simultanen Wahrnehmbarkeit verschiedener Texturkomponenten im Leseprozess, ist es auch die Vielfalt von graphischen Markierungsmöglichkeiten, die ein Höchstmaß an Differenzierung erlaubt. Visualisierungen machen einerseits die integrale Komplexität einer Textur ohne den Umweg über das Nachschlagen in Tabellen im Leseprozess unmittelbar sichtbar. Andererseits bleiben die einzelnen Texturkomponenten und ihre texturanzeigenden Signale aufgrund der Vielfalt von graphischen Markierungsmöglichkeiten als Teilkomponenten zugleich wohl unterschieden, so dass sie in den rekursiven Lesedurchgängen jederzeit auch als Einzelprofile verfolgt und wahrgenommen werden können. Deshalb sind solche Visualisierungen der Texturkomponenten insbesondere für die synthetische Zusammenschau der Komponenten (vgl. unten Abschn. 5.4) hilfreich, indem sie als Zusammenfassung und Protokoll aller sprachphänomenologischen Beobachtungen (5.3.1 und 5.3.2) die Grundlage bilden, um die beobachteten Komponentenprofile ihrerseits in ihrem integralen Zusammenhang beobachten und auswerten zu können.

Im Einzelnen empfiehlt es sich, vor allem die Kontinuitätssignale und die flächenübergreifenden Basisanalysen, die wir unter 5.3.1 umrissen haben, direkt in visualisierter Form festzuhalten. Das gilt insbesondere für alle wörtlichen Reden und den Grad ihrer Einbettung, die man durch einfaches Einrücken oder durch Unterlegung mit verschiedenen Farben voneinander absetzen kann. Auch die Markierung der Und-Verknüpfung und der häufigsten Satzart des Verbalsatzes (vgl. oben 4.6.4.2) sowie der Pronominalisierung ist von Vorteil, weil dann jede »Störung« der Kettenbildung und des Kommunikationsflusses z. B. durch invertierte Sätze oder durch Renominalisierungen sofort ins Auge sticht. Das einzige Problem, was sich bei der protokollartigen Visualisierung stellen kann, ist die Überkomplexität von Markierungen der unterschiedlichen Texturkomponenten und ihres texturanzeigenden Niederschlags in der Textspur, so dass das Komponentenprotokoll unübersichtlich wird. Hier können eine intelligente Markierungsstrategie oder ggf. mehrstufige Visualisierungsprotokolle das Problem minimieren und Abhilfe schaffen.

5.4 Textinterne Synthese und Ertrag der empirischen Textdurchgänge – das kommunikationspragmatische Zusammenspiel der Komponenten

Wie wir oben 4.9.1 herausgearbeitet haben, lassen sich Fragen der Textkohärenz und der Sequenzbildung in Texten sprachphänomenologisch nicht unmittelbar an der Textspur ablesen. Das gilt erst Recht für die klassischen Fragen der herkömmlichen Literarkritik nach der Abgrenzung und inneren Einheitlichkeit von Texten oder nach ihrer Gliederung und diachronen Stufung. Vielmehr ist deutlich geworden, dass diese Fragen nur auf der Basis der texturspezifischen Einzelkomponenten geklärt und beantwortet werden können, deren sprachphänomenologische Profile zuvor geklärt und bestimmt sein müssen (vgl. oben 5.3.2). D. h. es handelt sich bei dieser Stufe der Texterschließung um einen ersten synthetischen Schritt und um Beobachtungen zweiten Grades: Sie haben das Zusammenspiel der primär beobachteten Teilkomponenten der Textur zum Gegenstand und werten die Beobachtung von Divergenzen oder Inkonsistenzen in den Einzelprofilen im integralen Funktionszusammenhang der Textur als ganzer aus. Zugleich bringt diese Synthese eine Reihe von weiteren Klärungen.

5.4.1 Kohärenz, Textabgrenzung und textinterne Sinnbildung

Auf dieser synthetischen Stufe von Lesedurchgängen geht es zunächst um die Überprüfung, ob und in welcher Weise die Einzelprofile und ihre spezifische Kontur mit der entsprechenden Profilspezifik der anderen Komponenten unter kommunikationspragmatischen Gesichtspunkten (vgl. oben 3.4) harmonieren und gegenseitig zur Deckung kommen. Auf Erzähltexte bezogen heißt das z. B., ob und in welcher Weise sich zum einen die Zeit- und Ortsorganisation einer erzählten Welt mit der thematischen Entfaltung der Personen und Ereigniskette zu einer integralen und plausiblen Szenerie fügt. Zum anderen ist zu prüfen, ob und inwiefern sich dieses Zusammenspiel der Komponenten auch in der Wortwahl und ihren phraseologischen Modellierungen homogen präsentiert (vgl. dazu bes. III 3.2.2 und 3.3). Bei diesen ergebnisoffenen Lesedurchgängen durch die Profile der Einzelkomponenten in ihrem Zusammenspiel ist nach dem *lock-and-key*-Prinzip zu verfahren.[192] D. h. die Teilprofile der einzelnen Texturkomponenten müssen in einem offenen Probierverfahren (vgl. oben 5.1.4 b.) so miteinander zur Deckung gebracht werden können und sich so zum Ganzen einer synchronen Textur fügen lassen, wie die unterschiedlichen Kerbungen im Bart eines Schlüssels jene Individualform ergeben, aufgrund derer dieser Schlüssel auch zu einem ganz konkreten Schloss passt. Auf Texte übertragen heißt das, dass sie in diesen synthetischen Lesedurchgängen auf ihre textpragmatische Homogenität und Funktionsfähigkeit als Kommunikationsangebote zu überprüfen sind, die arbeitshypothetisch dann auch in einem spezifischen kommunikativen Handlungsspiel Sinn machen bzw. gemacht haben (vgl. oben Abschn. 3.2 und unten 5.5.1). Solche Lesedurchgänge bringen substanzielle Klärungen insbesondere auch in den folgenden Fragen:

a. In der Regel zeichnen sich darin relative und/oder absolute Textgrenzen zuverlässig ab, die den Anfang und das Ende von Text(teil)einheiten anzeigen und sie in ihrer kommunikationspragmatischen Geschlossenheit ausweisen. An der Kongruenz der Texturkomponenten erweist sich die Kohärenz der Textkommunikation, aus der sich Anfang, Ende und die Geschlossenheit einer Textspur ergeben.

b. Gleiches gilt für die Binnengliederung solcher Texteinheiten. In den verschiedenen Lesedurchgängen durch die Einzelprofile kann sich allmählich ein vielschichtiges Handlungsgefüge der Textkommunikation mit hierarchisch komplex verschachtelten Erzähl- und Redesequenzen abzeichnen (vgl. z. B. Gen 24), in welchem dennoch auch alle Konturen und Besonderheiten der Einzelprofile wie bei einer Patience bruchlos aufgehen. Damit wird ein hoher Grad an Evidenz für die synchrone Integrität eines Textzusammenhangs erreicht.

c. Aus der Zusammenschau der Einzelprofile der Textkommunikation gehen ferner auch ihre besonderen Schwerpunktsetzungen in der Detaillierung von Szenen, von Sachverhaltsdarstellungen oder wörtlichen Redewiedergaben hervor, die im homogenen Kontrast zu entsprechenden Kondensierungen der textförmigen Präsentation stehen. Daran werden insbesondere bei Erzähltexten die Perspektivenbildung und Identifikationspotenziale erkennbar, mit denen der Autor indirekt Einfluss nimmt auf seine Leserinnen und Zuhörerschaft (vgl. bes. III 2.5). Bei redekommunikativen Texten wie z. B. den Psalmgebeten sind es das interaktive Setting der Dialogebenen (vgl. Abschn. 4.3) und die Argumentationsstruktur (vgl. Abschn. 4.7), die Auf-

192. Vgl. C. Hardmeier (Prophetie 1990a) 170-173, ders. (Quellenevidenz 2001e) 22f. sowie B. Becking (2001).

schluss geben über die kommunikationspragmatischen Ziel- und Schwerpunktsetzungen im untersuchten Text. D. h. zusammengefasst: In diesen synthetischen Lesedurchgängen erschließt sich die textimmanente Wirkabsicht des autorseitigen Kommunikationsangebotes und damit die Sinnbildung und ihre kommunikative Funktion, die durch den impliziten Autor im Gegenüber zu einer impliziten Adressatenschaft textförmig freigesetzt werden.

5.4.2 Textinterne Diachronie

Allerdings kann bereits die Überprüfung der inneren Homogenität und Folgerichtigkeit der texturrelevanten Einzelprofile auch auf Divergenzen und Inkonsistenzen aufmerksam machen – sei es in kommunikationspragmatischer Hinsicht, sei es auf der Ebene der Wortwahl oder in stilistischer und phraseologischer Hinsicht (vgl. oben 5.3.2). Lassen sich solche heterogenen Beobachtungen und Auffälligkeiten selbst aus der Zusammenschau aller Profile nicht synchron erklären, liegt der Verdacht auf objektbezogene Diachronie nahe,[193] d. h. auf einen Teiltext, der nicht aus demselben KHS hervorgegangen ist, wie seine Umgebung. Allerdings muss ein solcher objektbezogener Diachronie-Verdacht in mehrfacher Hinsicht überprüft und erhärtet werden:[194]

a. Es sollten sich für den fraglichen Textteil auch unter dem Gesichtspunkt anderer komponentenspezifischer Profile Auffälligkeiten zeigen, die den Verdacht unterstützen. Je mehr unabhängige Indizien vorliegen und je mehr Abweichungen sich in einem Textteil vor allem auch in der Wortwahl und im komponentenspezifischen Sprachgebrauch feststellen lassen, umso schwerer wiegt der Diachronie-Verdacht.

b. Dabei müssen auch der Umfang und die Reichweite des fraglichen Textabschnittes bestimmt werden. Einerseits ist durch Weglassungstests zu ermitteln, ob sich die Textumgebung auch ohne den fraglichen Teil problemlos lesen oder sogar konziser verstehen lässt. Andererseits muss plausibel gemacht werden können, was der Textzusatz als Kommentartext an Neuakzentuierung bringt und wie er seine Textumgebung neu kontextualisiert und uminterpretiert.

c. Ferner ist zu erkunden, zu welchem umfangreicheren Netzwerk von späteren Überformungen der fragliche Textteil synchron gehört. Dabei sind

193. Zur Unterscheidung von verfahrens- und objektbezogener Synchronie oder Diachronie vgl. oben 2.2.5.

194. Vgl. exemplarisch C. Hardmeier (Joschija 2000a).

die Ausführungen zur objektbezogenen Diachronie (2.2.5) sowie zum geschlossenen und offenen KHS (3.3.2) zu berücksichtigen.

d. Lassen sich auffällige Textteile unter den Gesichtspunkten a. bis c. nur schwach oder gar nicht als diachron begründen oder handelt es sich nur um Wort- oder Textfetzen, die in der Forschungstradition für diachron gehalten werden, ist größte Zurückhaltung angebracht und die synchrone Funktionalität des Textteils erneut zu überprüfen.

Nimmt man diese Effekte der synthetischen Lesedurchgänge zusammen, so lässt sich *summa summarum* Folgendes festhalten: In der synthetischen Zusammenschau der Texturkomponenten kommt das nachvollziehende Textverstehen zu seinem Ziel, indem es im spiralförmigen Leseprozess auf die sprachphänomenologische Erhebung der Einzelkomponenten und ihrer Profile aufbaut. In diesem mimetischen Sinnverstehen wird der Eigensinn der Textkommunikation zugänglich, die in der Textspur angelegt ist, indem sich ihre Intentionalität und Eigenweltlichkeit in den Lesedurchgängen spiralförmig aufdeckt. Diesem Effekt und Ziel entspricht programmatisch der Titel »Textwelten der Bibel entdecken«, mit dem die Reihe der »Textpragmatischen Studien« eröffnet wird. Darüber hinaus ist jedoch abschließend noch ein kurzer Blick auf die Korrelation und die Verknüpfung dieser Textempirie mit textexternen Fragestellungen zu werfen, die sowohl das soziohistorische Interesse an den biblischen Texten (5.5.1) als auch ihre orientierungsmächtige Vergegenwärtigung und Aneignung z. B. in der Verkündigungspraxis betreffen (5.5.2).

5.5 Textexterne Bezugszusammenhänge und Gegenwartsrelevanz

5.5.1 Die textexternen Bezugszusammenhänge von kommunikationspragmatischen Texteinheiten und der soziohistorische und literaturgeschichtliche Ertrag

Jedes textempirische Sinnverstehen, das aus methodischen Gründen konsequent textimmanent vorgeht, hat seine kategorialen Grenzen und bleibt angewiesen auf die Einbeziehung von textexternen Kontexten, um den Vollsinn von textförmigen Sinnbildungen zu verstehen. Denn es gibt keine Textkommunikation, die nicht – vermittelt über das KHS (vgl. oben Abschn. 3.2) – im Höchstmaß auf das textexterne Umfeld der soziohistorischen Wirklichkeit bezogen bleibt und tief in jenen soziokulturellen Verhältnissen eingebettet ist, in denen diese Kommunikation ihre Textspur hinterlassen hat. Deshalb kann ein volles Sinnverstehen der biblischen Texte nur gelingen, wenn auch dieses textexterne Umfeld und die soziokulturellen Verhältnisse mit einbezogen werden, in denen die empirisch erhobene Textkommunikation erfolgt und deren Bestandteil sie selbst gewesen ist. Unter diesen textexternen Gesichtspunkten sind die biblischen Texte auf allen Formationsstufen als Artefakte einstiger gesellschaftlicher Kommunikation zu betrachten (vgl. oben 2.2.2, 3.2.2 und Abschn. 3.4). Dementsprechend sind sie wie andere – archäologisch erhobene – Hinterlassenschaften der materiellen Kultur auf ihre Funktion und ihren Beitrag hin zu befragen, den sie zur gesellschaftlichen Konstruktion der damaligen Wirklichkeit geleistet haben.[195]

Nun hat die Textempirie darin ihre kategorialen Grenzen, dass sie nur das autorseitige Kommunikationsangebot beschreiben und in seiner textimmanenten Beschaffenheit und Funktion näher bestimmen kann, soweit es seine textförmigen Spuren hinterlassen hat. Denn die textexternen Verhältnisse, Voraussetzungen und Ziele, in und unter denen dieses Kommunikationsangebot gemacht worden ist, hinterlassen gerade deshalb in den Texten kaum explizite Spuren, weil darin das entsprechende KHS ja einerseits als Referenzhorizont vorausgesetzt und andererseits durch den textförmigen Kommunikationsvollzug beeinflusst und verändert wird (vgl. Abschn. 3.2). Daraus ergeben sich zwei Konsequenzen.

Einerseits sind wir für die Rekonstruktion der soziohistorischen Verhältnisse und des soziokommunikativen Umfelds auf das ganze Arsenal verschiedener – insbesondere ikonographischer, epigraphischer und siedlungsarchäologischer – Quellen angewiesen.[196] Deshalb kann der Vollsinn von textförmigen Sinnbildungen nur erfasst werden, wenn auch diese textexterne Kultur- und Sozialwelt als solche soweit wie möglich erschlossen ist, auf die sich die Texte bezogen haben. Ja bereits bei der in Abschn. 5.4 erörterten Synthese der Sinnerschließung spielen auch textexterne Faktoren und Kenntnisse eine Rolle, allein wenn man an den Sinn und die Logik der textinternen Bildsprache denkt, die ohne die Ikonographie und ohne das soziokulturelle Weltwissen, in das die Texte eingebettet waren, nicht verstanden werden kann.

Andererseits jedoch liefern die empirisch erhobene Textkommunikation und die Einzelkomponenten ihrer Textur durchaus zahlreiche, wenn auch indirekte Hinweise auf das KHS und sein textexternes Umfeld. Dabei muss auf Beispiele verzichtet werden, da sie zum einen extrem einzeltextspezifisch

195. Die Anspielungen auf das Grundlagenwerk des Sozialkonstruktivismus von P.L. Berger/T. Luckmann (^{19}2003) sind bewusst gewählt; vgl. auch J. Assmann (^{4}2002) 47f. zur sozialen Konstruktion des kulturellen Gedächtnisses.

196. Vgl. oben 2.2.2 und C. Hardmeier (Steine 2001d) sowie ders. (Quellenevidenz 2001e).

und deshalb auch sehr individuell sind. Zum anderen ist auf einschlägige Arbeiten zu verweisen, in welchen dieser offene und indirekte Bezugszusammenhang reflektiert wird.[197] Ohne Vollständigkeit anzustreben, handelt es sich im Wesentlichen um die folgenden textinternen Anhaltspunkte, die Rückschlüsse auf die textexterne Welt erlauben:

a. Aus der Art, wie die Autor-Leser-Interaktion textintern angelegt ist (interaktive Texturkomponente) oder die Personen der erzählten Welt gezeichnet werden, lassen sich Rückschlüsse ziehen auf die Trägergruppen und das Milieu, auf das die empirisch erhobene Textkommunikation ausgerichtet ist.[198]

b. Auch die Spezifik der übergreifenden Problemkonstellation, die entweder textintern redekommunikativ verhandelt oder erzählkommunikativ erinnert wird, gibt indirekt Aufschluss über die textexternen Herausforderungen und Probleme, vor denen die Trägerschaft einer überlieferten Textkommunikation gestanden hat und die sie damit bearbeitet.[199]

c. Ein weiterer Gesichtspunkt sind die spezifischen Diskursformen und Textsorten, aus denen bereits die alte Formgeschichte Schlüsse zu ziehen versucht hat auf den »Sitz im Leben« auch der einzelnen Gattungsexemplare, wobei das Vermittlungsverhältnis als solches sehr komplex ist (vgl. II 4.2, bes. 4.2.6).

d. Insgesamt ergeben sich besonders aus der Teilkomponente der thematischen Entfaltung, aber auch aus der textinternen Perspektive auf die historisch-geographische und soziokulturelle Sachwelt einschlägige Hinweise auf das allgemeine Weltwissen ebenso wie auf das spezifische Situationswissen, das in der Textkommunikation vorausgesetzt wird. Daraus lassen sich in Kombination mit den unter a. und b. genannten Gesichtspunkten u. U. sehr konkrete Anhaltspunkte gewinnen über die Zeit, den Ort und das Milieu, worin die textintern erschlossene Textkommunikation ihre spezifische Rolle gespielt hat, wie man sie z. B. an Anachronismen schon immer festgemacht hat.[200]

Zeigen sich in einem empirisch untersuchten Textzusammenhang diachrone Textteile (vgl. oben 5.4.2), so sind sie zunächst sowohl sprachphänomenologisch (vgl. 5.3.1 und 5.3.2) als auch im Zuge der textinternen Synthese (5.4.1) auf ihre Zugehörigkeit zu jener Formationsstufe hin zu untersuchen, die in literaturgeschichtlicher Hinsicht als eine relativ spätere, wenn auch zunächst unbekannte Stufe der Bearbeitung und Neuinterpreta-

197. Vgl. insbesondere C. Hardmeier (Prophetie 1990a) und (Erfahrung 1996) sowie (Joschija 2000a) und (Wahrhaftigkeit 2001c), ferner A. Ruwe/U. Weise (2002).

198. Vgl. z. B. C Hardmeier (Prophetie 1990a) 303-306 und 414-418.

199. Vgl. a.a.O. 307-321 und grundsätzlich dazu III 1.3.

200. Vgl. dazu C. Hardmeier (Prophetie 1990a) 321-392 sowie klassisch J. Van Seters (1975).

tion vorauszusetzen ist (vgl. 2.2.5). Auch diese späteren Formationsstufen sind somit als synchrone Spur von innerbiblischen Auslegungsprozessen zu verstehen, d.h. als spezifisch traditionsliterarische Formen der Textkommunikation, die ihre Funktion ihrerseits im Rahmen ganz bestimmter KHS gehabt haben (vgl. 3.3.1). Dabei lassen sich aus der Textspur auch von solchen späteren Formationsstufen entsprechende Hinweise auf ihr textexternes Umfeld erheben, wie wir sie unter a. bis d. eben skizziert haben. Somit können auf diese Weise einerseits auch textinterne Diachronien literaturgeschichtlich verortet werden, und andererseits lässt sich auf diesem Wege die Literaturgeschichte der Bibel im Ganzen als Teil der Kultur- und Sozialgeschichte Israels und der frühen Christenheit erforschen und rekonstruieren.

Noch mehr als bei der textinternen Synthese, die die textimmanente Funktion und Wirkabsicht des autorseitigen Kommunikationsangebotes zu erheben hat (vgl. oben 5.4.1), spielt das *lock-and-key*-Verfahren (vgl. oben Anm. 192) bei der Erschließung der textexternen Bezugszusammenhänge eine zentrale Rolle. Denn wie genau und differenziert auch immer sich die textinterne Kommunikationspragmatik eines Textes bestimmen lässt, das textexterne Umfeld des KHS, zu dem dieser Text wie ein Schlüssel zu seinem Schloss gehört hat, spiegelt sich in diesem textförmigen Kommunikationsangebot stets nur sehr indirekt. Deshalb lassen sich nur in einem offenen Probierverfahren und unter Heranziehung aller verfügbaren Kenntnisse der Kultur- und Sozialgeschichte, in die die biblische Traditionsliteratur eingebettet war, auch die Zeitverhältnisse und Milieus näher bestimmen, in denen diese Texte primär und konkret ihre sinnbildende Funktion und ihre gegenwartsmächtige Orientierungskraft entfaltet hatten, so dass sie bis heute überliefert und über Jahrtausende hinweg immer neu gelesen worden sind.

5.5.2 Die Relevanz der kommunikationspragmatischen Texterschließung für eine gegenwartsorientierende Aneignung biblischer Texte

Als Letztes ist auf die Erörterungen in 2.2.3 zurückzukommen, wie der kommunikationspragmatische Methodenansatz und die Lese-Hermeneutik der Behutsamkeit auch neue Türen für die Sinnvergegenwärtigung biblischer Texte in unserer Gegenwart öffnen kann. Das methodisch nachvollziehende Verstehen der biblischen Texte dient nicht nur der historischen Rekonstruktion bibelimmanenter Textkommunikation und der darin angelegten Sinnbildungsprozesse in biblischen Zeiten. Es setzt zugleich für heutige Leserinnen und Hörer jene gewissmachende Orientierungskraft in allen Lebensherausforderungen frei, die aus der nachvollziehenden Aneignung der Geschichten, Worte und Gebete der Bibel resultiert. Insofern ist dieses textempirisch-methodische Leseverfahren für die gegenwärtige Aneignung und Aktualisierung biblischer Texte und damit auch für die Felder der Praktischen Theologie von besonderer Relevanz.

Denn gerade die Konzentration auf die Textpragmatik, d.h. auf die prozeduralen Handlungsstrukturen der biblischen Texte und damit auf das Wie, wie die Menschen der Bibel ihr Leben vor Gott erinnert, gelebt sowie auf ihre Gegenwart und Zukunft hin bedacht haben, eröffnet ganz andere Zugänge zur Botschaft der Bibel und ihrer Wirkmächtigkeit. Im lese-hermeneutisch bedachten Nachvollzug der kommunikativen Handlungsdynamik, die in diesen Texten angelegt ist, wird diese Wirkmächtigkeit gegenwärtig und aus dem nachvollziehenden Lesen und Hören der Textpartituren resultiert ihre gewissmachende Orientierungskraft im Beziehungs-Gegenüber zu Gott.[201] Darin kann sich auch das Bonhoeffersche Paradox aufheben und erschließen, dass und wie wir »vor und mit Gott leben ... ohne Gott«, d.h. »ohne die Arbeitshypothese Gott, ... vor dem wir dauernd stehen«.[202]

Auf diese Weise könnte eine textpragmatisch orientierte Lese-Hermeneutik, die auf dem textempirischen Handwerk und seinen methodischen Verfahren beruht, auch eine Lösung jener Aufgabe bringen, die schon Bonhoeffer klar gesehen hat, aber nicht mehr angehen konnte, nämlich »die weltliche« bzw. »die nicht-religiöse Interpretation der biblischen Begriffe«.[203] Dabei muss jedoch die Begriffsfixierung der Dogmatik und der traditionellen Theologie aufgegeben werden zugunsten eines neuen Textverständnisses, das vom fundierenden Charakter der Textpragmatik ausgeht und damit seine Aufmerksamkeit vorrangig auf das Wie der biblischen Textkommunikation verlagert und nicht nur auf das Was ihrer Sachgehalte fixiert bleibt, zumal es kein Was ohne das Wie gibt, wie es kommuniziert wird, auch wenn jedes Wie der Kommunikation immer auch ein kommuniziertes Was miteinschließt (vgl. oben 4.1.1). Denn insbesondere bei den biblischen Texten handelt es sich in textfunktionaler Hinsicht um schriftgestützte Partituren einer spezifischen Sinnbildung, die auf Wiederholung und Mündlichkeit ausgerichtet ist (vgl. Dtn 6,6-9 und 20-25 sowie 31,11-13). Und als solche sind diese Partituren auf den performativen *actus tradendi* angelegt, d.h. auf eine bibelspezifische Erinnerungspraxis, die sich im immer neuen Erinnern vergegenwärtigt, dass und wie wir – wie schon die biblischen Men-

201. Vgl. die exemplarische Studie zu Ps 30 in C. Hardmeier (Tod 1988) und ders. (Geschichten 2003a) sowie (Weisheit 2003b) bes. 249-252.
202. Vgl. D. Bonhoeffer (1998) 534 und zum Leben *etsi deus non daretur* auch a.a.O. 476ff. und 529ff. sowie dazu C. Hardmeier (Tod 1988) 310 Anm. 73.
203. Vgl. a.a.O. 509, 512, 529, vgl. 534f. und zum Ganzen a.a.O. 651-654.

schen – »vor und mit Gott … leben ohne Gott« und uns dessen immer neu gewiss werden können – auf Hoffnung hin wider alle sichtbare Hoffnung(slosigkeit) (vgl. Röm 8,22ff.). Diese performative Erinnerungs- und Vergegenwärtigungspraxis geht nicht nur aus Dtn 6 hervor. Sie liegt modellhaft und exemplarisch ebenso z. B. Psalm 30[204] zugrunde wie der Weisheit der Tora und ihrer redepragmatischen Entfaltung in Dtn 1-30.[205]

Die kommunikationspragmatische Texterschließung, wie sie hier als methodisches Verfahren vorgestellt worden ist, bietet somit als Lese-Hermeneutik der Behutsamkeit die besten Grundlagen für das exegetische Handwerk und das biblisch-theologische Kerngeschäft einer am *sola scriptura* orientierten Theologie und Kirche, die auch das *sui ipsius interpres* der Bibel ernst nimmt. Unter Verabschiedung des latenten Historismus und Objektivismus, der der herkömmlichen historisch-kritischen Methode innewohnt (vgl. oben 2.2.3.3), kann auf diese Weise aus der Bibel als *norma normans* jene Traditions- und Zeugnisfähigkeit gelernt und eingeübt werden, in der sich einerseits die ethisch-spirituelle Orientierungskraft der biblischen Erinnerungskultur in der Gegenwart je neu entfalten kann[206] und an die ande-

204. Vgl. dazu C. Hardmeier (Tod 1988), (Theo-logie 1995b) sowie B. Janowski (2003) bes. 270-274.

205. Vgl. C. Hardmeier (Weisheit 2003b).

206. Es sei hier auf die harte, aber ins Zentrum der Problematik stoßende Kritik von N. Luhmann ([3]1990) verwiesen, inwiefern Theologie und Kirche zur Ökologie-Debatte und zu den Überlebensfragen der Tier- und Menschenwelt »wenig Hilfreiches beisteuern können« (190), solange sie nicht zu ihrer »genuin eigenständigen Form der Problematisierung« und des Umgangs mit Umweltrisiken und ihren Unabsehbarkeiten zurückfinden. Denn »dort, wo Sinnvergewisserung nötig wäre, dort, wo umweltriskant mit langfristig unabsehbaren Folgen experimentiert und gehandelt werden muß, weil es anders gerade im Hinblick auf die ökologischen Probleme auch gar nicht geht, dort warnt und verunsichert die Theologie« – wie Luhmann m. E. zu Recht schon in den 80er Jahren beobachtet hat – »oder schweigt«, weil sie »hart gesagt, keine Religion zu bieten (hat)« (191). Umso aufschlussreicher ist Luhmanns positiver Hinweis, was der genuine Beitrag der Religion sein könnte und sein müsste. Nach Luhmann hat Religion die Funktion, die »Unterscheidung von *Immanenz* und *Transzendenz*« (185f.) bewusst und eine »Zweitfassung der Welt« präsent zu halten, »in der … das Hintergehen als unhintergehbar Sinn hat« (186). Auch wenn Luhmann dabei möglicherweise an eine metaphysische Sinnbildung (»Zweitfassung der Welt«) denkt, läuft die religiöse Sinnbildung der biblischen Texte m. E. darauf hinaus, die radikale Kontingenzoffenheit menschlichen Lebens und damit auch die unabdingbare Vorläufigkeit und Endlichkeit alles menschlichen Tuns *coram deo* als solche zu respektieren und als sinnhaft zu akzeptieren. Weil diese Widerfahrnisdimension der Lebens- und Zukunftsbewältigung weder beherrscht noch manupuliert oder erklärt werden kann, bleibt einzig der sorgsame und verantwortungsvolle Umgang mit dieser unabdingbaren Lebensdimension im Gegenüber zu Gott, um sich vor katastrophenträchtigen Selbsttäuschungen bewahren und immer auch den Segen dieser Kontingenzoffenheit neu entdecken zu können. In dieser Richtung weist Luhmann mit einer abschließenden Frage auf eine genuin positive und mögliche Funktion von Religion hin, die primär die »Endlichkeit der Menschenwelt«

rerseits ihr zukünftiger Fortbestand auch in ihren Sozialgestalten als Kirche substanziell gebunden bleibt, zumal Kirche selbst von ihrem Fundament und Ursprung her primär eine *creatura verbi divini* ist.[207]

(a.a.O. 192) zu thematisieren hätte: »käme es dann für die christliche Religion nicht vor allem darauf an, an der durch Jesus gelebten und bezeugten Sicherheit des Begleitetseins durch Gott festzuhalten«, angesichts der Tatsache, »daß es, in ökologischer wie in sozialer Hinsicht, Grenzzustände gibt, in denen es dem Menschen unmöglich wird, Glaubenssicherheit zu erfahren und auf Erlösung zu hoffen« (192). Eben dieses »Begleitetsein durch Gott«, das sich in der Person Jesu und seinem Geschick in einzigartiger Weise verkörpert hat und in den Evangelien sowie im Abendmahl, aber auch in den Christus-Hymnen und -Bekenntnissen vergegenwärtigt wird, – dieses »Begleitetsein« wird jedoch durch und durch bereits in den alttestamentlichen Textwelten ebenso wie in der neutestamentlichen Briefliteratur als gewissmachende Erfahrung bezeugt und lässt sich über eine kommunikationspragmatische Exegese auch in seiner gewissmachenden Gegenwartsmächtigkeit erschließen.

207. Vgl. W. Härle (1989) 281: »Die christliche Kirche trägt ihren Ursprung nicht in sich selbst, sie wird nicht konstituiert durch den Willen, Entschluß oder die Zielsetzungen der Menschen, die ihr angehören, sondern durch das ergehende Wort Gottes, dessen Geschöpf sie ist. Ihrem Ursprung nach ist die Kirche *creatura verbi divini*« (Z. 29-32, unter Verweis auf M. Luther); ferner vgl. W. Huber (2003), bes. 14-19.

Literaturverzeichnis

Abraham, W. (1971) – Einleitung zu: G. Lakoff, Linguistik und natürliche Logik: Schwerpunkte Linguistik und Kommunikationswissenschaft 6, VII–XVII.

Albertz, R. (1988) – Der Gott des Daniel. Untersuchungen zu Daniel 4-6 in der Septuagintafassung sowie zu Komposition und Theologie des aramäischen Danielbuches: SBS 131.

Alonso-Schökel, L. (dt. 1968) – Sprache Gottes und der Menschen. Literarische und sprachpsychologische Beobachtungen zur Heiligen Schrift: Düsseldorf (engl. Titel: The inspired Word, 1965, übers. v. H. Huppertz u. F.J. Schierse).

Alonso-Schökel, L. (dt. 1971) – Das Alte Testament als literarisches Kunstwerk: Köln (span. Titel: Estudios de Poética Hebrea, 1963, Teilübersetzung der Seiten 71-355 v. K. Bergner).

Alt, A. (^{4}1968 = 1934) – Die Ursprünge des israelitischen Rechts: KS I, München, 278-332.

Ammer, K./Meier, G.F. (1966) – Bedeutung und Struktur: Zeichen und System der Sprache 3, 5-27.

Arbeitsgruppe Bielefelder Soziologen, Hg. (^{5}1981) – Alltagswissen, Interaktion und gesellschaftliche Wirklichkeit. 1: Symbolischer Interaktionismus und Ethnomethodologie. 2: Ethnotheorie und Ethnographie des Sprechens: Opladen.

Arneth, M. (2002) – Art. Literarkritik der Bibel: RGG^{4} V, Sp. 390f.

Assmann, A. und J. (^{3}1998 = 1983) – Schrift und Gedächtnis, in: Assmann, A. und J./ Hardmeier, C. (Hg.), Schrift und Gedächtnis. Beiträge zur Archäologie der literarischen Kommunikation: Archäologie der literarischen Kommunikation I, 265-284.

Assmann, J. (^{4}2002 = 1992) – Das kulturelle Gedächtnis. Schrift, Erinnerung und politische Identität in frühen Hochkulturen: Beck'sche Reihe 1307, München.

Austin, J.L. (1962) – How to do Things with Words: The William James Lectures: Cambridge, Massachusetts.

Bartelmus, R. (1982) – HYH. Bedeutung und Funktion eines hebräischen »Allerweltswortes« – zugleich ein Beitrag zur Frage des hebräischen Tempussystems: ATSAT 17.

Barth, H. (1977) – Die Jesaja-Worte in der Josiazeit. Israel und Assur als Thema einer produktiven Neuinterpretation der Jesajaüberlieferung: WMANT 48.

Barth, H./Steck, O. H. (^{5}1974 = 1971) – Exegese des Alten Testaments. Leitfaden der Methodik. Ein Arbeitsbuch für Proseminare, Seminare und Vorlesungen: Neukirchen-Vluyn (neu bearb. ab ^{8}1978).

Barth, K. (^{3}1945) – KD I, 2.

Barth, K. (1976 = ^{2}1922) – Der Römerbrief: Zürich.

Barthes, R. (dt. 1966) – Die strukturalistische Tätigkeit: Kursbuch 5, 190-196 (franz. aus Essays critiques, 1964, übers. v. E. Moldenhauer).

Barthes, R. u. a. (1971a) – R. Barthes/P. Beauchamp/H. Bouillard/J. Courtès/E. Haulotte/X. Léon-Dufour/L. Marin/P. Ricoeur/A. Vergote, Exégèse et herméneutique: Paris.

Barthes, R. u. a. (1971b) – R. Barthes/F. Bovon/F.-J. Leenhardt/R. Martin-Achard/J. Starobinski, Analyse structurale et exégèse biblique: Neuchâtel.

Bastian, H.-D. (1972) – Kommunikation. Wie christlicher Glaube funktioniert: ThTh 13.

Bäuml, F.H./Bruno, A.M. (1972) – Weiteres zur mündlichen Überlieferung des Nibelungenliedes: DVfLG 46, 479-493.

Bäuml, F.H./Ward, D. J. (1967) – Zur mündlichen Überlieferung des Nibelungenliedes: DVfLG 41, 351-390.

Becking, B. (2001) – The Hellenistic Period and Ancient Israel: Three Preliminary Statements, in: L.L. Grabbe (ed.), Did Moses Speak Attic? Jewish Historiography and Scripture in the Hellenistic Period: JSOT.S, 317, 78-90.

Berger, P.L./Luckmann, T. (^{19}2003 = ^{5}1977) – Die gesellschaftliche Konstruktion der Wirklichkeit. Eine Theorie der Wissenssoziologie. Übersetzt von Monika Plessner: Fischer Taschenbuch 6623, Frankfurt a.M.

Bierwisch, M. (1971 = 1966) – Strukturalismus. Geschichte, Probleme und Methoden, in: Ihwe, J. (Hg.), Literaturwissenschaft und Linguistik. Ergebnisse und Perspektiven I, 17-90.

Bierwisch, M. (^{3}1969 = 1965) – Poetik und Linguistik: Mathematik und Dichtung, hg.v. H. Kreuzer und R. Gunzenhäuser: München.

Bjørndalen, A.J. (1970) – »Form« und »Inhalt« des motivierenden Mahnspruches: ZAW 82, 347-361.

Bjørndalen, A.J. (1974) – Zu den Zeitstufen der Zitatformel כה אמר... im Botenverkehr: ZAW 86, 393-403.

Blum, E. (1974) – Zur semasiologischen Analyse des Verbalsystems der hebräischen Prosa in der Königszeit, masch. (unveröffentlicht).

Blum, E. (1980) – Die Komplexität der Überlieferung. Zur diachronen und synchronen Auslegung von Gen 32,23-33: DBAT 15, 2-55.

Boecker, H.J. (^{2}1970) – Redeformen des Rechtslebens im Alten Testament: WMANT 14.

Bonhoeffer, D. (1970) – Widerstand und Ergebung. Neuausgabe: München.

Bonhoeffer, D. (1998) – Widerstand und Ergebung. Briefe und Aufzeichnungen aus der Haft: DBW 8.

Brekle, H.E. (1970) – Generative Satzsemantik und transformationelle Syntax im System der englischen Nominalkomposition.

Brekle, H.E. (1972) – Semantik. Eine Einführung in die sprachwissenschaftliche Bedeutungslehre: UTB 102, München (1972).

Breuer, D. (1972) – Vorüberlegungen zu einer pragmatischen Textanalyse: Wirkendes Wort 22, 1-23.

Breuer, D. (1974) – Einführung in die pragmatische Texttheorie: UTB 106, München (1974).

Breymayer, R./Ellena, D. (1972) – Bibliographie zur »linguistischen« Theologie: »Linguistische« Theologie, Hg. U. Gerber und E. Güttgemanns, FThL, 197-248.

Breytenbach, C. (1985) – Das Markusevangelium als episodische Erzählung. Mit Überlegungen zum »Aufbau« des zweiten Evangeliums, in: Hahn, F. (Hg.), Der Erzähler des Evangeliums. Methodische Neuansätze in der Markusforschung: SBS 118/119, 137-169.

Brinker, K. (1971) – Aufgaben und Methoden der Textlinguistik: Wirkendes Wort 21, 217-237.

Brinker, K. (1973) – Zum Textbegriff in der heutigen Linguistik, in: Sitta, H./Brinker, K. (Hg.), Studien zur Texttheorie und zur deutschen Grammatik. FG für H. Glinz zum 60. Geburtstag: Sprache der Gegenwart 30, Düsseldorf, 9-41.

Brinker, K./Antos, G. u. a., Hg. (2001) – Text- und Gesprächslinguistik. Linguistics of Text and Conversation. Ein internationales Handbuch zeitgenössischer Forschung. An International Handbook of Contemporary Research. 2. Halbband/ Volume 2: HSK 16/2.

Bühler, K. (^{3}1999 = 1934) – Sprachtheorie. Die Darstellungsfunktion der Sprache. Mit einem Geleitwort von Friedrich Kainz: UTB 1159, Stuttgart.

Bultmann, R. (^{8}1970) – Die Geschichte der synoptischen Tradition: Göttingen.

Bünting, K.-D. (^{3}1972) – Einführung in die Linguistik. Grundbegriffe – Methoden – Analysetechniken – Phonetik und Phonologie – Morphologie – Syntax – Semantik. Zahlreiche Beispiele aus der deutschen Sprache: Fischer Athenäum Taschenbücher 2011.

Büsing, G. (1992) – Ein alternativer Ausgangspunkt zur Interpretation von Jer 29: ZAW 104, 402- 408.

Carr, D.M. (1996) – Reading the Fractures of Genesis. Historical and Literary Approaches: Louisville.

Chabrol, C./Marin, L. (dt. 1973) – Erzählende Semiotik nach Berichten der Bibel: München (franz. Titel: Sémiotique narrative: récits bibliques, 1971, übers. v. K.H. Neufeld).

Chomsky, N. (dt. 1969) – Aspekte der Syntax-Theorie. Theorie 2: Frankfurt a.M. (engl. Titel: Aspects of the Theory of Syntax, 1965, übers. v. E. Lang).

Clines, D.J.A./Exum, J.C. (1993) – The New Literary Criticism, in: J.C. Exum/D.J.A. Clines (ed.), The New Literary Criticism and the Hebrew Bible: JSOT.S 143, 11-25.

Coseriu, E. (dt. 1970) – System, Norm und ›Rede‹: Sprache. Strukturen und Funktionen, XII Aufsätze, Tübinger Beiträge zur Linguistik 2, 193-212; (ital. Titel: Sistema, norma e »parola«: Studi linguistici in onore di Vittore Pisani, I, 235-253, übers. v. H. Bertsch).

Crüsemann, F. (1969) – Studien zur Formgeschichte von Hymnus und Danklied in Israel: WMANT 32.

Daneš, F. (1974) – Papers on Functional Sentence Perspective, Ed. F. Daneš: Ort.

de Beaugrande, R.A./Dressler, W. (1981) – Einführung in die Textlinguistik: Konzepte der Sprach- und Literaturwissenschaft 28, Tübingen.

de Leeuw van Weenen, A. (2000) – Automatische morphologische Analyse am Beispiel des Klassisch-Armenischen, in: Hardmeier, C./Syring, W.-D./Range, J.D./ Talstra, E. (Hg.), Ad Fontes! Quellen erfassen – lesen – deuten. Was ist Computerphilologie? Ansatzpunkte und Methodologie – Instrumente und Praxis,

Beiträge der Tagung »Computerphilologie«, Universität Greifswald, November 5-8, 1998: Applicatio 15, Amsterdam, 81-97.
Dietrich, W. (1972) – Prophetie und Geschichte. Eine redaktionsgeschichtliche Untersuchung zum deuteronomistischen Geschichtswerk: Frlant 108.
Dietrich, W. (1977) – David in Überlieferung und Geschichte: VF 22/1, 44-64.
Dijk, T. A. van (1972a) – Some Aspects of Text Grammars. A Study in Theoretical Linguistics and Poetics: Janua Linguarum Series Maior 63, Den Haag.
Dijk, T. A. van (dt. 1972b) – beiträge zur generativen poetik: grundfragen der literaturwissenschaft 6, München.
Donner, H. (1964) – Israel unter den Völkern: VT.S 11.
Dressler, W. (1972) – Einführung in die Textlinguistik. Konzepte der Sprach- und Literaturwissenschaft 13, Tübingen.
Duhm, B. (1901) – Das Buch Jeremia, KHC XI.
Duhm, B. (⁵1968 HK) – Das Buch Jesaja: HK III/1.
Ebeling, G. (1964) – Wort Gottes und Tradition. Studien zu einer Hermeneutik der Konfessionen: KiKonf 7. [Tradition 1964].
Ebeling, G. (²1962a = 1955) – Die »nicht-religiöse Interpretation biblischer Begriffe«: Wort und Glaube, 90-160. [Interpretation ²1962a].
Ebeling, G. (²1962b = 1959) – Wort Gottes und Hermeneutik, in: ders., Wort und Glaube: Tübingen, 319-348. [Hermeneutik ²1962b].
Ebeling, G. (²1963) – Theologie und Verkündigung. Ein Gespräch mit Rudolf Bultmann: HUTh 1 [Theologie ²1963].
Eckardt, W. (1987) – Computergestützte Analyse althebräischer Texte. Algorithmische Erkennung der Morphologie: ATSAT 29.
Eco, U. (²1994) – Lector in fabula. Die Mitarbeit der Interpretation in erzählenden Texten: München.
Egger, W. (⁵1999) – Methodenlehre zum Neuen Testament. Einführung in linguistische und historisch-kritische Methoden: Freiburg Basel Wien.
Ehlich, K. (1979) – Verwendungen der Deixis beim sprachlichen Handeln. Linguistisch-philologische Untersuchungen zum hebräischen deiktischen System. Teil 1: Forum Linguisticum 24: Frankfurt a.M. Bern Las Vegas. [Deixis 1979].
Ehlich, K. (1983) – Alltägliches Erzählen, in: Sanders, W./Wegenast, K. (Hg.), Erzählen für Kinder – Erzählen von Gott: Stuttgart, Berlin, Köln, Mainz, 128-150 (Erzählen 1983).
Ehlich, K. (1984) – Handlungsstruktur und Erzählstruktur. Zu einigen Kennzeichen des Weiterentwickelns von Erzählanfängen, in: ders. (Hg.), Erzählen in der Schule: Kommunikation und Institution, 10, Tübingen, 126-175 (Handlungstruktur 1984).
Ehlich, K. (³1998 = 1983) – Text und sprachliches Handeln. Die Entstehung von Texten aus dem Bedürfnis nach Überlieferung, in: Assmann, A. und J./Hardmeier, C. (Hg.), Schrift und Gedächtnis. Beiträge zur Archäologie der literarischen Kommunikation: Archäologie der literarischen Kommunikation I, 24-43 (Text ³1998).
Ehlich, K., Hg. (1980) – Erzählen im Alltag: stw 323 (1980). [Alltag 1980].
Eißfeldt, O. (1973 = 1922) – Hexateuch-Synopse: Darmstadt.

Fey, R. (1963) – Amos und Jesaja, Abhängigkeit und Eigenständigkeit des Jesaja: WMANT 12.
Fohrer, G. ([2]1966) – Das Buch Jesaja. 1. Band Kapitel 1-23: ZBK 19.
Fohrer, G. (1967) – Studien zur alttestamentlichen Prophetie (1949–1965): BZAW 99.
Fohrer, G. u. a. (1973) – G. Fohrer/H. W. Hoffmann/F. Huber/L. Markert/G. Wanke, Exegese des Alten Testaments. Einführung in die Methodik: UTB 267, Heidelberg.
Frege, G. ([3]1969) – Funktion, Begriff, Bedeutung: KVR 144/145.
Frey, G. (1970) – Hermeneutische und hypothetisch-deduktive Methode: Zs. f. allgemeine Wissenschaftstheorie 1, 24-40.
Fries, U. (1971) – Textlinguistik: Linguistik und Didaktik, H. 7, 219-234.
Fuchs, E. ([3]1963) – Hermeneutik: Bad Cannstatt.
Gardiner, A. ([5]1969) – The Theory of Speech and Language: Clarendon.
Genette, G. (dt. [2]1998) – Die Erzählung. Aus dem Französischen von Andreas Knop: München.
Gerstenberger, E. (1962) – The Woe-Oracles of the Prophets: JBL 81, 249-263.
Gerstenberger, E. (1971) – Der bittende Mensch. HabSchr.: Heidelberg.
Gerstenberger, E. (1980) – Der bittende Mensch: WMANT 51.
Gesenius, W. ([28]1909) – Hebräische Grammatik. Völlig umgearbeitet von E. Kautzsch: Leipzig.
Goethe, J.W. ([15]1994) – West-östlicher Divan, in: ders., Werke. Hamburger Ausgabe in 14 Bänden. Band 2 Gedichte und Epen II, textkritisch durchgesehen und kommentiert von Erich Trunz: München, 8-267.
Goldberg, A. ([3]1998) – Der verschriftete Sprechakt als rabbinische Literatur, in: A. u. J. Assmann/C. Hardmeier, Schrift und Gedächtnis. Beiträge zur Archäologie der literarischen Kommunikation I: Archäologie der literarischen Kommunikation 1, München, 123-140.
Goldmann, Y. (1992) – Prophétie et royauté au retour de l'exil. Les origines littéraires de la forme massorétique du livre de Jérémie: OBO 118.
Greenwood, D. (1970) – Rhetorical Criticism and Formgeschichte: Some Methodological Considerations: JBL 89, 418-426.
Greimas, A.J. (dt. 1971) – Strukturale Semantik. Methodologische Untersuchungen. Autorisierte Übersetzung aus dem Französischen von Jens Ihwe: Wissenschaftstheorie, Wissenschaft und Philosophie 4, Braunschweig (franz. Titel: Sémantique structurale. Recherche de méthode, 1966, übers. v. J. Ihwe).
Groß, W. (1976) – Verbform + Funktion. wayyiqtol für die Gegenwart? Ein Beitrag zur Syntax poetischer althebräischer Schriften: ATSAT 1. [Verbform 1976].
Groß, W. (1980) – Syntaktische Erscheinungen am Anfang althebräischer Erzählungen: Hintergrund und Vordergrund, in: Emerton, J.A. (Hg.), Congress Volume. Vienna 1980: VT.S 32, 131-145. [Erscheinungen 1980].
Groß, W. (1986) – Zum Problem der Satzgrenzen im Hebräischen – Beobachtungen an Pendenskonstruktionen: BN 35, 50-72. [Satzgrenzen 1986].
Groß, W. (1987) – Die Pendenskonstruktion im Biblischen Hebräisch. Studien zum althebräischen Satz I: ATSAT 27. [Pendenskonstruktion 1987].
Groß, W. (1991) – Satzfolge, Satzteilfolge und Satzart als Kriterien der Subkategorisierung hebräischer Konjunktionalsätze, am Beispiel der KJ-Sätze untersucht, in:

Groß, W./Irsigler, H. u.a. (Hg.), Text, Methode und Grammatik. FS W. Richter: St Ottilien, 97-117. [Satzfolge 1991].

Groß, W. (1993) – Das Vorfeld als strukturell eigenständiger Bereich des hebräischen Verbalsatzes. Syntaktische Erscheinungen am Satzbeginn, in: Irsiger, H., Syntax und Text. Beiträge zur 22. Internationalen Ökumenischen Hebräisch-Dozenten-Konferenz 1993 in Bamberg: St. Ottilien, 1-24. [Vorfeld 1993]

Groß, W. (1996) – Die Satzteilfolge im Verbalsatz alttestamentlicher Prosa. Untersucht an den Büchern Dtn, Ri und 2 Kön: FAT 17. [Verbalsatz 1996].

Gülich, E. (1976) – Ansätze zu einer kommunikationsorientierten Erzähltextanalyse (am Beispiel mündlicher und schriftlicher Erzähltexte), in: Haubrichs, W. (Hg.), Erzählforschung 1. Theorien, Modelle und Methoden der Narrativik. Mit einer Auswahlbibliographie zur Erzählforschung: Zs. f. Literaturwissenschaft und Linguistik. Beih. 4, Göttingen, 224-256. [Ansätze 1976].

Gülich, E. (1980) – Konventionelle Muster und kommunikative Funktionen von Alltagserzählungen, in: Ehlich, K. (Hg.), Erzählen im Alltag: stw 323, 335-384. [Muster 1980].

Gülich, E. (1997) – Routineformeln und Formulierungsroutinen. Ein Beitrag zur Beschreibung »formelhafter Texte«, in: Wimmer, R./Berens, F.-J. (Hg.), Wortbildung und Phraseologie: Studien zur deutschen Sprache 9: Tübingen, 131-175. [Routineformeln 1997]

Gülich, E./Hausendorf, H. (2000) – Art. 37. Vertextungsmuster Narration, in: Brinker, K./Antos, G. u.a. (Hg.), Text- und Gesprächslinguistik. Linguistics of Text and Conversation. Ein internationales Handbuch zeitgenössischer Forschung. An International Handbook of Contemporary Research. 1. Halbband/Volume 1: HSK 16/1, 369-385. [Vertextungsmuster 2000]

Gülich, E./Heger, K./Raible, W. (^{2}1979 = 1974) – Linguistische Textanalyse. Überlegungen zur Gliederung von Texten: Papiere zur Textlinguistik 8, Hamburg. [Überlegungen ^{2}1979]

Gülich, E./Quasthoff, U.M. (1985) – Narrative Analysis, in: Dijk, T. A. van, Handbook of Discours Analysis. Volume 2. Dimensions of Discourse: London, Orlando, 169-197. [Analysis 1985].

Gülich, E./Quasthoff, U.M. (1986) – Story-Telling in Conversation. Cognitive and Interactive Aspects, in: dies., Narrative Analysis. An Interdisciplinary Dialogue: Poetics 15, 217-241. [Conversation 1986].

Gülich, E./Raible, W. (1975a) – Textsorten-Probleme: Linguistische Probleme der Textanalyse: Sprache der Gegenwart 35, 144-197. [Textsorten-Probleme 1975a].

Gülich, E./Raible, W. (1977) – Linguistische Textmodelle. Grundlagen und Möglichkeiten: UTB 130, München. [Textmodelle 1977].

Gülich, E./Raible, W. (^{2}1975c = 1972) – Textsorten als linguistisches Problem. Vorwort und Einleitung, in: dies., Textsorten. Differenzierungskriterien aus linguistischer Sicht: Athenäum-Skripten Linguistik 5, Frankfurt a.M., 1-5. [Problem ^{2}1975c].

Gülich, E./Raible, W. (^{2}1979) – Überlegungen zu einer makrostrukturellen Textanalyse. J. Thurber, The Lover and his Lass, in: Gülich, E./Heger, K./Raible, W., Linguistische Textanalyse. Überlegungen zur Gliederung von Texten: Papiere zur Textlinguistik 8, Hamburg, 73-126. [Textanalyse ^{2}1979].

Gülich, E./Raible, W., Hg. ([2]1975b) – Textsorten. Differenzierungskriterien aus linguistischer Sicht: Athenäum-Skripten Linguistik 5, Frankfurt a.M. [Textsorten [2]1975b].

Gunkel, H. (1913 = 1906) – Die Grundprobleme der israelitischen Literaturgeschichte: Reden und Aufsätze: Göttingen, 29-38. [Grundprobleme 1913]

Gunkel, H. ([2]1923) – Einleitungen zu H. Schmidt, Die großen Propheten: SAT II/2, IX–LXX. [Einleitungen [2]1923]

Gunkel, H. (1924) – Jesaja 33, eine prophetische Liturgie: ZAW 42, 177-208. [Liturgie 1924]

Gunkel, H. (1929a) – Art. Literaturgeschichte, Biblische. 2. L.G. des AT.s.: RGG[2], 1677-1680. [Literaturgeschichte 1929a]

Gunkel, H. (1929b) – Art. Individualismus: II. Individualismus und Sozialismus im AT: RGG III ([2]1929) Sp. 234-239. [Individualismus 1929b]

Gunkel, H./Begrich, J. ([3]1975 = 1933) – Einleitung in die Psalmen. Die Gattungen der religiösen Lyrik Israels: HK II/Erg.

Gunn, D.M./Fewell, D.N. (1993) – Narrative in the Hebrew Bible: Oxford.

Güttgemanns, E. (1971) – Theologie als sprachbezogene Wissenschaft. studia linguistica neotestamentica: BEvTh 60, 184-230.

Güttgemanns, E. ([2]1971) – Offene Fragen zur Formgeschichte des Evangeliums: BEvTh 54.

Habermas, J. (1971) – Vorbereitende Bemerkungen zu einer Theorie der kommunikativen Kompetenz, in: Habermas, J./Luhmann, N., Theorie der Gesellschaft oder Sozialtechnologie – Was leistet die Systemforschung? Theorie-Diskussion, 101-141.

Habermas, J. ([4]1987 = [1]1981) – Theorie des kommunikativen Handelns. Band 1. Handlungsrationalität und gesellschaftliche Rationalisierung: Frankfurt a.M.

Habermas, J. (1988) – Nachmetaphysisches Denken. Philosophische Aufsätze: Frankfurt a.M.

Haller, J. (2000) – Computerlinguistik und Computerphilologie – Kann der »einfältige Leser« dazulernen? in: Hardmeier, C./Syring, W.-D./Range, J.D./Talstra, E. (Hg.), Ad Fontes! Quellen erfassen – lesen – deuten. Was ist Computerphilologie? Ansatzpunkte und Methodologie – Instrumente und Praxis, Beiträge der Tagung »Computerphilologie«, Universität Greifswald, November 5-8, 1998: Applicatio 15, Amsterdam, 69-79.

Hardmeier, C. (1970) – Die Verwendung von elektronischen Datenverarbeitungsanlagen in der alttestamentlichen Wissenschaft. Neue Möglichkeiten der Forschung am Alten Testament (Ein Projekt am Alttestamentlichen Seminar in Heidelberg): ZAW 82, 175-185. [Verwendung 1970]

Hardmeier, C. (1978) – Texttheorie und biblische Exegese. Zur rhetorischen Funktion der Trauermetaphorik in der Prophetie: BEvTh 79. [Texttheorie 1978].

Hardmeier, C. (1979) – Gesichtspunkte pragmatischer Erzähltextanalyse. »Glaubt ihr nicht, so bleibt ihr nicht« – ein Glaubensappell an schwankende Anhänger Jesajas: WuD 15, 33-54. [Gesichtspunkte 1979]

Hardmeier, C. (1981a) – Erzählen – Erzählung – Erzählgemeinschaft. Zur Rezeption von Abrahamserzählungen in der Exilsprophetie: WuD 16, 27-47. [Erzählen 1981a].

Hardmeier, C. (1981b) – Jesajas Verkündigungsabsicht und Jahwes Verstockungsauftrag in Jes 6, in: Jeremias, J./Perlitt, L. (Hg.), Die Botschaft und die Boten. Festschrift für Hans Walter Wolff zum 70. Geburtstag: Neukirchen-Vluyn, 235-251. [Verkündigungsabsicht 1981b].

Hardmeier, C. (1983) – Verkündigung und Schrift bei Jesaja. Zur Entstehung der Schriftprophetie als Oppositionsliteratur im alten Israel: ThGl 73, 119-134. [Verkündigung 1983].

Hardmeier, C. (1985) – Alttestamentliche Exegese und linguistische Erzählforschung. Grundfragen der Erzählinterpretation am Beispiel von Amos 7,10-17: WuD 18, 49-71. [Exgese 1985]

Hardmeier, C. (1986a) – Old Testament Exegesis and Linguistic Narrative Research, in: Gülich, E./Quasthoff, U. M. (Hg.), Narrative Analysis. An Interdisciplinary Dialogue: Poetics 15, 89-109. [Exegesis 1986a].

Hardmeier, C. (1986b) – Elektronische Datenverarbeitung als Instrument der Analyse von hebräischen Texten des Alten Testaments, in: Association Internationale Bible et Informatique (Hg.), Actes du Premier Colloque International. Bible et Informatique: le Texte: Paris Genève, 203-212. [Datenverarbeitung 1986b].

Hardmeier, C. (1988) – »Denn im Tod ist kein Gedenken an dich …« (Psalm 6,6). Der Tod des Menschen -Gottes Tod?: EvTh 48, 292-311. [Tod 1988].

Hardmeier, C. (1989a) – Computer Concordance Able to Dialogue. A Tool of Text Analysis and its Influence on Old Testament Research, in: Association Internationale Bible et Informatique (AIBI), Actes du Second Colloque International. Bible et Informatique: méthodes, outils, résultats. Jérusalem, 9-13 juin 1988: Paris Genève, 309-317. [Tool 1989a].

Hardmeier, C. (1989b) – Dialogfähige Computer-Konkordanz. Die Erweiterung der Grundlagen empirischer Textanalyse durch ein neues Forschungsinstrument, in: Talstra, E. (Hg.), Computer Assisted Analysis of Biblical Texts. Papers read at the Workshop on the Occasion of the Tenth Anniversary of the »Werkgroep Informatica« Faculty of Theology Vrije Universiteit, Amsterdam, November, 5-6, 1987: Applicatio 7, Amsterdam, 119-134. [Computer-Konkordanz 1989b].

Hardmeier, C. (1990a) – Prophetie im Streit vor dem Untergang Judas. Erzählkommunikative Studien zur Entstehungssituation der Jesaja-und Jeremiaerzählungen in II Reg 18-20 und Jer 37-40: BZAW 187. [Prophetie 1990a].

Hardmeier, C. (1990b) – Jer 29 – »eine geradezu unüberbietbare Konfusion«? Vorurteil und Methode in der exegetischen Forschung, in: Blum, E./Macholz, C. u. a. (Hg.), Die Hebräische Bibel und ihre zweifache Nachgeschichte. FS Rolf Rendtorff: Neukirchen-Vluyn, 301-317. [Konfusion 1990b].

Hardmeier, C. (1990c) – Umrisse eines vordeuteronomistischen Annalenwerks der Zidkijazeit. Zu den Möglichkeiten computergestützter Textanalyse: VT 40, 165-184. [Annalenwerk 1990c].

Hardmeier, C. (1991) – Die Redekomposition Jer 2-6. Eine ultimative Verwarnung Jerusalems im Kontext des Zidkijaaufstandes: WuD 21, 11-42. [Redekomposition 1991].

Hardmeier, C. (1992) – Computer-assisted Perception of Texts and its Hermeneutic Relevance, in: Association Internationale Bible et Informatique (Hg.), Actes du

Troisième Colloque International, Bible et Informatique: Interprétation, Herméneutiques, Compétence Informatique, Tübingen, 26-30 août 1991: Paris Genève, 365-376. [Perception 1992]

Hardmeier, C. (1995a) – Jeremia 32,2-15 als Eröffnung der Erzählung von der Gefangenschaft und Befreiung Jeremias in Jer 34,7; 37,3-40,6, in: Groß, W. (Hg.), Jeremia und die »deuteronomistische Bewegung«: BBB 98, 187-214. [Jeremia 1995a].

Hardmeier, C. (1995b) – Systematische Elemente der Theo-logie in der Hebräischen Bibel. Das Loben Gottes – ein Kristallisationsmoment biblischer Theo-logie: JBTh 10, 111-127. [Theo-logie 1995b].

Hardmeier, C. (1996) – Geschichte und Erfahrung in Jer 2-6. Zur theologischen Notwendigkeit einer geschichts-und erfahrungsbezogenen Exegese und ihrer methodischen Neuorientierung: EvTh 56, 3-29. [Erfahrung 1996].

Hardmeier, C. (1998) – Zeitverständnis und Geschichtssinn in der Hebräischen Bibel. Geschichtstheologie und Gegenwartserhellung bei Jeremia, in: Rüsen, J./ Gottlob, M./Mittag, A. (Hg.), Die Vielfalt der Kulturen. Erinnerung, Geschichte, Identität 4.: stw 1405, 308-342. [Zeitverständnis 1998].

Hardmeier, C. (2000a) – König Joschija in der Klimax des DtrG (2 Reg 22f.) und das vordtr Dokument einer Kultreform am Residenzort (23,4-15*). Quellenkritik, Vorstufenrekonstruktion und Geschichtstheologie in 2 Reg 22f., in: Lux, R. (Hg.), Erzählte Geschichte. Beiträge zur narrativen Kultur im alten Israel: BThSt 40, 81-145. [Joschija 2000a].

Hardmeier, C. (2000b) – Das Sch^e^ma' Jisra'el in Dtn 6,4 im Rahmen der Beziehungstheologie der deuteronomistischen Tora, in: Blum, E. (Hg.), Mincha. FS Rolf Rendtorff: Neukirchen-Vluyn, 61-92. [Sch^e^ma' 2000b].

Hardmeier, C. (2001a) – »Stark wie der Tod ist die Liebe«. Der Mensch und sein Tod in den Schriften des Alten Testaments, in: Herbst, M. (Hg.), Der Mensch und sein Tod. Grundsätze der ärztlichen Sterbebegleitung: Greifswalder theologische Forschungen 3, Frankfurt am Main etc., 209-227. [Liebe 2001a].

Hardmeier, C. (2001b) – Rez. Otto, E.: Das Deuteronomium. Politische Theologie und Rechtsreform in Juda und Assyrien, BZAW 284 (1999): ThLZ 126, Sp. 1030-1034. [Rez. Otto 2001b].

Hardmeier, C. (2001c) – Wahrhaftigkeit und Fehlorientierung bei Jeremia. Jer 5,1 und die divinatorische Expertise Jer 2-6* im Kontext der zeitgenössischen Kontroversen um die politische Zukunft Jerusalems, in: Maier, C./Jörns, K.-P./Liwak, R. (Hg.), Exegese vor Ort. FS Peter Welten: Leipzig, 121-144. [Wahrhaftigkeit 2001c].

Hardmeier, C. (2001e) – Zur Quellenevidenz biblischer und archäologischer Befunde. Falsche Fronten und ein neues Gespräch zwischen alttestamentlicher Literaturwissenschaft und Archäologie, in: ders. (Hg.), Steine – Bilder – Texte. Historische Evidenz außerbiblischer und biblischer Quellen: Arbeiten zur Bibel und ihrer Geschichte 5, Leipzig, 11-24. [Quellenevidenz 2001e].

Hardmeier, C. (2002) – Art. Literaturwissenschaft, biblisch, RGG[4] V, Sp. 426-429. [Literaturwissenschaft 2002].

Hardmeier, C. (2003a) – »Geschichten« und »Geschichte« in der hebräischen Bibel.

Zur Tora-Form von Geschichtstheologie im kulturwissenschaftlichen Kontext, in: XXX. [Geschichten 2003a].

Hardmeier, C. (2003b) – Die Weisheit der Tora (Dtn 4,5-8). Respekt und Loyalität gegenüber JHWH allein und die Befolgung seiner Gebote – ein performatives Lehren und Lernen, in: Hardmeier, C./Kessler, R./Ruwe, A. (Hg.), Freiheit und Recht. FS Frank Crüsemann: Gütersloh, 223-253. [Weisheit 2003b].

Hardmeier, C., Hg. (2001d) – Steine – Bilder – Texte. Historische Evidenz außerbiblischer und biblischer Quellen, Arbeiten zur Bibel und ihrer Geschichte 5, Leipzig. [Steine 2001d].

Hardmeier, C./Syring, W.-D./Range, J.D./Talstra, E., Hg. (2000) – Ad Fontes! Quellen erfassen – lesen – deuten. Was ist Computerphilologie? Ansatzpunkte und Methodologie – Instrumente und Praxis, Beiträge der Tagung »Computerphilologie«, Universität Greifswald, November 5-8, 1998: Applicatio 15, Amsterdam.

Hardmeier, C./Talstra, E. (1989) – Sprachgestalt und Sinngehalt. Wege zu neuen Instrumenten der computergestützten Textwahrnehmung: ZAW 101, 408-428.

Härle, W. (1989) – Art. Kirche VII. Dogmatisch: TRE 18, 277-317.

Hartmann, P. (1968) – Zum Begriff des sprachlichen Zeichens: ZPSK 21, 205-222.

Hartmann, P. (1971) – Texte als linguistisches Objekt, in: Stempel, W.-D. (Hg.), Beiträge zur Textlinguistik: Internationale Bibliothek für Allgemeine Linguistik 1, 9-29.

Hartmann, P. (1973) – Religiöse Texte als linguistisches Objekt: Sprache und Sprachverständnis in religiöser Rede. Zum Verhältnis von Theologie und Linguistik, in: Michels, Th./Paus, A. (Hg.), Internationales Forschungszentrum für Grundfragen der Wissenschaften Salzburg, Zwölftes Forschungsgespräch, 109-125.

Hartmann, P. (1975) – Textlinguistische Tendenzen in der Sprachwissenschaft: Folia Linguistica 8, 1-49.

Haubrichs, W. (1976) – Auswahlbibliographie zur Erzählforschung, in: ders. (Hg.), Erzählforschung 1. Theorien, Modelle und Methoden der Narrativik. Mit einer Auswahlbibliographie zur Erzählforschung: Zs. f. Literaturwissenschaft und Linguistik. Beiheft 4, Göttingen, 257-331.

Heger, K. (1963) – Die Bezeichnung temporal-deiktischer Begriffskategorien im französischen und spanischen Konjugationssystem: ZRP.Beih. 104. [Konjugationssystem 1963].

Heger, K. (1964) – Die methodologischen Voraussetzungen von Onomasiologie und begrifflicher Gliederung: ZRP 80, 486-516. [Onomasiologie 1964].

Heger, K. (1966) – Valenz, Diathese und Kasus: ZRP 82, 138-170. [Valenz 1966].

Heger, K. (1967) – Temporale Deixis und Vorgangsquantität (»Aspekt« und »Aktionsart«): ZRP 83, 512-582. [Deixis 1967].

Heger, K. (1969a) – Die Semantik und die Dichotomie von Langue und Parole: ZRP 85, 144-215. [Semantik 1969a].

Heger, K. (1969b) – »Sprache« und »Dialekt« als linguistisches und soziolinguistisches Problem: Folia Linguistica 3, 46-67. [Dialekt 1969b].

Heger, K. (1971) – Monem, Wort und Satz: Konzepte der Sprach- und Literaturwissenschaft 8, Tübingen. [Monem 1971].

Heger, K. ([2]1976) – Monem, Wort, Satz und Text: Konzepte der Sprach- und Literaturwissenschaft 8, Tübingen. [Monem [2]1976].

Hellholm, D. (1980) – Das Visionenbuch des Hermas als Apokalypse. Formgeschichtliche und texttheoretische Studien zu einer literarischen Gattung I. Methodologische Vorüberlegungen und makrostrukturelle Textanalyse: CB.NT 13/1, Gleerup.

Hempfer, K.W. (1973) – Gattungstheorie. Information und Synthese: UTB 133, München.

Heringer, H.-J. (1970) – Deutsche Syntax: SG 1246/1246a.

Hermisson, H.-J. (1968) – Studien zur israelitischen Spruchweisheit: WMANT 28.

Herold, J. (2000) – Computerphilologie als Methode für die historisch-quellenkundliche Erschließung spätmittelalterlicher Briefe in: Hardmeier, C./Syring, W.-D./Range, J.D./Talstra, E. (Hg.), Ad Fontes! Quellen erfassen – lesen – deuten. Was ist Computerphilologie? Ansatzpunkte und Methodologie – Instrumente und Praxis, Beiträge der Tagung »Computerphilologie«, Universität Greifswald, November 5-8, 1998: Applicatio 15, Amsterdam, 33-68.

Hjelmslev, L. ([2]1961) – Prolegomena to a Theory of Language. Revised English Edition: Baltimore.

Hoffmann, H.-D. (1980) – Reform und Reformen. Untersuchungen zu einem Grundthema der deuteronomistischen Geschichtsschreibung: AThANT 66.

Hoffmann, H.W. (1970a) – Form-Funktion-Intention: ZAW 82, 342-346.

Hoffmann, H.W. (1970b) – Zur Echtheitsfrage von Amos 9,9f: ZAW 82, 121-122.

Huber, W. (2003) – Vom Nutzen und Nachteil von Traditionen für das Leben. Die Kirchenväter und die Kirche von morgen: EvTh 63, 8-24.

Ihwe, J. (1972) – linguistik in der literaturwissenschaft. zur entwicklung einer modernen theorie der literaturwissenschaft: grundfragen der literaturwissenschaft 4, München.

Iser, W. ([2]1979) – Der implizite Leser. Kommunikationsformen des Romans von Bunyan bis Beckett: München UTB 163.

Jannidis, F. (1999) – Was ist Computerphilologie?, in: Deubel, V./Eibl, K./Jannidis, F. (Hg.), Jahrbuch für Computerphilologie 1: Paderborn, 39-60.

Janowski, B. (2003) – Konfliktgespräche mit Gott. Eine Anthropologie der Psalmen: Neukirchen-Vluyn.

Janzen, W. (1972) – Mourning Cry and Woe Oracle: BZAW 125.

Jauss, H.R. (1972) – IV. Theorie der Gattungen und Literatur des Mittelalters, in: ders./Köhler, E. (Hg.), Grundriß der romanischen Literaturen des Mittelalters I, Généralites: Heidelberg, 107-138.

Jenni, E. (1971) – Art. יום Tag: THAT I, Sp. 707-726.

Jenni, E. ([2]1981) – Lehrbuch der hebräischen Sprache des Alten Testaments. Neubearbeitung des »Hebräischen Schulbuchs« von Hollenberg-Budde: Basel Stuttgart.

Jeremias, J. (1965) – Theophanie. Die Geschichte einer alttestamentlichen Gattung: WMANT 10.

Jeremias, J. (1970) – Kultprophetie und Gerichtsverkündigung in der späten Königszeit Israels: WMANT 35.

Jeremias, J. (1971a) – Die Deutung der Gerichtsworte Michas in der Exilszeit: ZAW 83, 330–354.
Jeremias, J. (1971b) – Die Vollmacht des Propheten im Alten Testament: EvTh 31, 305-322.
Jespersen, O. ([10]1968 = 1924) – The Philosophy of Grammar, London.
Jonker, L.C. (1997) – Exclusivity and Variety. Perspectives on Multidimensional Exegesis: Contributions to Biblical Exgesis & Theology 19, Kampen.
Joüon, P./Muraoka, T. (1991) – A Grammar of Biblical Hebrew: SubBi 14/I und 14/II.
Kaiser, O. (1973 ATD) – Der Prophet Jesaja. Kapitel 13-39: ATD 18.
Kaiser, O. ([5]1975) – Die alttestamentliche Exegese, in: Adam, G./Kaiser, O./Kümmel, W. G., Einführung in die exegetischen Methoden: studium theologie 1, 9-60.
Kallmeyer, W. (1981) – Gestaltungsorientiertheit in Alltagserzählungen, in: Kloepfer, R./Janetzke-Dillner, G. (Hg.), Erzählung und Erzählforschung im 20. Jahrhundert. Tagungsbeitrg. e. Symposiums d. Alexander von Humboldt-Stiftung, Bonn-Bad Godesberg, veranst. vom 9.-14. September 1980 in Ludwigsburg, 409-429. [Gestaltungsorientiertheit 1981].
Kallmeyer, W./Schütze, F. (1977) – Zur Konstitution von Kommunikationsschemata der Sachverhaltsdarstellung, in: Wegner, D. (Hg.), Gesprächsanalysen. Vorträge, gehalten anläßlich des 5. Kolloquiums des Instituts für Kommunikationswissenschaft und Phonetik, Bonn, 14.-16. Oktober 1976: IKP-Forschungsberichte 65, Reihe I Kommunikationsforschung, 159-274. [Kommunikationsschemata 1977].
Kamlah, W./Lorenzen, P. (1967) – Logische Propädeutik. Vorschule des vernünftigen Redens: Bielefelder Hochschultaschenbücher 227.
Keel, O./Uehlinger, C. ([4]1998) – Göttinnen, Götter und Gottessymbole. Neue Erkenntnisse zur Religionsgeschichte Kanaans und Israels aufgrund bislang unerschlossener ikonographischer Quellen: QD 134.
Kilpp, N. (1990) – Niederreißen und aufbauen. Das Verhältnis von Heilsverheißung und Unheilsverkündigung bei Jeremia und im Jeremiabuch: BThSt 13.
Klatt, W. (1969) – Hermann Gunkel: FRLANT 100.
Klaus, G. ([2]1968) – Wörterbuch der Kybernetik: Berlin.
Klaus, G. ([3]1972) – Semiotik und Erkenntnistheorie: Berlin.
Knauf, E.A. (2000) – The »Low Chronology« and How Not to Deal With It: BN 101, 56-63.
Knierim, R. (1973) – Old Testament Form Criticism Reconsidered: Interp. 27, 435-468.
Koch, K. ([3]1974) – Was ist Formgeschichte? Methoden der Bibelexegese: Neukirchen-Vluyn.
Köhler, L. (1923) – Deuterojesaja (Jesaja 40-55) stilkritisch untersucht: BZAW 37.
Kratz, R.G. (1997) – Art. Redaktionsgeschichte/Redaktionskritik. I. Altes Testament: TRE 28, 367-378.
Kraus, H.-J. ([3]1982) – Geschichte der historisch-kritischen Erforschung des Alten Testaments: Neukirchen-Vluyn.
Krause, H.-J. (1973) – *hōj* als profetische Leichenklage über das eigene Volk im 8. Jahrhundert: ZAW 85, 15-46.

Krause, M.G. (1990) – Hebräisch. Biblisch-hebräische Unterrichtsgrammatik: Neukirchen-Vluyn.

Krauß, H. (1973) – Gattungssystem und Sitz im Leben. Zur Rezeption der altprovenzalischen Lyrik in der sizilianischen Dichterschule: Zs. f. Literaturwissenschaft und Linguistik 3/H. 11, 37-70.

Krispenz, J. (2001) – Literarkritik und Stilstatistik im Alten Testament. Eine Studie zur literarkritischen Methode, durchgeführt an Texten aus den Büchern Jeremia, Ezechiel und 1 Könige: BZAW 307.

Kubczak, H. (1975) – Das Verhältnis von Intension und Extension als sprachwissenschaftliches Problem: Forschungsberichte des Instituts für deutsche Sprache 23, Tübingen.

Kummer, W. (1972a) – Aspects of a theory of argumentation: Textsorten. Differenzierungskriterien aus linguistischer Sicht, in: Gülich, E./Raible, W. (Hg.), Textsorten. Differenzierungskriterien aus linguistischer Sicht: Athenäum-Skripten Linguistik 5, Frankfurt a.M., 25-49. [argumentation 1972a].

Kummer, W. (1972b) – Sprechsituation, Aussagesystem und die Erzählsituation des Romans. Ein Beitrag zu einer Theorie der Kommunikationsspiele: Zs. f. Literaturwissenschaft und Linguistik 2/H. 5, 83-105. [Sprechsituation 1972b].

Kummer, W. (1975) – Grundlagen der Texttheorie. Zur handlungstheoretischen Begründung einer materialistischen Sprachwissenschaft: rororo studium 51, Hamburg. [Texttheorie 1975].

Labov, W. (1972) – The Transformation of Experience in Narrative Syntax, in: ders., Language in the Inner City. Studies in the Black English Vernacular: Philadelphia, 354-405.

Labov, W./Waletzky, J. (1973 [engl. 1967]) – Erzählanalyse: mündliche Versionen persönlicher Erfahrung, in: Ihwe, J. (Hg.), Literaturwissenschaft und Linguistik. Eine Auswahl. Texte zur Theorie der Literaturwissenschaft. Band 2, 78-126.

Lämmert, E., Hg. (1982) – Erzählforschung. Ein Symposion: Germanistische Symposien Berichtsbände 4, Stuttgart.

Levin, C. (1985) – Die Verheißung des neuen Bundes in ihrem theologiegeschichtlichen Zusammenhang ausgelegt: FRLANT 137.

Lieb, H.-H. (1966) – Das Sprachstadium: Entwicklungsabschnitt und System? Lingua 16, 352-363.

Lieb, H.-H. (1970) – Sprachstudium und Sprachsystem. Umrisse einer Sprachtheorie: Stuttgart Berlin Köln Mainz.

Lohfink, N. (1991) – Die Gattung der ›Historischen Kurzgeschichte‹ in den letzten Jahren von Juda und in der Zeit des Babylonischen Exils, in: ders., Studien zum Deuteronomium und zur deuteronomistischen Literatur II: SBAB 12, 55-86.

Longacre, R.E. (^{2}1996) – The Grammar of Discourse. Topics in Language and Linguistics: New York London.

Lord, A.B. (^{3}1971) – The Singer of Tales: Cambidge, Massachusetts.

Lucius-Hoene, G./Deppermann, A. (2002) – Rekonstruktion narrativer Identität. Ein Arbeitsbuch zur Analyse narrativer Interviews: Opladen.

Luhmann, N. (^{3}1990) – Ökologische Kommunikation. Kann die moderne Gesellschaft sich auf ökologische Gefährdungen einstellen?: Opladen.

Lutz, H.D. (1974) – Zur Formelhaftigkeit mittelhochdeutscher Texte und zur »theory of oral-formulaic composition«: DVfLG 48, 432-447.

Lyons, J. (dt. 1980) – Semantik. Band I. Aus dem Englischen übertragen und für den deutschen Leser eingerichtet von Brigitte Asbach-Schnitker, Jean Boase und Herbert E. Brekle: München. [Semantik I dt. 1980].

Lyons, J. (dt. 1983) – Semantik. Band II. Aus dem Englischen übertragen und für den deutschen Leser eingerichtet von Jutta Schust: München. [Semantik II dt. 1983].

Lyons, J. (dt. ^{3}1973) – Einführung in die moderne Linguistik: München (engl. Titel: Introduction to Theoretical Linguistics, 1968, übers. v. W. u. G. Abraham). [Einführung dt. ^{3}1973].

Marti, K. (1904 KHC) – Das Dodekapropheton: KHC XIII.

Martinet, A (dt. ^{5}1971) – Grundzüge der allgemeinen Sprachwissenschaft. Aus dem Französischen von Anna Fuchs: UB 69.

Meier, G.F. (1969) – Wirksamkeit der Sprache: Zs. f. Phonetik, Sprachwissenschaft und Kommunikationsforschung 22, 474-492.

Meier, S.A. (1992) – Speaking of speaking. Marking direct discourse in the hebrew bible: VT.S 46.

Meyer, R. (1966ff.) – Hebräische Grammatik, Bde. 1-4: Berlin (Neuauflage).

Michel, D. (1977) – Grundlegung einer hebräischen Syntax. Teil 1. Sprachwissenschaftliche Methodik. Genus und Numerus des Nomens: Neukirchen-Vluyn.

Michel, D. (1985) – Art. Hebräisch. I. Altes Testament: TRE 14, 505-510.

Michel, G. (1969) – Stilnormen grammatischer Mittel: Zs. f. Phonetik, Sprachwissenschaft und Kommunikationsforschung 22, 493-501.

Migsch, H. (1981) – Gottes Wort über das Ende Jerusalems. Eine literar-, stil- und gattungskritische Untersuchung des Berichtes Jeremia 34,1-7; 32,2-5; 37,3-38,28: Österreichische Biblische Studien 2: Klosterneuburg.

Morgenstern, C. (1990) – Die unmögliche Tatsache, aus: Palmström, in: ders., Werke und Briefe. Stuttgarter Ausgabe. Band 3 Humoristische Lyrik. Hrsg. v. Maurice Cureau: Stuttgart, 107-147.

Moser, T. (1976) – Gottesvergiftung: Frankfurt a.M.

Muilenburg, J. (1969) – Form Criticism and Beyond: JBL 88, 1-18.

Müller, H.-P. (1969) – Ursprünge und Strukturen alttestamentlicher Eschatologie: BZAW 109.

Müller, H.-P. (1991) – wa-, ha- und das Imperfectum consecutivum: ZAH 4, 144-160.

Niemann, H.M. (2001) – Von Oberflächen, Schichten und Strukturen. Was leistet die Archäologie für die Erforschung der Geschichte Israels und Judas?, in: C. Hardmeier (Hg.), Steine – Bilder – Texte. Historische Evidenz außerbiblischer und biblischer Quellen: Arbeiten zur Bibel und ihrer Geschichte 5, Leipzig, 79-121.

Noth, M. (1963 = 1943) – Überlieferungsgeschichtliche Studien. Erster Teil. Die sammelnden und bearbeitenden Geschichtswerke im Alten Testament: Darmstadt.

Oeming, M. (2000) – »Ihr habt nicht recht von mir geredet wie mein Knecht Hiob«. Gottes Schlusswort als Schlüssel zur Interpretation des Hiobbuchs und als kritische Anfrage an die moderne Theologie: EvTh 60, 103-116.

Oomen, U. (1972) – Systemtheorie der Texte: Folia Linguistica 5, 12-34.

Otto, E. (1999) – Das Deuteronomium. Politische Theologie und Rechtsreform in Juda und Assyrien: BZAW 284.

Poschenrieder, T. (2000) – Altisländisch: Primärquellenbezug und das Greifswalder RWH-Projekt »Töluspá« – Rechnergestütztes altisländisches Stammbildungs- und Formenerzeugungs-Wörterbuch mit Handschriftenanbindung in: Hardmeier, C./Syring, W.-D./Range, J.D./Talstra, E. (Hg.), Ad Fontes! Quellen erfassen – lesen – deuten. Was ist Computerphilologie? Ansatzpunkte und Methodologie – Instrumente und Praxis, Beiträge der Tagung »Computerphilologie«, Universität Greifswald, November 5-8, 1998: Applicatio 15, Amsterdam, 99-127.

Pöttner, M. (1999) – Art. Dekonstruktion/Dekonstruktivismus. III. in der Theologie, RGG[4] II, Sp. 639f.

Preuß, H.D. (1972) – »Auferstehung« in Texten alttestamentlicher Apokalyptik (Jes 26,7-19; Dan 12,1-4), in: Gerber, U./Güttgemanns, E. (Hg.), »Linguistische« Theologie: FThL 3, 101-133.

Preuß, H.D. (1982) – Linguistik – Literaturwissenschaft – Altes Testament: VF 27/1, 2-28.

Quasthoff, U.M. (1980) – Erzählen in Gesprächen. Linguistische Untersuchungen zu Strukturen und Funktionen am Beispiel einer Kommunikationsform des Alltags: Kommunikation und Institution 1, Tübingen. [Erzählen 1980].

Quasthoff, U.M. (1981) – Zuhöreraktivitäten beim konversationellen Erzählen, in: Schröder, P./Steger, H. (Hg.), Dialogforschung. Jahrbuch 1980 des Instituts für deutsche Sprache: Sprache der Gegenwart 54, 287-313. [Zuhöreraktivitäten 1981].

Rad, G. v. (1970) – Weisheit in Israel: Neukirchen-Vluyn.

Raguse, H. (1994) – Der Raum des Textes. Elemente einer transdisziplinären theologischen Hermeneutik: Stuttgart Berlin Köln.

Raible, W. (1971) – »Thema« und »Rhema« im französischen Satz: ZFSL 81 (1971) 208-224. [Thema 1971].

Raible, W. (1972a) – Satz und Text. Untersuchungen zu vier romanischen Sprachen: ZRP.B 132 (1972). [Satz 1972a].

Raible, W. (1972b) – Textlinguistische Überlegungen zu neutestamentlichen Texten, in: Gerber, U./Güttgemanns, E. (Hg.), »Linguistische« Theologie: FThL 3, 9-26. [Überlegungen 1972b].

Range, J.D. (2000) – Texte, Varianten und die Ausbildung einer kirchensprachlichen Tradition in den litauischen Sprachdenkmälern des 16. Jahrhunderts, in: Hardmeier, C./Syring, W.-D./Range, J.D./Talstra, E. (Hg.), Ad Fontes! Quellen erfassen – lesen – deuten. Was ist Computerphilologie? Ansatzpunkte und Methodologie – Instrumente und Praxis, Beiträge der Tagung »Computerphilologie«, Universität Greifswald, November 5-8, 1998: Applicatio 15, Amsterdam, 149-158.

Rath, R. (1982) – Erzählfunktionen und Erzählankündigungen in Alltagsdialogen, in: E. Lämmert (Hg.), Erzählforschung. Ein Symposion: Germanistische Symposien Berichtsbände 4, Stuttgart, 33-50.

Reckwitz, A. (2000) – Die Transformation der Kulturtheorien. Zur Entwicklung eines Theorieprogramms: Weilerswist.

Reichert, A. (2001) – Offene Fragen zur Auslegung neutestamentlicher Texte im Spiegel neuerer Methodenbücher: ThLZ 126, Sp. 993-1006.

Rendtorff, R. (1975 = 1962) – Botenformel und Botenspruch: TB 57, 243-255.

Renz, J. (1995) – Die althebräischen Inschriften. Teil 1. Text und Kommentar: Handbuch der althebräischen Epigraphik I: Darmstadt. [Inschriften 1995].

Renz, J. (2001) – Der Beitrag der althebräischen Epigraphik zur Exegese des Alten Testaments und zur Profan- und Religionsgeschichte Palästinas. Leistung und Grenzen, aufgezeigt am Beispiel der Inschriften des (ausgehenden) 7. Jahrhunderts vor Christus, in: C. Hardmeier (Hg.), Steine – Bilder – Texte. Historische Evidenz außerbiblischer und biblischer Quellen: Arbeiten zur Bibel und ihrer Geschichte 5, Leipzig, 123-158. [Epigraphik 2001].

Renz, J. (2003) – Materialien zur althebräischen Morphologie: Handbuch der althebräischen Epigraphik II/2: Darmstadt, 3-87. [Morphologie 2003].

Reventlow, H. Graf (1962) – Das Amt des Propheten bei Amos: FRLANT 80.

Richter, W. (1966) – Recht und Ethos. Versuch einer Ortung des weisheitlichen Mahnspruches: StANT 15. [Recht 1966].

Richter, W. (1970) – Formgeschichte und Sprachwissenschaft: ZAW 82, 216-225. [Formgeschichte 1970].

Richter, W. (1971) – Exegese als Literaturwissenschaft. Entwurf einer alttestamentlichen Literaturtheorie und Methodologie: Göttingen. [Exegese 1971].

Richter, W. (1978) – Grundlagen einer althebräischen Grammatik. A. Grundfragen einer sprachwissenschaftlichen Grammatik. B. Die Beschreibungsebenen: I. Das Wort (Morphologie): ATSAT 8. [Grammatik I 1978].

Richter, W. (1979) – Grundlagen einer althebräischen Grammatik. B. Die Beschreibungsebenen: II. Die Wortfügung (Morphosyntax): ATSAT 10. [Grammatik II 1979].

Richter, W. (1980) – Grundlagen einer althebräischen Grammatik. B. Die Beschreibungsebenen: III. Der Satz (Satztheorie): ATSAT 13. [Grammatik III 1980].

Roth, G. (2001) – Fühlen, Denken, Handeln. Wie das Hirn unser Verhalten steuert: Frankfurt am Main.

Roth, W.M.W. (1962) – The Numerical Sequence x/x+1 in the Old Testament: VT 12, 300-311.

Roth, W.M.W. (1965) – Numerical Sayings in the Old Testament: VT.S 13.

Rudolph, W. (1971 KAT) – Joel. Amos. Obadja. Jona: KAT XIII/2.

Rüsen, J. (1998) – Theoretische Zugänge zum interkulturellen Vergleich historischen Denkens, in: ders./Gottlob, M./Mittag, A. (Hg.), Die Vielfalt der Kulturen. Erinnerung, Geschichte, Identität 4.: stw 1405, 37-73. [Zugänge 1998].

Rüsen, J. (2001) – Zerbrechende Zeit. Über den Sinn der Geschichte: Köln Weimar Wien. [Zeit 2001].

Rüsen, J. (2002) – Geschichte im Kulturprozeß: Köln Weimar Wien. [Kulturprozeß 2002].

Ruwe, A. (1999) – »Heiligkeitsgesetz« und »Priesterschrift«. Literaturgeschichtliche und rechtssystematische Untersuchungen zu Leviticus 17,1-26,2: FAT 26.

Ruwe, A. (2000) – Zur Analyse der Redeformen im Hohelied mit QUEST 2, in: Hardmeier, C./Syring, W.-D./Range, J.D./Talstra, E. (Hg.), Ad Fontes! Quellen erfassen – lesen – deuten. Was ist Computerphilologie? Ansatzpunkte und Methodologie – Instrumente und Praxis, Beiträge der Tagung »Computerphilologie«, Universität Greifswald, November 5-8, 1998: Applicatio 15, Amsterdam, 171-181.

Ruwe, A./Weise, U. (2002) – Das Joch Assurs und *jhwhs* Joch. Ein Realienbegriff und seine Metaphorisierung in neuassyrischen und alttestamentlichen Texten: ZAR 8, 274-307.

Sanders, W. (1973) – Linguistische Stiltheorie. Probleme, Prinzipien und moderne Perspektiven des Sprachstils: KVR 1386.

Sandig, B. (1970) – Probleme einer linguistischen Stilistik: Linguistik und Didaktik/H. 3, 177-194.

Sandig, B. (1972) – Zur Differenzierung gebrauchssprachlicher Textsorten im Deutschen: Textsorten. Differenzierungskriterien aus linguistischer Sicht, in: Gülich, E./Raible, W. (Hg.), Textsorten. Differenzierungskriterien aus linguistischer Sicht: Athenäum-Skripten Linguistik 5, Frankfurt a.M., 113-124.

Savigny, E. v. (1969) – Die Philosophie der normalen Sprache. Eine kritische Einführung in die »ordinary language philosophy«: Frankfurt a.M.

Schicklberger, F. (1978) – Biblische Literarkritik und linguistische Texttheorie. Bemerkungen zu einer Textsyntax von hebräischen Erzähltexten: ThZ 34, 65-81.

Schiwy, G. (1969) – Der französische Strukturalismus. Mode. Methode. Ideologie: Rowohlts deutsche Enzyklopädie 310/311, Hamburg.

Schlosser, H.D. (1973) – Historischer Text und Kommunikation. Das Beispiel Minnegesang: LiLi 3/H. 11, 81-96.

Schmid, H.H. (1969) – Amos. Zur Frage nach der »geistigen Heimat« des Propheten: WuD 10, 85-103.

Schmidt, L. (1991) – Art. Literarkritik I: TRE 21, 211-222.

Schmidt, S.J. (1970a) – Linguistik und Literaturwissenschaft. Pläne, Prognosen, Probleme (1969–1970): Linguistik und Didaktik/H. 2, 92-101. [Linguistik 1970a].

Schmidt, S.J. (1970b) – Literaturwissenschaft als Forschungsprogramm. Hypothesen zu einer wissenschaftstheoretischen Fundierung einer kritischen Literaturwissenschaft (Teil I): Linguistik und Didaktik/H. 4, 269-282. [Forschungsprogramm I 1970b].

Schmidt, S.J. (1971a) – Literaturwissenschaft als Forschungsprogramm (Schluß): Linguistik und Didaktik/H. 5, 43-59. [Forschungsprogramm II 1971a].

Schmidt, S.J. (1971b) – Allgemeine Textwissenschaft. Ein Programm zur Erforschung ästhetischer Texte: Linguistische Berichte H. 12, 10-21. [Textwissenschaft 1971b].

Schmidt, S.J. (1971c) – Das Kommunikative Handlungsspiel als Kategorie der Wirklichkeitskonstitution, in: K.G. Schweisthal (Hg.), Grammatik. Kybernetik. Kommunikation. FS für A. Hoppe: Bonn, 215-227. [Handlungsspiel 1971c].

Schmidt, S.J. (1972a) – Text als Forschungsobjekt der Texttheorie: Der Deutschunterricht 24/H. 4, 7-28. [Forschungsobjekt 1972a].

Schmidt, S.J. (1972b) – Ist ›Fiktionalität‹ eine linguistische oder eine texttheoretische Kategorie?, in: Gülich, E./Raible, W. (Hg.), Textsorten. Differenzierungskriterien aus linguistischer Sicht: Athenäum-Skripten Linguistik 5, Frankfurt a.M., 59-71. [Fiktionalität 1972b].

Schmidt, S.J. (1975) – Literaturwissenschaft als argumentierende Wissenschaft. Zur Grundlegung einer rationalen Literaturwissenschaft: München. [Wissenschaft 1975].

Schmidt, S.J. (²1976 = 1973) – Texttheorie. Probleme einer Linguistik der sprachlichen Kommunikation: UTB 202, München. [Texttheorie ²1976].

Schmidt, S.J. (1980) – Grundriß der empirischen Literaturwissenschaft. Teilband 1. Der gesellschaftliche Handlungsbereich Literatur: Konzeption Empirische Literaturwissenschaft 1, Braunschweig Wiesbaden. [Literaturwissenschaft 1980].

Schmidt, W.H. (1973) – Zukunftsgewißheit und Gegenwartskritik. Grundzüge prophetischer Verkündigung: BSt 64.

Schmidt, W.-H. (1975) – Gattungstheoretische Untersuchungen zur altrussischen Kriegserzählung (Zur Soziologie mittelalterlicher Gattungen): Veröffentlichungen der Abteilung für Slavische Sprachen und Literaturen des Osteuropa-Instituts (Slavisches Seminar) an der F.U. Berlin 44: Berlin.

Schneider, W. (⁵1982) – Grammatik des biblischen Hebräisch. Völlig neue Bearbeitung der »Hebräischen Grammatik für den akademischen Unterricht« von Oskar Grether. Ein Lehrbuch: München (Neubearbeitung 2001).

Schulte, H. 1972) – Die Entstehung der Geschichtsschreibung im Alten Israel: BZAW 128.

Schunack, G. (1996) – Neuere literaturkritische Interpretationsverfahren in der anglo-amerikanischen Exegese: VuF 41, 28-55.

Schütze, F. (1975) – Zur soziologischen und linguistischen Analyse von Erzählungen: Internationales Jahrbuch für Wissens- und Religionssoziologie 10, 7-41. [Analyse 1975].

Schütze, F. (1982) – Narrative Repräsentation kollektiver Schicksalsbetroffenheit, in: E. Lämmert (Hg.), Erzählforschung. Ein Symposion: Germanistische Symposien Berichtsbände 4, Stuttgart, 568-590. [Repräsentation 1982].

Schweizer, H. (1981) – Metaphorische Grammatik. Wege zur Integration von Grammatik und Textinterpretation in der Exegese: ATSAT 15.

Schweizer, H. (1984) – Wovon reden die Exegeten? Zum Verständnis der Exegese als verstehender und deskriptiver Wissenschaft: ThQ 164, 161-185.

Searle, J.R. (1975) – Indirect Speech Acts, in: Cole, P./Morgan, J.L., Syntax and Semantics: 3: New York, 59-82.

Searle, J.R. (dt. 1971) – Sprechakte. Ein sprachphilosophischer Essay: Frankfurt a.M. (engl. Titel: Speech Acts. An Essay in the Philosophy of Language, 1969, übers. v. R. u. R. Wiggershaus).

Seidl, T. (1977) – Texte und Einheiten in Jeremia 27-29. Literaturwissenschaftliche Studie 1.Teil: ATSAT 2.

Seidl, T. (1978) – Formen und Formeln in Jeremia 27-29. Literaturwissenschaftliche Studie 2.Teil: ATSAT 5.

Sellin, E. (²·³1929/30 KAT) – Das Zwölfprophetenbuch: KAT XII.

Smend, R. (1971) – Das Gesetz und die Völker. Ein Beitrag zur deuteronomistischen Redaktionsgeschichte: Wolff, H. W. (Hg.), Probleme biblischer Theologie. Gerhard von Rad zum 70. Geburtstag, 494-509.

Smend, R. (³1983) – Die Entstehung des Alten Testaments: ThW 1.

Smith, S. (1921) – The first Campaign of Sennacherib, King of Assyria, B.C. 703-702: The Eothen Series 2: London.

Specht, G (1990) – Wissensbasierte Analyse althebräischer Morphosyntax. Das Expertensystem AMOS: ATSAT 35.

Stähli, H.-P. (1984) – Hebräische Kurzgrammatik: Göttingen Zürich.

Steck, O.H. ([14]1999) – Exegese des Alten Testaments. Leitfaden der Methodik: Neukirchen-Vluyn.

Steck, O.H., Hg. (1978) – Zu Tradition und Theologie im Alten Testament: BThSt 2.

Steins, G. (1999) – Die »Bindung Isaaks« im Kanon (Gen 22). Grundlagen und Programm einer kanonsich-intertextuellen Lektüre: Herders biblische Studien 20, Freiburg etc.

Stempel, W.-D. (1986) – Everyday Narrative as a Prototype, in: Gülich, E./Quasthoff, U. M. (Hg.), Narrative Analysis. An Interdisciplinary Dialogue: Poetics 15, 203-216.

Stierle, K. (1975) – Text als Handlung. Perspektiven einer systematischen Literaturwissenschaft: UTB 423, München.

Stipp, H.-J. (1992) – Jeremia im Parteienstreit. Studien zur Textentwicklung von Jer 26, 36-43 und 45 als Beitrag zur Geschichte Jeremias, seines Buches und judäischer Parteien im 6. Jahrhundert: BBB 82. [Parteienstreit 1992].

Stipp, H.-J. (1994) – Das masoretische und alexandrinische Sondergut des Jeremiabuches: textgeschichtlicher Rang, Eigenarten, Triebkräfte: OBO 136. [Sondergut 1994].

Stipp, H.-J. (1998) – Deuterojeremianische Konkordanz: ATSAT 63. [Konkordanz 1998].

Stock, A. (1974) – Umgang mit theologischen Texten. Methoden – Analysen – Vorschläge: Zürich.

Syring, W.-D. (2000) – Nutzung grammatischer Textdatenbanken zur Analyse literarischer Texte mit QUEST 2, in: Hardmeier, C./Syring, W.-D./Range, J.D./Talstra, E. (Hg.), Ad Fontes! Quellen erfassen – lesen – deuten. Was ist Computerphilologie? Ansatzpunkte und Methodologie – Instrumente und Praxis, Beiträge der Tagung »Computerphilologie«, Universität Greifswald, November 5-8, 1998: Applicatio 15, Amsterdam, 159-170.

Talstra, E. (1986) – An hierarchically structured data base of Biblical Hebrew Texts. The relationship of grammar and encoding, in: Association Internationale Bible et Informatique (Hg.), Actes du Premier Colloque International, Bible et Informatique: le Texte, Louvain-la-Neuve (Belgique), 2-3-4 septembre 1985: Paris Genève, 335-349.

Talstra, E. (2002) – Oude en nieuwe lezers. Een inleiding in de methoden van uitleg van het Oude Testament: Ontwerpen 2, Kampen.

Talstra, E./Hardmeier, C./Groves, A., Hg. (1991) – Quest 1 [Computerkonkordanz], Haarlem.

Talstra, E./Postma, F. (1989) – On Text and Tools. A short history of the Werkgroep Informatica (1977-1987), in: Talstra, E. (Hg.), Computer Assisted Analysis of Biblical Texts. Papers read at the Workshop on the Occasion of the Tenth Anniversary of the »Werkgroep Informatica« Faculty of Theology Vrije Universiteit, Amsterdam, November, 5-6, 1987: Applicatio 7, Amsterdam, 9-27.

Talstra, E./Sikkel, C. (2000) – Genese und Kategorienentwicklung der WIVU-Datenbank oder: ein Versuch, dem Computer Hebräisch beizubringen, in: Hardmeier, C./Syring, W.-D./Range, J.D./Talstra, E. (Hg.), Ad Fontes! Quellen erfassen – lesen – deuten. Was ist Computerphilologie? Ansatzpunkte und Methodologie – Instrumente und Praxis, Beiträge der Tagung »Computerphilologie«, Universität Greifswald, November 5-8, 1998: Applicatio 15, Amsterdam, 33-68.

Theißen, G. (1973) – Urchristliche Wundergeschichten. Ein Beitrag zur formgeschichtlichen Erforschung der synoptischen Evangelien: StNT 8.

Thiel, W. (1973) – Die deuteronomistische Redaktion von Jeremia 1-25: WMANT 41.

Thiel, W. (1981) – Die deuteronomistische Redaktion von Jeremia 26-45. Mit einer Gesamtbeurteilung der deuteronomistischen Redaktion des Buches Jeremia: WMANT 52.

Thyen, H. (1971) – Positivismus in der Theologie und ein Weg zu seiner Überwindung?: EvTh 31, 472-495.

Tov, E. (1986) – A Computerized Data Base for Septuagint Studies. The Parallel Aligned Text of the Greek and Hebrew Bible. Computer Assisted Tools for Sebtuagint Studies (CATSS) Volume 2: JNWSL Suppl. Ser. 1, Stellenbosch.

Uehlinger, C. (2001) – Bildquellen und »Geschichte Israels«. Grundsätzliche Überlegungen und Fallbeispiele, in: C. Hardmeier (Hg.), Steine – Bilder – Texte. Historische Evidenz außerbiblischer und biblischer Quellen: Arbeiten zur Bibel und ihrer Geschichte 5, Leipzig, 25-77.

Utzschneider, H. (2003) – Die »Theologische Ästhetik« als Herausforderung an die Exegese. Anstiftung zu einem interdisziplinären Gespräch: BThZ 20, 69-84.

Utzschneider, H./Nitsche, S.A. (2001) – Arbeitsbuch literaturwissenschaftliche Bibelauslegung. Eine Methodenlehre zur Exegese des Alten Testaments: Gütersloh.

v. Rad, G. (^{5}1966) – Theologie des Alten Testaments. Band I. Die Theologie der geschichtlichen Überlieferungen Israels: München.

v. Rad, G. (^{3}1985) – Weisheit in Israel: Neukirchen-Vluyn

v. Seters, J. (1975) – Abraham in History and Tradition: New Haven London Yale.

v.d. Merwe, C.H.J./Naudé, J.A./Kroeze J.H. (1999) – A Biblical Hebrew Reference Grammar: Biblical Languages: Hebrew 3, Sheffield.

Veijola, T. (1975) – Die ewige Dynastie. David und die Entstehung seiner Dynastie nach der deuteronomistischen Darstellung: AASF 193.

Vollmer, J. (1968) – Zur Sprache von Jesaja 9, 1-6: ZAW 80, 343-350.

Volz, P. (1983 = ^{2}1928) – Der Prophet Jeremia: KAT X, Leipzig = Hildesheim u.a. (Nachdruck).

Wanke, G. (1966) – אוי und הוי: ZAW 78, 215-218.

Wanke, G. (1989) – Jeremias Ackerkauf: Heil im Gericht?, in: Fritz, V./Pohlmann, K.-F./Schmitt, H.-C. (Hg.), Prophet und Prophetenbuch. Festschrift für Otto Kaiser zum 65. Geburtstag: BZAW 185, 265-276.

Weil, G.E. (1986) – Massorah, Massorètes et ordinateurs. Les sources textuelles et les recherches automatisées, in: Association Internationale Bible et Informatique (Hg.), Actes du Premier Colloque International, Bible et Informatique: le Texte, Louvain-la-Neuve (Belgique), 2-3-4 septembre 1985: Paris Genève, 351-361.

Weinfeld, M. (1972) – Deuteronomy an the Deuteronomic School: Oxford.
Weinrich, H. (1973) – Narrative Theologie: Concilium 9 (1973) 329-334. [Theologie 1973].
Weinrich, H. (1976) – Sprache in Texten: Stuttgart. [Sprache 1976].
Weinrich, H. (²1971) – Tempus. Besprochene und erzählte Welt: Sprache und Literatur 16, Stuttgart Berlin Köln Mainz. [Tempus ²1971].
Welten, P. (1973) – Geschichte und Geschichtsdarstellung in den Chronikbüchern: WMANT 42.
Werlich, E. (1975) – Typologie der Texte. Entwurf eines textlinguistischen Modells zur Grundlegung einer Textgrammatik: Heidelberg.
Westermann, C. (1964) – Arten der Erzählung in der Genesis, in: ders., Forschung am Alten Testament. Gesammelte Studien: TB 24, 9-91. [Erzählung 1964].
Westermann, C. (²1989) – Genesis. 2. Teilband. Genesis 12-36: BK I/2. [BK Genesis ²1989].
Westermann, C. (⁴1968) – Das Loben Gottes in den Psalmen: München. [Loben ⁴1968].
Westermann, C. (⁴1971) – Grundformen prophetischer Rede: BEvTh 31. [Grundformen ⁴1971].
Westermann, C. (⁵1986) – Das Buch Jesaja. Kapitel 40-66: ATD 19. [ATD Jesaja ⁵1986].
Wienold, G. (1971) – Textverarbeitung. Überlegungen zur Kategorienbildung in einer strukturellen Literaturgeschichte, in: Zs. f. Literaturwissenschaft und Linguistik 1/H. 2, 59-89.
Wienold, G. (1982) – Narrative texts and models of hierarchical and sequential structure, in: Faust, M./Harweg, R./Lebfeldt, W./Wienold, G. (Hg.), Allgemeine Sprachwissenschaft, Sprachtypologie und Textlinguistik. Festschrift für Peter Hartmann: Ort, 417-430.
Wildberger, H. (²1980) – Jesaja. I. Teilband. Jesaja 1-12: BK X/1.
Wildberger, H. (²1989) – Jesaja.2. Teilband. Jesaja 13-27: BK X/2.
Wittgenstein, L. (1971) – Philosophische Untersuchungen: suhrkamp taschenbuch 14, Frankfurt a.M.
Wolff, H.W. (1964) – Amos' geistige Heimat: WMANT 18. [Heimat 1964].
Wolff, H.W. (²1973a = 1934) – Die Begründungen der prophetischen Heils- und Unheilssprüche, in: ders., GSt zum Alten Testament: TB 22, 9-35. [Begründungen ²1973a].
Wolff, H.W. (²1973b = 1955) – Hauptprobleme alttestamentlicher Prophetie, in: ders., GSt zum Alten Testament: TB 22, 206-231. [Hauptprobleme ²1973b]
Wolff, H.W. (²1973c = 1964) – Der Aufruf zur Volksklage, in: ders., GSt zum Alten Testament: TB 22, 392-401. [Volksklage ²1973c].
Wolff, H.W. (³1985) – Dodekapropheton 2. Joel und Amos: BK XIV/2. [BK Joel Amos ³1985].
Wolff, H.W. (⁴1990) – Dodekapropheton 1. Hosea: BK XIV/1. [BK Hosea ⁴1990].
Wunderlich, D. (1969a) – Karl Bühlers Grundprinzipien der Sprachtheorie: Muttersprache 79, 52-62. [Grundprinzipien 1969a].
Wunderlich, D. (1969b) – Unterrichten als Dialog: Sprache im technischen Zeitalter 32, 263-287. [Dialog 1969b].

Wunderlich, D. (1970) – Die Rolle der Pragmatik in der Linguistik: Der Deutschunterricht 22/H. 4, 5-41. [Pragmatik 1970].

Wunderlich, D. (1971) – Pragmatik, Sprechsituation, Deixis: Zs. f. Literaturwissenschaft und Linguistik 1/H. 2, 153-190. [Sprechsituation 1971].

Wunderlich, D. (1972) – Zur Konventionalität von Sprechhandlungen, in: ders. (Hg.), Linguistische Pragmatik: Schwerpunkte Linguistik und Kommunikationswissenschaft 12: Frankfurt a.M., 11-58. [Konventionalität 1972].

Wunderlich, D. (^{3}1974) – Sprechakte, in: Maas, U./Wunderlich, D., Pragmatik und sprachliches Handeln. Mit einer Kritik am Funkkolleg »Sprache«, Teil B: Athenäum-Skripten Linguistik 2, Frankfurt a.M., 69-188. [Sprechakte ^{3}1974].

Würthwein, E. (1977) – Das Erste Buch der Könige. Kapitel 1-16: ATD 11, 1.

Würthwein, E. (1984) – Die Bücher der Könige. 1.Kön. 17 – 2.Kön. 25: ATD 11, 2.

Zenger, E. u.a. (^{4}2001) – Einleitung in das Alte Testament: Kohlhammer Studienbücher Theologie 1,1: Stuttgart etc.

Zimmerli, W. (1963 = 1953) – Ich bin Jahwe: Geschichte und Altes Testament. Albrecht Alt zum 70. Geburtstag dargebracht, in: ders., Gottes Offenbarung. GAufs. zum Alten Testament: TB 19, 11-40.

Zimmerli, W. (^{2}1979) – Ezechiel: BK XIII/1 und 2.

Zimmerli, W. (1980) – Das Phänomen der »Fortschreibung« im Buch Ezechiel, in: Emerton, J.A. (Hg.), Prophecy. FS Georg Fohrer: BZAW 150, 174-191.

Zuber, B. (1986) – Das Tempussystem des biblischen Hebräisch. Eine Untersuchung am Text: BZAW 164.

Inhalt der Bände 1/1 und 1/2

Teil II

Teil IV
Zum Status sprachlicher Zeichen, zur computergestützten Textwahrnehmung und zur Erfassung textförmiger Makrostrukturen 245